古代歷史文化 研究 輯刊

十 編

王 明 蓀 主編

第 6 冊

秦倉制研究

王 偉 雄 著

國家圖書館出版品預行編目資料

秦倉制研究／王偉雄 著 — 初版 — 新北市：花木蘭文化出版
社，2013〔民102〕
目 2+186 面；19×26 公分
（古代歷史文化研究輯刊 十編：第 6 冊）
ISBN：978-986-322-334-4（精裝）
1. 糧食政策　2. 倉儲管理　3. 秦代
618　　　　　　　　　　　　　　　　　　　102014364

ISBN-978-986-322-334-4

9 789863 223344

古代歷史文化研究輯刊
十 編　第 六 冊　　　　　ISBN：978-986-322-334-4

秦倉制研究

作　　者　王偉雄
主　　編　王明蓀
總 編 輯　杜潔祥
出　　版　花木蘭文化出版社
發 行 所　花木蘭文化出版社
發 行 人　高小娟
聯絡地址　235 新北市中和區中安街七二號十三樓
　　　　　電話：02-2923-1455／傳眞：02-2923-1452
網　　址　http://www.huamulan.tw 信箱 sut81518@gmail.com
印　　刷　普羅文化出版廣告事業
初　　版　2013 年 9 月
定　　價　十編 35 冊（精裝）新台幣 62,000 元

秦倉制研究

王偉雄　著

作者簡介

王偉雄，河南方城人，一九七七年出生於臺灣高雄。中國文化大學史學系畢業，中國文化大學史學研究所碩士，目前擔任國泰人壽屏東通訊處組訓專員。

提　　要

　　《秦倉制研究》對秦國倉制做一全面而有系統的論述，主要研究架構概而言之，有以下幾個方面：

　　（一）秦倉建築的形制與結構

　　秦倉建築基本有「倉」、「囷」、「窖」、「竇」、「廩」、「庾」……等名稱，其形制、結構乃至於貯藏形態、容量亦各異，通過對秦倉建築的考察與分析，為研究秦倉制首要且必要的工作。

　　（二）秦倉的管理

　　秦倉管理上，並不是只有糧食、物品的管理，實際上，制度化的倉儲管理，即是對人、事、物、財的管理，訂定有條理有系統的辦法，使倉儲事務的進行有軌可循，而不致越軌而行。透過傳統與出土文獻材料，結合現代倉儲理論鋪陳敍述，勾勒出秦倉系統化之人、事、物、財的管理。

　　（三）秦倉之間的糧草運輸

　　秦時不僅都城所在地有倉，縣、鄉亦有倉，和政治體制一樣，從中央到地方、自上而下建立了一套完整的糧倉體制。設於中央與郡縣的糧倉皆位於全國交通要衝，大致反映了秦國糧草運輸的路線與方式，瞭解秦倉的設置地點與運輸主要方式、路線，探討糧倉設置（糧食貯備）與糧倉運輸（糧食流通）之關係，相信可對於倉廩系統維持秦帝國統治的物資基礎的假設，提供堅實可靠的論證與重要的方向。

　　（四）秦倉的機能、歷史作用與地位

　　糧倉系統的完善與否關係著古代國家統治的基礎，一國之強大與否端賴其糧倉系統能否提供一國在政治、經濟、軍事上的各種需求。綜合前述各項細致分析研究，探討秦對後世倉制的繼承與發展，揭示出秦倉制之得失與借鑑，總結秦在整個古代倉制史所佔的地位。

目次

第一章　緒　論

第一節　研究動機、範圍與方法

一、研究動機

糧食的徵集與儲藏是古代國家統治的經濟基礎，而作為糧食的徵集與儲藏的主要機構就是倉。秦至遲自穆公時（659～621B.C.），〔註1〕糧食積貯已甚有規模，據《史記・秦本記》：「（穆公三十四年，626B.C.）戎王使由余於秦，……秦穆公示以宮室、積聚。由余曰：『使鬼為之，則勞神矣！使人為之，亦苦民矣！』」〔註2〕「陵夷至於戰國，……各國政府以力征經營、互爭雄長之故，無不咸以積儲倉穀為務。」〔註3〕秦孝公時（361～338B.C.），商鞅變法，獎勵農耕，糧食產量大增，秦由居西戎邊陲一小國，一躍為戰國七雄最富庶的國家，史稱秦「富十倍天下」、〔註4〕境內「積粟如丘山」。〔註5〕戰國迄秦代，秦之咸陽倉、櫟陽倉、敖倉、陳留倉……等倉，皆藏粟甚多，秦倉制似已建立。然秦倉建築的形式、容量與秦倉的管理、機能……等內容，《史記》、

〔註1〕 本論文所列之秦王紀年相對之西元紀年，依據王雲度，《秦史編年》（西安：陝西人民出版社，1986年7月第1版），195頁。以下各章節不再一一註出。

〔註2〕 漢・司馬遷，《史記》（百衲本），（臺北：臺灣商務印書館，民國84年4月臺1版第7次印刷），卷五〈秦本紀第五〉，葉十五下～葉十六上。

〔註3〕 馬非百，《秦集史》（北京：中華書局，1982年8月第1版），〈積貯表〉，頁945。

〔註4〕 《史記》，卷八〈高祖本紀第八〉，葉十六下。

〔註5〕 《史記》，卷七十〈張儀列傳第十〉，葉十下。

《漢書》、《戰國策》……等傳統文獻記載過略，歷來研究有關中國糧倉制度的學者，自然而然因缺乏史料而「忽略」了深耕這塊園地。〔註6〕

所幸地不愛寶，近年來隨著《雲夢睡虎地秦墓竹簡》〔註7〕（以下簡稱《睡簡》，又引用此書秦律，如非必要，皆只註出律名、簡號與頁數。）與相關考古資料的出土，為瞭解秦倉制的具體運作提供了新的資料與研究方向。

二、研究範圍

關於本研究——秦倉制研究——範圍的界定，可從「秦」與「倉」二字的界定談起。首先從「秦」字說起，《說文》：「秦，伯益之後所封國，地宜禾从禾春省；一曰：秦，禾名。」〔註8〕「秦」之義即包括國（朝代）名、地域名、穀物名，據學者研究，「秦」之本義為穀物名，之後被用作地域名，當與該地出產「秦」這種穀物有關，至於成為國（朝代）名已是後來之事。〔註9〕除上所述，較為人所習知「秦」之義，尚有作為姓氏、民族名與陝西省之簡稱……等等；而作為國（朝代）名又有「秦」朝（221～206B.C.）、「秦」國（770～221B.C.）、前秦（A.D.350～394）、後秦（A.D.384～417）、西秦（A.D.385～431）之分。〔註10〕

本文所指的「秦」，乃《說文》：「伯益之後所封國」之「秦」。從文獻與考古挖掘均可證明，早在西周非子邑「秦」、始有「秦」這個稱呼以前，「秦」此一民族就已在隴東一帶活動，〔註11〕因此「秦」的年代就目前資料來看，

〔註6〕 如于佑虞，《中國倉儲制度考》（北平：正中書局，民國37年4月初版），116頁；曲直生，《中國糧倉制度概論》（臺北：中央文物供應社，民國43年2月出版），108頁；鄧雲特，《中國救荒史》（臺北：臺灣商務印書館，民國76年6月臺4版），509頁；以上相關著作皆對秦倉制無甚著墨。

〔註7〕 睡虎地秦墓竹簡整理小組，《睡虎地秦墓竹簡》（北京：文物出版社，2001年12月第1版），406頁。

〔註8〕 漢・許慎撰、段玉裁注，《說文解字注》（經韵樓藏版），（臺北：黎明文化事業，民國75年10月增訂二版），第七篇上〈禾部・秦〉，葉五十一下。本文引用《說文》皆據此版本，以下各章節不一一註出。

〔註9〕 祝中熹，〈地域名"秦"說略〉，《秦文化論叢》第七輯，1999年5月，頁139。

〔註10〕 前秦、後秦與西秦之西元紀年，採自華世出版社編訂，《中國歷史紀年表》（臺北：華世出版社，民國67年1月出版），五、（六）〈晉及十六國紀年表〉附〈十六國興亡表〉，頁64。

〔註11〕 滕銘予，《秦文化：從封國到帝國的考古學觀察》（北京：學苑出版社，2002年12月第1版），第一章〈緒論〉，頁4。

界於西周至秦亡之間。不過就目前文獻與考古出土有關「秦」倉之材料，皆為「秦」始國後之材料，故本文研究之「秦」，範圍定為「秦」始國以後、「秦」朝亡以前（770～206B.C.）。

「倉」本泛指貯糧之所，與現代「倉庫」一詞泛指儲藏貨物之所有明顯不同。「倉庫」一詞在秦時已有，〔註12〕「倉」是糧倉，乃貯藏糧草之場所；「庫」是武庫，乃存放兵器之所。其時「倉庫」一詞指的是「倉」與「庫」二種貯放不同物資的場所，〔註13〕而現代「倉庫」用來貯藏糧食或器物皆可，不專指貯放糧草之所。

「倉」有廣、狹二義，廣義的「倉」指國家貯糧機構的總名；狹義則為貯放糧食之建築物。〔註14〕由《睡簡》律文得知，廣義的「倉」，其設施不單只有貯藏糧草的倉房，還有吏舍、辦公房、加工房、圍牆等幾個部份組成，

〔註12〕《韓非子》（清・王先慎集解、鍾哲點校本），（北京：中華書局，1998 年 7 月第 1 版），卷第十九〈顯學第五十〉，頁 464：「今上急耕田墾草以厚民產也，而以上為酷；修刑重罰以為禁邪也，而以上為嚴；徵賦錢粟以實倉庫，且以救饑饉、備軍旅也，而以上為貪；境內必知介而無私解，并力疾鬥，所以禽虜也，而以上為暴。此四者所以治安也，而民不知悅也。」又《為吏之道》，簡二十～二九，頁 170：「倉庫禾粟，兵甲工用，樓椑矢閱，槍閭（籣）環疢，比藏封印，水火盜賊，金錢羽旌，息子多少，徒隸攻丈，作務員程……。」

〔註13〕邵鴻〈西漢武庫制度考〉，《大陸雜誌》90 卷 4 期，民國 84 年 4 月，頁 27：『先秦時期「庫」即專指武庫，絕不需贅冠以「武」、「兵」等字於前，而與貯藏錢財珍寶之「府」、貯藏糧食芻稟之「倉」區別明顯，不相混淆。西漢以來，雖然古意猶行，但武庫存儲功能的泛化，使武庫界限漸至不清。特別是東漢以來，庫進而演變為各類儲藏設施的通稱，如東漢劉熙《釋名》已稱「庫」，謂儲物之舍也。』「庫」雖在秦漢時期存儲功能泛化，但與「倉」貯存性質仍有明顯不同。本文探討秦國的倉制，行文時儘量避免使用「倉庫」一詞，以免和「倉庫」之義混淆，以符秦倉實際情況。

〔註14〕元・王禎撰，《農書》，（北京：中華書局，1956 年 10 月第 1 版，據商務印書館萬有文庫本重印），卷十六〈農器圖譜集十・倉廩門〉，頁 297～299：「今國家備儲蓄之所，上有氣樓，謂之教房；前有簷楹，謂之明廈；倉為總名，蓋其制如此。夫農家貯穀之屋，雖規模稍下，其名亦同，皆係累年積蓄所在。」又「倉、廩，皆蓄積之所，古有定制，重民食也。次而囷、京，下而窖、竇，世所共作，俱穀藏類也。」王禎指出國家儲蓄之所與農家貯穀之屋皆可稱倉，只是規模不同；又自古以來，倉、廩、囷、京、窖、竇皆穀藏類也，然而王禎所謂「國家備儲蓄之所，倉為總名」，單指氣樓、教房、簷楹、明廈等蓄積之所的建築結構而言，是狹義的倉，非本文所指廣義「國家備儲蓄機構的總名」之內涵。

以維持整個倉儲事務之運作。〔註 15〕本文探討秦「倉」制，於廣、狹二義皆有涉及。

　　本文主要是對秦倉制做一全面而有系統的論述，分別對秦倉建築的形制與結構、秦倉的管理、秦倉之間的糧草運輸與秦倉的機能作了詳細的考察，皆為秦倉制的核心內容。綜合前述各項細致分析研究，探討秦對後世倉制的繼承與發展，揭示出秦倉制之得失與借鑑，總結秦在整個古代倉制史所佔的地位。

三、研究方法

　　本文運用二重證據法，〔註 16〕以傳統文獻結合簡牘、璽印、封泥、陶文、考古實物與遺址等有關秦倉的出土材料，透過綜合整理、歸納與分析，並參照相關研究成果，對秦倉制做一全面的考察研究，可以說奠基於大量且豐富的史料基礎上。

　　其次，運用考古類型學，經由收集大量出土的陶囷模型，調查該器物所有的出土地點及每個地點發現的數量，為查閱方便和便於讀者檢核，將這類器物的出土地點、數量、型式、年代和資料出處等項內容製成表格，加以記錄。之後先選擇出土最多陶囷模型數量的遺址，就陶囷模型的形制進行分類，找出其外部形態演化順序與規律，然後逐一再把不同地區出土的陶囷模型形制的結果加以類比研究，期望能夠瞭解陶囷模型的分佈範圍、出現頻率及中

〔註 15〕秦國在各地設置的糧倉，除了貯藏糧食的建築物以外，尚有管理糧食的官府、保護糧倉的垣牆、以及存放稱量穀物的衡贏（纍）、斗桶的器具房、糧食加工的廠房……等設施，參見睡虎地秦墓竹簡整理小組，《睡虎地秦墓竹簡》，397頁。秦國此種兼多功能的糧倉機構，即使在 21 世紀的今天，其規劃也是非常科學、符合國家需求的。今行政院農業委員會函頒，〈輔導農會興建糧倉計畫審查小組設置要點〉，《行政院農業委員會公報》16 卷 1 期，民國 89 年 1 月，頁 83～85 指出糧倉的範圍即涵蓋糧食倉庫、乾燥、倉儲（指各種物品的儲存）、礱穀設備。

〔註 16〕王國維，〈古史新證〉，《國學月報》（述學社），第 2 卷第 8、9、10 號合刊（《王靜安先生專號》），民國 16 年 10 月，頁 404：「吾輩生於今日，幸於紙上之材料外，更得地下之新材料。由此種材料，我輩固得據以補正紙上之材料，亦得證明古書之某部份全為實錄，即百家不雅訓之言，亦不無表示一面之事實。此二重證據法，惟在今日始得為之，雖古書之未得證明者，不能加以否定，而其已得證明者，不得不加以肯定，可斷言也。」

心分佈區、邏輯發展序列及年代關係等。〔註17〕以此爲基礎，綜合探討在不同地區的生態及文化下，對秦倉形制的產生、發展及影響。

　　此外，本文並未著重比較秦與其它國家或地區之倉制，主要原因是材料的缺乏，不論傳統文獻或出土史料皆然。以出土史料言，如陶囷模型作爲墓葬的隨葬品是秦國異常特殊的現象，在同時期、不同國家與地區的墓葬中都沒有發現，故在論文中並無分章列節比較其他國家或地區的倉制。然而本文並不因此忽視比較的作用，在研究的過程中，凡有益於說明秦倉制之材料與理論，筆者皆兼而採之，尤其是現代倉儲理論與觀念，除了可藉以說明兩者之差異外，亦可深入瞭解秦倉體制之運作。

第二節　相關研究成果概述

　　自《睡簡》釋文公佈以後，〔註18〕因其中有《倉律》、《效律》、《內史雜》……等大量關於秦倉事務的法律，秦倉制研究才眞正爲學界所重視，進而展開一連串有系統的研究。今擇其要者，大體依發表時間之先後次序敘述如下：

　　1982 年，祿振西、杜葆仁發表〈論秦漢時期的倉〉一文，〔註19〕探討秦漢時期糧倉的種類、建築技術、設置與管理。認爲倉的種類有圓形的囷、方形的倉、地下的窖；其中倉的形式尚有干欄式、露天式與高大倉樓與重檐倉房。中國古代建築結構體系和建築形式的許多特點，在秦漢糧倉的建築已有所呈現。另針對秦倉，認爲從中央到地方，自上而下建立起一套完備的糧倉體制。在糧倉管理上，秦對糧食出入倉、吏人廩食、刑徒口糧等的管理相當完善，並以法律形式固定下來。此外，杜葆仁於 1984、1985 年發表〈我國糧倉的起源和發展〉一文，〔註20〕可與上文互參。

〔註17〕參考欒豐實、方輝、靳桂雲，《考古學理論・方法・技術》（北京：文物出版社，2002 年 10 月第 1 版），第三章〈考古類型學〉，頁 48～93；黃穎，〈考古類型學的實踐與思考——重慶萬州石地磅漢代 M2 初步研究〉，《文物遺產研究集刊》第三輯，2003 年 5 月，頁 35～66。

〔註18〕《睡簡》部份釋文首見於 1976 年 4 月 2 日之《文物特刊》13 期，以及同年 4 月 6 之《光明日報》4 版。完整釋文由雲夢秦墓竹簡整理小組於同年 6、7、8 月分三前刊登在 1976 年《文物》6、7、8 期，頁 11～14、1～11、27～37。

〔註19〕祿振西、杜葆仁，〈論秦漢時期的倉〉，《考古與文物》，1982 年第 6 期，頁 84～93 轉 103。

〔註20〕杜葆仁，〈我國糧倉的起源和發展〉，《農業考古》，分載 1984、1985 年第 2、1 期，頁 299～307、336～343。

1983 年，韓偉發表〈秦國的貯糧設施淺議〉一文，[註21] 此文最大的特色爲充份利用出土文物與文獻，對秦之貯糧設施與糧倉管理作了細致的考察。例如，利用出土陶囷模型刻有「囷」字，提出應訂正長期以來考古學界將形式圓桶的秦 "陶囷" 模型誤認爲 "陶倉" 之情況。又利用已知之陶囷模型將之分爲四式，探討秦囷器型之形式、結構與貯糧技術，並歸納出秦囷在貯糧方面的優點。與貯糧設施互相配合的則有秦嚴格的糧倉管理法規，秦律規定了封緘、出納、校驗、口糧、防蟲等制度，以及管理糧食的各級官吏的權限。其中，韓偉所歸納秦囷貯糧之優點多受學界重視。[註22]

1984 年，李孝林發表〈從雲夢秦簡看秦朝的會計管理〉一文，[註23] 多有涉及到秦倉的各方面管理。例如，其提出秦國在生產、供應等許多方面，已實行定額管理制度；在糧食出入倉管理上，以法律制定嚴格的手續；秦倉的「廥籍」、「致」等簿籍、憑證，從《睡簡》來看，已發展到一定的高度；針對糧倉管理不善，秦律有規定相關人員的責任與處理情形。此外，李孝林尚有〈從雲夢秦簡看戰國糧食經濟〉、〈從雲夢睡虎地十一號墓竹簡研究戰國晚期會計史〉等相關著作。[註24] 總的來看，其文雖非專門探討秦倉制，然其從會計管理入手，提供我們從不同角度理解秦倉的管理情形。

1985 年，陳振裕發表〈從雲夢秦簡看秦國的農業生產〉一文，[註25] 其中此文的第二部份有〈糧食加工與管理制度〉。此文的最大特色，爲全面運用《睡簡》中有關糧食加工與糧倉管理律文，並不侷限在《倉律》。對糧食加工、入倉、出倉、核驗、增積、貯藏與有關人員的交接手續、責任……等皆有詳

〔註21〕 韓偉，〈秦國的貯糧設施淺議〉，《陝西省考古學會第一屆年會論文集（考古與文物叢刊第三號）》，1983 年 11 月，頁 74。

〔註22〕 如楊亞長，〈陝西東周與秦代農業考古概述〉，《農業考古》，1992 年第 1 期，頁 120～121；蔡萬進，《秦國糧食經濟研究》（呼和浩特：內蒙古人民出版社，1996 年 12 月出版），第二章〈糧食貯藏〉，頁 28～29；張穎嵐，〈秦墓出土陶囷模型及相關問題研究〉，《秦文化論叢》第七輯，1999 年 5 月，頁 372 對此觀點皆有引用。

〔註23〕 李孝林，〈從雲夢秦簡看秦朝的會計管理〉，《江漢考古》，1984 年第 3 期，頁 85～94。

〔註24〕 李孝林，〈從雲夢秦簡看戰國糧食經濟〉，《糧食經濟研究》，1989 年第 5 期，頁 59～62；李孝林，〈從雲夢睡虎地十一號墓竹簡研究戰國晚期會計史（上）（下）〉，《北京商學院學報》，1997 年第 2、3 期，頁 31～34、30～34。

〔註25〕 陳振裕，〈從雲夢秦簡看秦國的農業生產〉，《農業考古》，1985 年第 1 期，頁 127～136。

細的描述，基本上明確、完備論述了《睡簡》律文規定的秦倉糧食管理情形。類似的研究著作有宮長爲於 1986 年發表的〈秦代的糧倉管理——讀《睡虎地秦墓竹簡》札記〉；〔註26〕以及李孔懷於 1990 年發表的〈秦代的糧倉管理制度〉。〔註27〕宮文所述秦倉的管理或詳或略，基本上不脫陳文的研究範圍；李文則特別論述秦倉管理有檢驗、校正衡量器的制度，進一步擴充了秦倉管理的內容。

　　1989 年，盧鷹發表〈秦倉政研究〉一文，〔註28〕主要探討秦國倉廩的種類、秦代正倉儲糧的分配、倉政管理機構與管理制度三方面。此文最大的特色，乃將秦倉歸納爲太倉、郡倉、縣倉、漕倉、軍倉、神倉共六種類型，其分類依據不同於上述研究者以秦倉建築的形式，乃以糧倉的規格與業務作區分之依據。此外，盧文歸納秦倉儲糧爲供應皇室宮廷、百官諸府、軍隊、爲官府服役者與發放種子等，專門論述了秦倉貯糧供應的對象。

　　1992 年，蕭高洪發表〈倉印與古代糧倉的管理〉一文，〔註29〕此文最大的特色，在探討秦倉的管理上，特別著重印章在糧倉管理上所發揮的作用，認爲「封印」之制爲糧倉管理中重要的一環，與鎖交相使用，可達到以防奸萌的作用。

　　1993 年，蔡萬進發表〈秦國廥籍制度探略〉一文，〔註30〕提出廥籍制度是戰國時期秦國糧倉管理方面的一項重要制度。此文詳述了秦國廥籍的內容、編造與呈遞，並分析廥籍的作用，認爲廥籍對中央政府准確全面地掌握全國糧食的數量與分佈、糧倉的自身管理與中央政府對地方官吏的考核等方面均有所助益，反映了秦倉管理制度的科學。

　　1994 年，康大鵬發表〈雲夢簡中所見的秦國倉廩制度〉一文，〔註31〕此文分別論述了秦國倉廩的設置、管理系統、糧芻屯儲、糧芻用途等方面。此

〔註26〕宮長爲，〈秦代的糧倉管理——讀《睡虎地秦墓竹簡》札記〉，《東北師大學報》，1986 年第 2 期，頁 38～42。

〔註27〕李孔懷，〈秦代的糧倉管理制度〉，《上海師範大學學報》，1990 年第 1 期，頁 63～64。

〔註28〕盧鷹，〈秦倉政研究〉，《人文雜誌》，1989 年第 2 期，頁 79～84。

〔註29〕蕭高洪，〈倉印與古代糧倉之管理〉，《農業考古》，1992 第年 1 期，頁 262～268。

〔註30〕蔡萬進，〈秦國廥籍制度探略〉，《中州學刊》，1993 年第 4 期，頁 101～103。

〔註31〕康大鵬，〈雲夢簡中所見的秦國倉廩制度〉，《北大史學》，1994 年第 2 期，頁 28～44。

文最大的特色爲有系統的論述倉廩管理系統，並且認爲秦中央倉廩系統中的內史與太倉，分別擔負著對諸縣倉儲的課驗、分掌廥籍與食者籍，提出二者並無隸屬關係之觀點。另此文認爲秦倉糧芻的主要用途之一爲救荒賑災，與目前學界的看法岐異。

1996 年，蔡萬進發表〈從雲夢秦簡看秦國糧倉的建築與設置〉一文，〔註32〕主述秦國糧倉的建築與設置二方面。此文在研究範圍上並無突破前人之處，但論述內容比前人詳實、豐富，仍值得一讀。

1997 年，蔡萬進發表〈試論春秋戰國時期秦國的賑災〉一文，〔註33〕其中此文第三部分專述秦國倉儲與賑災的關係。提出秦國倉儲不但規模龐大且分佈普遍，然有秦一代，未嘗聞有開倉賑糧之舉，基本上秦政府對災荒採取敷衍的態度。此種現象，與春秋戰國時期諸侯爭霸兼併的形勢密不可分，是秦孝公以後農戰統一政策的眞實反映，亦是秦代短促而亡的根本原因。

1999 年，張穎嵐發表〈秦墓出土陶囷模型及相關問題研究〉一文，〔註34〕是繼韓偉〈秦國的貯糧設施淺議〉一文之後，以秦囷模型爲中心探討的專文。此文共收集 47 件秦墓陶囷模型，在陶囷器型形式劃分上又比韓文更爲細致，除了探討陶囷模型與秦貯糧設施的類型及發展、演變外，更進一步探討秦墓以囷隨葬之風的現象，認爲此與秦的農業生產發展、社會思想的變遷有關。此外，同年蔡萬進亦發表〈秦國"是縣入之"糧倉社會功用述論〉一文，基本上此文論述秦國縣倉的功用，範圍不出前人研究，不過其提出秦倉缺乏賑恤小農與缺乏如後世常平倉、義倉之制，可與其〈試論春秋戰國時期秦國的賑災〉一文互相參看。

2000 年，沈頌金發表〈秦代漕運初探〉一文，〔註35〕此文最大的特色爲指出秦國糧倉是漕運設施的重要組成部分，其中敖倉在秦漕運系統中的地位尤顯重要。此文認爲秦代漕運管理以糧倉爲中心，糧倉大多設置在水陸交通中心，實行嚴格而有效的管理，保證了秦朝軍事行動時糧草的供應。此外，

〔註32〕 蔡萬進，〈從雲夢秦簡看秦國糧倉的建築與設置〉，《中州學刊》，1996 年第 3 期，頁 113～116。
〔註33〕 蔡萬進，〈試論春秋戰國時期秦國的賑災〉，《中州學刊》，1997 年第 3 期，頁 124～128 轉 140。
〔註34〕 張穎嵐，〈秦墓出土陶囷模型及相關問題研究〉，頁 363～389。
〔註35〕 沈頌金，〈秦代漕運初探〉，《中國經濟史研究》，2000 年第 4 期，頁 114～119 轉 155。

秦沒有專門設立管理漕運的機構，治粟內史兼治漕運，屬官有太倉等，負責中央糧倉的管理事宜。

2001 年，蔡萬進發表〈秦國糧食運輸政策探略〉一文，此文最大的特色為全面吸收相關研究成果，詳細論述了秦國糧食運輸的特點、方式、相關法律規定，以及與糧食運輸有關糧食轉運之倉儲體系。

目前並沒有秦倉制研究的專書，然不少秦史專著多有涉及秦倉制度，較為重要的有：

自 1977 年起，高敏即以《睡簡》的史料為主，陸續發表相關的研究論文與著作，其中《秦漢史探討》與《睡虎地秦簡初探》二書，〔註 36〕全面且深入探討了土地、徭役、賜爵、戶籍、上計……等秦的各項制度。高敏雖無專門研究秦倉制的專文，不過在其著作中，多有涉及秦倉的類型、結構、設置、封隄、管理與官府稟食等方面的研究，〔註 37〕對於研究秦倉制極具參考價值。

1982 年，馬非百有《秦集史》一書出版，其中的〈積貯表〉，〔註 38〕先論述積貯之制與其作用，推估始皇統一後的積貯制度，在軍事方面之意義為多，於社會方面之意義為少。其次，據秦倉的所在之地，將秦倉分為四組，並從糧倉功用的角度出發，突破糧倉所在地的地域界線，探討以糧倉為主的運糧路線，此乃非常精闢的見解，至今仍為學界所重視。〔註 39〕最後，據目前已知的 12 個秦倉製成一表，分述秦倉的倉名、所在地、事略，並有備考一項。

1996 年，蔡萬進有〈秦國糧食經濟研究〉一書出版。〔註 40〕全書以秦國的倉廩制度為主要線索，運用雲夢睡虎地秦墓竹簡等材料，結合中國古代有關文獻記載及其它文物資料，全面地研究和探討了戰國至秦始皇時期秦國的糧食生產、儲藏、倉儲管理、分配、運輸、貿易、加工、消費、價格以及糧

〔註 36〕高敏，《秦漢史探討》（鄭州：中州古籍出版社，1998 年 9 月第 1 版），364 頁；高敏，《睡虎地秦簡初探》（臺北：萬卷樓圖書公司，2000 年 4 月初版），315頁。

〔註 37〕參考曹旅寧，《秦律新探》（北京：中國社會科學出版社，2002 年 12 月第 1版），〈導言〉，頁 6。

〔註 38〕馬非百，《秦集史》，〈積貯表〉，頁 945～950。

〔註 39〕霍印章，《秦代軍事史》（北京，軍事科學出版社，1998 年 10 月初版），第四章〈秦代的國防〉，頁 102～103；沈頌金，〈秦代漕運初探〉，頁 118～119；蔡萬進，〈秦國糧食運輸政策探略〉，頁 65～70。

〔註 40〕蔡萬進，《秦國糧食經濟研究》，165 頁。

食經濟政策的得失，爲目前秦國經濟史的首部著作。〔註 41〕此書主要論述秦
倉制相關章節，皆已在學術期刊發表，內容上已有介紹。〔註 42〕其中第三章
〈糧食倉儲管理〉，由封隄、廥籍、核驗、負償、行政人事、宿衛等六項制度
組成，爲目前所見探討秦倉管理較豐富且有系統的論述。

　　日本學者利用《睡簡》研究秦史涉及面非常廣泛，其中對於「倉」有極
爲細密的考證。1980 年，太田幸男〈以湖北睡虎地出土秦律的倉律爲中心〉
一文，〔註 43〕就是專門探討秦倉庫的意義與變化。認爲在《倉律》中看到的
一般糧倉，實際上是各個小共同體在很早的時候就存在的鄉村農民自己建立
的。但自從商鞅變法後，國家權力開始滲透到下面的共同體中，並把倉庫編
入國家管轄範圍內，倉庫所貯存的物品，也被國家所支配了。〔註 44〕

　　1990 年大櫛敦弘發表〈秦代國家的穀倉制度〉一文，〔註 45〕對上述太田幸
男的看法提出質疑，除此之外，二人尙針對《倉律》中「爲戶」、「相雜」、「發戶」、
「度縣」……等詞彙進行細致的討論。〔註 46〕兩人的主要分歧點在於《倉律》是
否存在兩種不同性質的倉，即縣單獨管理的倉與縣、農民共同管理的倉。〔註 47〕

　　以上所述爲目前學界研究秦倉制的概況，研究成果可說非常豐碩，對於
瞭解秦倉制的內涵極有助益。然而，不可否認的是，前人研究成果仍有其侷
限，主要有以下諸點：

〔註 41〕〈秦代經濟史研究的一部力作——《秦國糧食經濟研究》簡介〉，《中國史研究動態》，1997 年 12 期，頁 30

〔註 42〕其中〈雲夢秦簡所見秦的糧倉管理制度〉一文（蔡萬進，《華北水利水電學報》，1999 年第 3 期），筆者知而未見。

〔註 43〕太田幸男，〈湖北睡虎地出土秦律の倉律をめぐつて・その一、その二〉，分載《東京學藝大學紀要（第三部門）》第 31 集、32 集，1980 年 1、12 月，頁 143～155、162～182。

〔註 44〕此處太田幸男之研究成果，俱參鄭有國，《中國簡牘學綜論》（上海：華東師範大學出版社，1989 年 9 月第 1 版），第九章〈秦簡的出土及研究〉，頁 186。

〔註 45〕大櫛敦弘，〈秦代國家の穀倉制度〉，《海南史學》，1990 年 28 輯，頁 1～19。

〔註 46〕二人的詳細討論除上所引論文外，尚有大櫛敦弘，〈雲夢秦簡倉律より見た戰國秦の穀倉制度——「秦代國家の穀倉制度」補論〉，《海南史學》，1990 年 30 輯，頁 47～67；太田幸男，〈湖北睡虎地出土秦律の倉律をめぐつて・追補——大櫛敦弘氏の批判に答えて一〉，《東京學藝大學紀要（第三部門）》第 43 集，1992 年 1 月，頁 205～214。

〔註 47〕太田幸男與大櫛敦弘對秦倉相關問題的爭論，詳參富谷至著、楊振紅譯，〈從額濟納河流域的食糧配給論漢代穀倉制度〉，《簡帛研究譯叢》第二輯，1998 年 8 月，頁 229～246。

　　首先，未能完全利用新史料研究秦倉制，故多爲局部且非全面性的研究。例如新史料的運用，多以簡牘與秦墓出土陶囷爲主，對於璽印、封泥、陶文、瓦書、考古報告等新史料，未能搜集、整理、分析並予以運用。此外，研究取向並不全面，多偏重秦倉的種類、管理、功用等方面。

　　其次，未能充份利用相關研究成果。例如，太田幸男與大櫛敦弘等糧倉問題的探討，在中國大陸相關研究中並未予以重視。又 1987 年大櫛敦弘另有〈關於雲夢秦簡「日書」所見「囷」的事例〉一文，﹝註 48﹞此文雖只大略介紹《睡簡・日書》中直接、間接有關囷的事例，但仍具參考價值。又自 1982 年禚振西、杜葆仁〈論秦漢時期的倉〉中討論糧倉管理以來，陸續有多篇文章均有涉及，但多各自研究，並未針對他人觀點進行討論，忽略了前人的研究成果。

　　第三，對某些問題的認識不夠妥當，甚至有錯誤之認識。例如秦之「倉」與「庫」爲二種貯放不同物資的場所，行文時當亦避免「倉庫」一詞連用。又秦有無設立郡倉的問題，學者每論於此，不是「有」就是「無」，並未區別設於郡的倉與郡一級的倉。設於郡的倉，與設於鄉的倉一樣，皆屬縣級糧倉；而郡一級的倉，則隸屬於郡一級的地方行政機構，兩者涵義不同。另傳統上認爲秦曾設立過長（常）平倉，如明・董說云：『《太平御覽》云：「秦始皇四年七月，立長太平倉，豐則糴，歉則糶，以利民也。」』﹝註 49﹞孫楷以及禚振西、杜葆仁皆從之。﹝註 50﹞然常（長）平倉的設置始於西漢宣帝時，以後歷代時設時廢，並沒有固定成爲倉政制度。﹝註 51﹞

　　第四，對秦倉相關問題有待進一步的探討。此部份爲前人已涉及但未深入探討或基本上未觸及的領域。舉例來說，秦倉建築結構的主要組成部分爲倉頂、倉身、倉底，而糧倉每個細部組成構件又有其功能，例如高台、門窗、木材、草墊等糧倉結構或構件，對於防潮、防濕、通風、防蟲、鼠、鳥雀等

﹝註 48﹞大櫛敦弘，〈雲夢秦簡「日書」にみえる「囷」について〉，《中國——社會と文化》，1987 年第 2 號，頁 117～127。

﹝註 49﹞明・董說，《七國考》（錢熙祚校點本），（北京：中華書局，1998 年 11 月第 1 版第 2 次印刷），卷二〈秦食貨・長太平倉〉，頁 89。

﹝註 50﹞清・孫楷，《秦會要》（徐復《秦會要訂補》本），（北京：中華書局，1998 年 11 月第 1 版第 2 次印刷），卷二十五〈方域下・倉庾〉，頁 408；禚振西、杜葆仁，〈論秦漢時期的倉〉，頁 91 皆從其說。

﹝註 51﹞秦並未設立常（長）平倉，此傳抄已久之錯誤，盧鷹，〈秦倉政研究〉，頁 81 已指出。

利於貯糧的建築功能，都可達到良好的效果。通過對秦國糧倉建築的詳細考察與分析，必能進一步瞭解秦倉的貯糧技術。

關於秦倉之間的糧草儲運，前人已認識到秦中央與郡縣的糧倉皆位於全國交通要衝，反映了秦國糧草運輸的路線與方式。然而卻未從秦倉的設置地點與運輸主要方式、路線，探討糧倉設置（糧食貯備）與糧倉運輸（糧食流通）之關係，本文作此探討相信可對於倉廩系統維持秦帝國統治的物資基礎，提供堅實可靠的論證與重要的方向。

前人基本上未觸及到的領域，如秦倉貯糧之穀物形態的問題。此問題的重要性在於糧倉穀物形態因體積大小、保存期限不一，對糧倉的容量與糧食貯藏有一定的影響。秦倉所貯糧食之形態，據《睡簡》表明有連稾之全禾、粟（籽粒之穀實）、糙米、精米四種形態，秦倉必定以最有利之糧食形態貯存。此外，諸如對秦「倉」之廣義與狹義，並未作嚴格區分；秦倉有參與農業生產與器物生產職能，亦多被學者忽略，以致論及秦倉相關問題時未能深入探討。

第三節　本研究的學術價值與侷限

秦倉制研究此一命題，其學術價值主要表現在：

第一，有助於填補和修正目前中國倉制史的研究。

前已提及目前有關中國倉制史的著作，秦史部份幾乎空白，研究秦倉制並豐富其內涵，相信可填補此一缺憾。此外，研究秦倉制亦可修正目前學界對中國倉制的錯誤認識。例如，仁井田陞認為最早出現「倉庫令」的中國令典是隋朝的《開皇令》，由於近年包含《倉律》在內秦簡的出土，仁井田陞這一論斷已經須要加以修正。〔註52〕又有學者認為中國糧倉管理制度中，唐朝才開始使用糧倉庫存量區分新糧與舊糧、糧食出倉以一屋一窖出盡為原則、糧倉貯糧分倉核算……等糧倉管理辦法，〔註53〕筆者於第三章〈秦倉的管理〉論述早在戰國時期，秦已採用這些管理辦法。

第二，有助於秦經濟史的研究。糧倉是秦經濟制度中重要的一個環節。

〔註52〕張弓，《唐朝倉廩初探》（北京：中華書局，1986年1月第1版），第七章〈唐代倉法的基本特點、歷史作用及其歷史地位〉，頁146。

〔註53〕劉偉，〈中國古代糧食倉儲管理制度與農業發展銀行庫存監管制度之比較〉，《中國農村經濟》，2002年第9期，頁60～64。

例如在農業方面，農業生產糧草需貯存於糧倉，從秦境內大規模地設置糧倉的情況，可反映出秦時農業經濟的繁榮；〔註54〕糧倉所貯種子，又為農業生產所必須，另糧倉存放的農業加工工具，為糧食的再生產提供了保障。在漕運方面，秦之糧倉是漕運設施的重要組成部分，發展漕運必須設置與之相配套的糧倉，例如黃河各季節的流量差距甚大，且各區段水性不同，於沿岸置倉，水通利則隨近運轉，不通利即且納在倉，不滯遠船、不生隱盜，減少人力、物力的浪費。

以上大體從兩方面論秦倉制此一命題的學術價值，除此之外，對於糧倉相關文獻的搜集、整理、研究，亦有促進與拓展之作用，確實是值得研究的學術領域。

本文的侷限，主要表現在考古資料的限制。傳統文獻對秦倉制著墨甚少，本文主要依據大量考古出土資料，這些考古出土資料歷經人為與自然的破壞，之後能夠以科學的田野工作發掘而獲得當是少之又少，且具有一定的偶然性，因此這些材料本身就具有一定的侷限性，不能完整呈現全部的信息；再者陶囷、糧倉遺址等出土史料，其所提供的年代序列較長且很難將其定位在一個確切的時間段內，同時本文在探討秦倉制的過程中，歷經秦國、秦朝並涉及政治、經濟、軍事等各個層面，很明顯地這些幸運出土、少之又少的考古實物並不能完全說明秦倉制在帝國運作的基礎。〔註55〕不過，由於目前未有全面論述秦倉制的專著，筆者在傳統文獻與前人研究的基礎上，廣泛搜集相關出土史料，並輔以現代倉儲理論探討秦倉制，未免不是一次有益的嘗試。

〔註54〕　詳參朱學文，〈試談秦國農業發展的原因〉（收錄於《秦俑秦文化研究——秦俑學第五屆學術討論會論文集》，西安：陝西人民出版社，2000 年 8 月第 1 版），頁 317；安作璋，〈從睡虎地秦墓竹簡看秦代的農業經濟〉，《秦漢史論叢》第一輯，1981 年 9 月，頁 35。

〔註55〕　參考滕銘予，《秦文化：從封國到帝國的考古學觀察》，第七章〈結語〉，頁 160 ～161。

第二章 秦倉建築的形式與結構

第一節 秦倉建築的命名與形式

倉本泛指貯存糧食之所，不論是官府或民間貯糧之所皆可稱倉，有廣、狹二義，廣義指國家備儲蓄機構的總名；狹義爲貯放糧食之建築物。由《睡簡》律文得知，倉指的是貯藏糧草之機構，其設施不單只有貯藏糧草的倉房，一般設置有吏舍、門衛房、辦公房、加工房、圍牆等幾個部份組成，以維持整個秦倉機構之運作。〔註1〕秦倉作爲管理糧食的貯糧機構，在中央和地方皆有設置。狹義之倉單指貯糧之建築，有倉、囷、窖、窌、竇、廥、廩、庾等名稱，傳統文獻對這些倉的命名說法分岐，或以建築形式，或以貯藏糧食來命名，本節即從此觀點出發，嘗試釐清倉名的命名依據，並分析秦倉名產生混亂的原因。

一、倉

倉既是貯糧建築的統稱，也可單指某一形式的貯糧建築。一般來說，倉是方形的，據《戰國策》：「今天下之府庫不盈，囷倉空虛。」高誘注「圓曰囷，方曰倉。」〔註2〕又《呂氏春秋·季春紀》：「天子佈德行惠，命有司，發倉窌。」高誘注曰：「方者曰倉，穿地曰窌。」〔註3〕從文獻上得知倉是一種方形之建築物，且在建築位置上有別於穿地的窖（窌）。

〔註1〕 睡虎地秦墓竹簡整理小組，《睡虎地秦墓竹簡》，406 頁。
〔註2〕 《戰國策》（繆文遠校注本），（成都：巴蜀書社，1998 年 9 月第 3 版），卷三〈秦一·說秦王曰章〉，頁 75。
〔註3〕 《呂氏春秋》（陳奇猷校釋本），（臺北：華正書局，民國 77 年 8 月初版），卷三〈季春紀第三〉，頁 121～126。

　　有關倉的形態特徵，雖沒有秦國出土實物的背書，〔註4〕不過經由出土西漢京師倉一號倉與漢代陶倉模型的外觀可看出其形制（圖一、圖二），說明此種方形具有屋頂、屋身與台基的建築物爲倉。

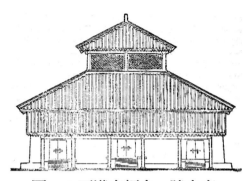

圖一：西漢京師倉一號倉東
　　　立面復原圖〔註5〕

圖二：廣西出土漢代陶倉〔註6〕

　　《說文》：「倉，穀藏也，蒼黃取而藏之，故謂之倉。」指出穀藏曰倉；《周禮》：「倉人，掌粟入之藏，辨九穀之物，以待邦用。」〔註7〕倉人，即掌糧倉

〔註4〕　盧鷹，〈秦倉政研究〉，頁79～84指出「在長城沿線的一些城堡、關隘和烽火台等處秦代亦建有中小型軍用倉廩。如1973～1974年吉林省奈曼旗的秦長城遺址附近發掘的沙巴營子古城，有一兩層木結構的望樓遺址，底層爲糧倉，上層是瞭望設施，經考察就是秦代建築。」盧鷹指出此糧倉遺址性質爲秦代軍倉，其說有待商榷。盧鷹文中的沙巴營子古城遺址，乃轉引自李殿福，〈吉林省西南部的燕秦漢文化〉，《社會科學戰線》，1978年第3期，頁227～234。李文在文中已指出「長城、古城、鐵器、陶器等遺跡，跨越燕、秦、漢三代，古城、望樓等設施初建於戰國時代的燕國，秦及西漢延用」、「從沙巴營子古城和西土城子的規模形制，二古城可能是西漢遼西郡的某兩個縣治所在。」古城遺址年代跨越燕、秦、西漢，雖在城內主要建築址中出土秦陶量，但也不能肯定東北垣望樓遺址就是秦代建築，而不是戰國燕或西漢時期的遺址。其二，李文並無述及沙巴營子東北垣望樓的規模，秦國其時尚無軍倉之設置，軍糧主要取於太倉或各縣糧倉，透過長途運輸至軍隊屯駐之地，且望樓底下建築是否具備糧倉機能也不可知。
〔註5〕　陝西省考古研究所，《西漢京師倉》（北京：文物出版社，1990年12月第1版），頁14。
〔註6〕　蕭克之、張合旺、曹建強著，《漢代陶器與古代文明》（北京：中國農業出版社，2000年7月第1版），彩圖28（廣西合浦出土陶倉）。
〔註7〕　《周禮》，（北京：北京大學出版社，1999年12月第1版，據阮元《十三經注疏》校刻本點校），卷第十六〈地官司徒第二‧倉人〉，頁428。

者，粟是穀類之一種，〔註8〕所掌穀物之藏以粟爲主，並以其它穀物爲輔，可知倉所藏是「百穀」之藏。從《睡簡》來看，倉所藏穀物有禾、黍、稻、麻、菽、麥等當時主要生產作物。〔註9〕

二、囷

《說文》：「囷，廩之圜者。從禾在口中，圓謂之囷，方謂之京。」說明囷是一種圓形的貯糧建築，與方形的倉有所區別。歷年來秦的陶囷模型在長安、寶雞、鳳翔、隴縣、銅川、臨潼、咸陽、銅川等地均有發現，〔註10〕在陝西臨潼上焦村秦墓出土的陶囷上刻有一"囷"字，〔註11〕得知此種體呈圓筒型，攢尖圓頂，腹部開有倉門的圓屋形建築爲囷。另外西漢漢墓出土的三件陶囷，分別寫著"白米囷"、"小麥囷"、"黍栗囷"，〔註12〕可知囷和倉一樣貯藏各種糧食作物。

長期以來考古學界習慣將圓形的囷稱倉，韓偉首先提出「這種形式圓桶的貯糧模型，應定名爲"囷"」，〔註13〕徐壽群則進一步論述其重要性：

> 考古發現中的倉、囷類的識別與命名，從一個側面反映著漢代社會的重要史實和內容。很顯然，只有正確的命名，才能如實又形象地描述出漢代人的生活狀況和習俗風情。統一認識、統一命名，在考古實踐中也具有實際意義。名物（形）相符，才便於比較，不必因名稱不一，而引發不必要的混亂。有正確的命名，也不至於與文獻記載和考古發現中的記銘器物發生牴牾。〔註14〕

〔註8〕　參漢・王充撰，《論衡》（黃暉校釋本），（北京：中華書局，1996年11月第1版），卷第十二〈量知篇〉，頁550～551：「穀之始熟曰粟，春之於臼，簸其秕糠，蒸之於甑，爨之以火，成熟爲飯，乃甘可食……夫人之不學，猶穀未成粟，米未爲飯也。」

〔註9〕　《呂氏春秋》記載當時種植穀物有禾、黍、稻、麻、菽、麥六種，此六種穀物在《睡簡》中均有收錄。參《呂氏春秋》，卷二十六〈士容論第六・審時〉，頁1780～1782。

〔註10〕楊亞長，《秦物質文化史》（收錄於陝西省考古研究所秦漢研究室編，西安：三秦出版社，1994年6月第1版），第一章〈農業和飼養業〉，頁17。

〔註11〕秦俑考古隊，〈臨潼上焦村秦墓清理簡報〉（收錄於《秦俑研究文集》，西安：陝西人民美術出版社，1990年6月出版），頁554～555。

〔註12〕程學華，〈西安市東郊漢墓中發現的帶字陶倉〉，《考古》，1963年第4期，頁227。

〔註13〕韓偉，〈秦國的貯糧設施淺議〉，頁74。

〔註14〕徐壽群，〈倉、囷與"筒腹罐"之界說〉，《江漢考古》，1995年第1期，頁66。

正確地對陶倉、囷類的識別與命名，才能反映當時
社會的重要史實與內容，也唯有正確的命名，才能
使文獻記載與考古發現中的記銘器物不致發生牴
牾。

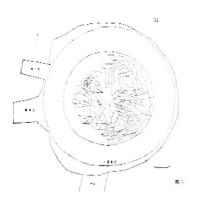

陶囷屬於明器，其形狀與洛陽戰國糧倉考古遺
址出土的糧窖相似，在東周王城南城牆的北邊，即
今洛陽市附近探出七十四座戰國糧倉，其中編號
62 的糧窖，就是一座半地穴式的囷倉（圖三），據
洛陽博物館方面推測「62 號窖填土內出土的大量
磚、瓦和圓木等現象，窖頂可能是一種高出地面、
頂上覆瓦的圓錐形土木建築，同戰國和西漢初墓葬

圖三：洛陽戰國 62 號
糧窖〔註 15〕

中出土的陶倉近似。」〔註 16〕洛陽博物館所說的戰國和西漢初墓葬中出土的
「陶倉」，實際就是本文上述的「陶囷」，而 62 號糧窖由其平面圖來看，其囷
體呈現出圓筒狀，再加上其頂為圓錐形，基本上可以確定此 62 號糧窖可以確
定就是囷的實物。

《睡簡·倉律》有倉、廥而沒有記載此種圓形的囷，可能是因倉、廥（房）
大，多見於官府；而囷因其較小，則為民間一般富裕人家使用。反映秦國社
會生活各方面的睡虎地秦簡《日書》，有"為囷大吉"、"利為囷倉"等有關
囷的描述。

三、窖（窌、竇）

作為貯糧的設施，窖是最早被使用的形式，據河北武安磁山遺址發現糧
食堆積的長方形窖穴就有達八十個，可知新石時時代（公元前 5400 年）就已
經出現窖藏。〔註 17〕至殷周時期，無論在構築糧窖、糧窖的防潮處理、糧窖
的管理制度，窖藏糧食的種類諸方面，皆有相當明顯的發展。〔註 18〕

此種地下儲糧的設施，尚有以窌、竇為名，《周禮·匠人》：「囷、窌、倉、

〔註 15〕洛陽博物館，〈洛陽戰國糧倉試掘紀略〉，頁 59。
〔註 16〕洛陽博物館，〈洛陽戰國糧倉試掘紀略〉，《文物》，1981 年第 11 期，頁 58。
〔註 17〕河北省文物管理處、邯鄲市文物保管所，〈河北武安磁山遺址〉，《考古學報》，
1981 年第 3 期，頁 337。
〔註 18〕余扶危、葉萬松，〈我國古代地下儲糧之研究（上）〉，《農業考古》，1982 年第
1 期，頁 136～143。

城。注：穿地曰竇。」〔註 19〕《呂氏春秋‧仲秋紀》：「穿竇窌，修囷倉。」
高誘注：「穿水通竇，不欲地泥溼也。穿窌所以盛穀也。修治囷倉，仲秋大內，
穀當入也。圓曰囷，方曰倉。」〔註 20〕《荀子‧富國》：「垣窌倉廩」楊倞注：
「窌，窖也，掘地藏穀也。」〔註 21〕《禮記‧月令》：「是月也，可以築城郭、
建都邑、穿竇窖，修囷倉。」鄭注：「穿竇窖者，入地隋曰竇，方曰窖。」正
義曰：「隋者似方非方，似圓非圓，以其名竇，與窖相似，故云隋曰竇。」〔註
22〕可知窌即窖，且因窖形的形狀不同而有窖與竇之分，窖是方形的，而竇為
橢圓形。近年來在陝西張家坡西周遺址和河北磁縣下潘旺西周遺址發現的窖
穴，主要有橢圓形袋狀窖和長方形窖兩種，但是窖形的不同是否有其它意義
則有待進一步研究。〔註 23〕

　　目前並沒有發現秦窖的考古遺址，然而秦國使用此一貯糧形式是可以確
定的。秦末楚漢相爭時，便有用窖貯藏糧食的例子，〔註 24〕且自新石器時代
起，關中就存在用窖儲糧的傳統，關中處在黃土高原上，其土質適宜建築大
型糧窖，殷商、戰國、西漢都曾發現國家級的倉窖群，秦居關中，且儲糧甚
豐，當有修築糧窖的傳統。〔註 25〕

　　不過窖並不一定用來貯糧，考古報告所見的窖可存放各種器物，諸如兵
器、銅器等，在陝西鳳翔便有一批銅器窖藏。〔註 26〕此外，窖可貯藏冰，在
陝西鳳翔姚家崗發現一處春秋時期的冰窖，冰窖古稱「凌陰」，其底部設施沒

〔註 19〕 《周禮》，卷第四十二〈冬官考工記下‧匠人〉，頁 1166。
〔註 20〕 《呂氏春秋》，卷八〈仲秋紀第八〉，頁 421～427。
〔註 21〕 《荀子》(清‧王先謙集解，沈嘯寰、王星賢點校本)，(北京：中華書局，1997
　　　　 年 10 月第 1 版第 4 次印刷)，卷六〈富國篇第十〉，頁 194。
〔註 22〕 《禮記》，(北京：北京大學出版社，1999 年 12 月第 1 版，據阮元《十三經注
　　　　 疏》校刻本點校)，卷第十六〈月令〉，頁 528。
〔註 23〕 楊釗，〈先秦食物的貯藏〉，《農業考古》，2001 年第 3 期，頁 187。又據上引
　　　　 高誘對《呂氏春秋‧仲秋紀》中對「穿竇窌」之注為「穿水通竇，不欲地泥
　　　　 溼也。穿窌所以盛穀也」，「穿水通竇」當為「穿竇通水」，似乎窌、竇功用不
　　　　 同，不過從考古遺址來看，兩者皆可用來貯存。
〔註 24〕 漢‧司馬遷撰，《史記》(百衲本)，(臺北：臺灣商務印書館，民國 84 年 4 月臺
　　　　 1 版第 7 次印刷)，卷一百二十九〈貨殖列傳第六十九〉，葉十九上：「宣曲任氏
　　　　 之先，為督道倉吏。秦之敗也，豪傑皆爭取金玉，而任氏獨窖倉粟。楚漢相距滎
　　　　 陽也，民不得耕種，米石至萬，而豪傑金玉儘歸任氏，任氏以此起富。」
〔註 25〕 蔡萬進，《秦國糧食經濟研究》，第二章〈糧食儲藏〉，頁 32～33。
〔註 26〕 韓偉、曹明檀，〈陝西鳳翔高王寺戰國銅器窖藏〉，《文物》，1991 年第 1 期，
　　　　 頁 15～17。

有防潮設備，而被儲藏的物品也無須防潮。〔註 27〕在咸陽第一號宮殿遺址則發現戰國時期的冷藏窖穴，且從窖內底部出土牛羊猪等動物骨骼的情形分析，此種冰窖似乎更多被用來貯藏肉類食品的，因肉類較容易腐爛變質，需要冰窖的冷藏環境以保存更久。〔註 28〕

由窖藏物品的多樣性看來，其性質與現代「倉庫」一詞似乎更爲接近。

四、廥

《說文》：「廥，芻稾之藏也。」又《史記‧趙世家》：「（孝成王）十二年，邯鄲廥燒。」集解引徐廣曰：「廥，廏之名，音膾也。」索隱：「廥，積芻稾之處，爲火所燒也。」〔註 29〕廥爲積芻稾之處，不過廥怎會是廏之名呢？《韓非子》有一故事涉及到廥的性質：

> 中山有賤公子，馬甚瘦，車甚弊，左右有私不善者，乃爲之請王曰：
> 『公子甚貧，馬甚瘦，王何不益之馬食？』王不許，左右因微令夜
> 燒芻廏，王以爲賤公子也，乃誅之。〔註 30〕

又王先愼引顧廣圻《韓非子識誤》：

> 廏，當依上文（故燒芻廥而中山罪）作廥。〔註 31〕

《韓非子》中的「芻廥」、「芻廏」，王先愼引顧廣圻的話將「芻廏」之「廏」改爲「廥」，本文認爲「芻廥」、「芻廏」是一樣的，因據《韓非子》文意，不論是「芻廏」或「芻廥」皆是存放飼養馬匹的飼料之所。《睡簡》律文也有此種芻廥的記載，不過其貯藏不只存有芻稾：

> 入禾稼、芻稾，輒爲廥籍，上內史。芻稾各萬石一積，咸陽二萬一
> 積，其出入、增積及效如禾。
>
> 禾、芻稾積廥，有贏、不備而匱弗謁。〔註 32〕

〔註 27〕冰窖古稱凌陰，《詩經》，卷第八〈豳七月詁訓傳第十五〉，頁 506：「二之日鑿冰沖沖，三之日納於凌陰。」有關冰窖設計，詳參陝西省雍城考古隊，〈陝西鳳翔春秋秦國凌陰遺址發掘簡報〉，《文物》，1978 年第 3 期，頁 43～45。

〔註 28〕董希如，〈我國古代貯藏技術管窺〉，《農業考古》，1992 年第 1 期，頁 246～248。

〔註 29〕《史記》，卷四十三〈趙世家第十三〉，葉卅九下。此處「廥，廏之名」之「廥」，集解引徐廣作「庫」，誤。

〔註 30〕《韓非子》（清‧王先愼集解、鍾哲點校本），（北京：中華書局，1998 年 7 月 1 版），卷十〈內儲說下六微第三十一〉，頁 251～252。

〔註 31〕《韓非子》，卷十〈內儲說下六微第三十一〉，頁 252。

上引秦律，尤其是第二條明白揭示了廥不但貯藏芻稾，更有禾的貯藏，秦簡律文的出現，打破了傳統上認為廥只是貯藏芻稾的印象。廥貯藏禾乃是官府飼馬也用到穀物，穀物比芻稾更有營養，能使馬更健壯，《秦律‧倉律》就有官府傳馬食禾的規定。〔註33〕

　　《倉律》是有關國家糧草倉的法律規定，倉、廥這二種糧倉同在《倉律》中被提及，二者必有相同的地方；而秦律「有實官高其垣牆。它垣屬焉者，獨高其置芻廥及倉茅蓋者。」〔註34〕將倉、廥二種糧倉並提，二者必有不同的地方。倉、廥相同的地方即前文所說，倉、廥與囷、窖、廩等皆為狹義之倉（貯存糧食的建築物）。倉與廥最大的不同處在於：在《睡簡》律文中凡芻稾或禾、芻稾一同進出皆為廥所藏，絕不是倉（貯存糧食的建築物）所藏，倉（貯存糧食的建築物）只在存禾（各種糧食作物）時被提及，如「長吏相雜以入禾倉及發，見屪之粟積，義積之，勿令敗。」、「倉屚（漏）歺（朽）禾粟，及積禾粟而敗之。」〔註35〕故本文認為廥是存放飼養牲畜的糧倉，存放禾、芻稾等飼料；而倉為存放糧食作物而不貯存芻稾，這是倉、廥最大的差別。

五、廩

　　廩是方形的糧倉，《荀子‧榮辱篇》高誘注：「圓曰囷、方曰廩。」既然廩與倉皆為方形糧倉，其差異之處何在？《禮記‧月令》：「命有司發倉廩。」〈正義〉引蔡邕曰：「穀藏曰倉，米藏曰廩。」〔註36〕似乎倉與廩有藏穀和藏米之別，然而廩在甲骨文中也有記載，其所藏可能兼有收穫的穀穗與穀粒。〔註37〕今據《詩經》：「豐年多黍多稌。亦有高廩，萬億及秭。

〔註32〕《秦律十八種‧倉律、效律》，簡二八、一七四，頁27、59。
〔註33〕《秦律十八種‧倉律》，簡四七，頁31：「駕傳馬，一食禾，其顧來有（又）一食禾，皆八馬共。其數駕，毋過日一食。駕縣馬勞，有（又）益壺〈壹〉禾之。」另在秦始皇陵東側馬廄坑發現了一批秦代的穀子和穀草遺存，一百餘座馬廄坑中還發現飼馬的器具，這批糧食應是作為馬飼料留存的。參魏京武、張穎嵐，〈秦始皇陵園考古發現中的農業信息——論秦代關中農業社會經濟〉，《農業考古》，1998年第1期，頁374。故廥與廄皆存放穀子和芻稾，皆為存放飼養馬匹之飼料之所。
〔註34〕《秦律十八種‧內史雜》，簡一九五，頁64。
〔註35〕《秦律十八種‧倉律、效律》，簡二七、一六四，頁25、57。
〔註36〕《禮記》，卷第十六〈月令〉，頁484。
〔註37〕彭邦炯，《甲骨文農業資料考辨與研究》（長春：吉林文史出版社，1987年12月第1版），頁568。

爲酒爲醴，烝畀祖妣，以洽百禮，降福孔皆。」〔註38〕廩所藏爲可釀酒的黍、稌，可見廩所藏糧食種類並不固定，可確定的是其形制爲方形的糧倉。〔註39〕

六、庾

《詩經》：「楚楚者茨，言抽其棘。自昔何爲？我藝黍稷。我黍與與，我稷翼翼。我倉既盈，我庾維億。」鄭注曰：「露積曰庾。」〔註40〕又《說文》：「庾，水漕倉也。一曰倉無屋者。」段注：「謂水轉穀至而倉之也。無屋，無上覆者也。」《史記・孝文本紀》：「發倉庾，以振貧民」集解引胡廣曰：「在邑曰倉，在野曰庾。」〔註41〕由以上引文可知，歷來對於庾有三種意見，一說是「水漕倉」，另一爲「倉無屋者」，第三爲「在野曰庾」。

從現有資料分析，倉與庾可互爲使用，不過二者並不能等同。漢高帝十一年，淮南王英布發動叛亂，謀士薛公對劉邦分析了英布可能採取的三種戰略，其中一計爲「據敖倉之粟，塞成皋之口。」索隱曰：「案《太康地記》云『秦建敖倉於成皋，又立庾，故亦云敖庾也。』」〔註42〕可見敖倉又可名敖庾。同樣的情形亦見於西漢京師倉遺址，遺址同時出土文字瓦當「京師倉當」、「京師庾當」，〔註43〕可見「在邑曰倉，在野曰庾」的說法不確，且由「京師庾當」本身證明庾是有屋頂的，不是「倉無屋者」。京師倉遺址位於關中漕渠口，和敖倉一樣臨河而建，可見是一種專爲漕運的「水漕倉」。

〔註38〕《詩經》，（北京：北京大學出版社，1999 年 12 月第 1 版，據阮元《十三經注疏》校刻本點校），卷第十九〈周頌・豐年〉，頁 1325。

〔註39〕關於廩的形制的探討，《農書》，卷十六〈農器圖譜十・倉廩門〉，頁 301：「今農家構無壁廈屋，以儲禾穗及種稑之種，即古之廩也。」王禎其說不可信，無壁何以存米？呼林貴〈古代倉名考〉，《農業考古》，1985 年第 1 期，頁 344 一文已有論證。另日本秋山進午認爲廩就是房頂裝有氣窗的方倉，詳參孫機，《漢代物質文化資料圖說》（北京：文物出版社，1990 年 7 月第 1 版），頁 207～208。

〔註40〕《詩經》，卷第十三〈小雅・谷風之什・楚茨〉，頁 810。

〔註41〕《史記》，卷十〈孝文本紀第十〉，葉十七下。

〔註42〕《史記》卷九十一〈黥布列傳第三十一〉，葉七下～八上。又此處「據敖倉之粟，塞成皋之口」之「敖倉」，據新校本《史記》爲「敖庾」，乃將倉與庾二種貯糧建築等同，誤。詳參《史記》（新校本），（臺北：鼎文書局，民國 84 年 10 月 9 版），卷九十一〈黥布列傳第三十一〉，頁 2604。

〔註43〕杜葆仁，〈京師倉當與西漢的京師倉〉，《考古與文物》，1981 年第 3 期，頁 104～107。

綜合以上所述，將秦國糧倉的各種名稱、建築形式、所存糧食與命名原則列表如下：

表一：秦倉命名原則一覽表

倉　名	建築形式	貯藏糧食	命名原則
倉	方形	禾、粟、稻、麥、麻、荅、菽、米等糧食作物	方形曰倉
囷	圓形	米、麥、菽	圓形曰囷；或為民間貯糧建築
窖（窌）	方形	各種糧食與物品	挖地儲糧
竇	橢圓形、圓形	各種糧食與物品	挖地儲糧
廥	方形	芻稾、禾等糧草	糧草倉（飼料倉）
廩	方形	穀、米、粟、黍、稌等糧食作物	方形曰廩
庾	方形	黍、稷等糧食作物	水漕倉

據表中所列，秦倉的異名雖有上述八種（含窌、竇）名稱，然其建築形式實際分析只有方形、圓形二種，亦即只有方形與圓形糧倉，除了廥為專門貯藏禾、芻稾等飼料外，並沒有專門貯藏的糧食。傳統文獻對這些倉命名的依據，或以建築形式，或以貯糧種類，或以其功能，歷來說法不一。今透過上述，倉、廩皆可貯存米、穀，打破了傳統上「穀藏曰倉、米藏曰廩」的說法。窖、窌與竇皆為地下糧窖，從考古遺址來看，其為方形或圓形；所貯藏種類與其命名原則並無關聯，三者作為貯糧建築的共通點為「穿地曰窖」。廥是專門貯藏糧草餵食馬匹；而庾是水漕倉，廥與庾的命名是從其用途來命名。囷則是圓形糧倉，從現有資料分析，可能是民間專門貯糧的建築。

以上論述了秦倉命名的依據，以下便談談秦倉名稱混亂的原因：

第一，貯糧建築形式之不同。秦國地處北方，考古並無出土糧倉遺址與陶倉明器，〔註44〕秦墓出土明器皆為陶囷。然史籍與《睡簡》卻顯示了秦國

〔註44〕據荊三林等人實地考察，敖倉故址的糧倉主要有「窖」與「庾」二種建築形式，並未發現本文所定義「倉」之建築。詳參荊三林等，〈敖倉故址考〉，《中原文物》，1984年第1期，頁25。

擁有倉此類建築，此一現象可能與戰國早期秦國領域尚未跨越長江以南有關。秦地處北方，氣候較乾，佔領楚地以後，氣候潮溼，唯有方倉較爲適合，宋・莊綽論及陝西與江浙的儲糧設施時指出：

> 陝西地既高寒，又土紋皆堅，官倉積穀，皆不以物藉。雖小麥最爲難久，至二十年無一粒蛀者。民家只就田中作窖，開地如井口，深三四尺；下量蓄穀多寡，四圍展之。土若金色，更無沙石，以火燒過，紋草絪釘於四壁，盛穀多至數千石，愈久亦佳。……江浙倉庾去地數尺，以板爲底，稻連稈作把收。雖富家亦日治本爲食。積久者不過兩歲而轉。地卑溼，而梅雨鬱蒸，雖穹梁屋間猶若露珠點綴也。〔註45〕

秦國位處關中，由於黃土層很厚，且地下水位低，最適於窖穴儲糧；江浙之地，氣候潮濕，故需將倉建築離地數尺以隔濕氣，藉以流通空氣，從而發展出干欄式倉或將倉建在高大台基上。糧倉的形制是配合著地域、氣候條件的制約，因地制宜，因材制用，而有著各種不同風格與形式的建築，並隨著地域、方言的不同而有著不同的名稱，形成了倉名的混亂。

第二，貯藏糧食的多樣性。從貯藏糧食看，傳統上有「穀藏曰倉、米藏曰廩」的說法，廥只存芻槀不存禾，似乎貯糧建築有專司貯藏之糧食。透過上文論述，除了廥是專門貯藏禾、芻槀的飼料倉，各種糧倉皆可貯存多種糧食，窖、窌、竇甚至可存放各類物品。貯藏糧食的多樣性顛覆了傳統的說法，造成了倉名的混亂。

第三，貯糧機構有二種以上的貯糧建築，故僅以倉來代表此一地區所有糧倉的總名。如西漢京師倉遺址同時出土倉與庾二種貯糧建築；雲夢秦簡中各地的縣倉皆有倉、廥兩種建築。

第四，倉之廣義與狹義的混用。倉可泛指糧食儲藏之地，同時又是國家貯糧機構的總名；且可單指方形的糧倉建築，同時又包含所有的建築形式的糧倉。此爲形成倉名混亂的最主要原因，第一、二、三種原因又受其影響，史籍常以「倉囷」、「囷倉」、「倉廩」、「倉庾」、「倉廥」……等詞連用，並在史籍流傳的過程中混淆了倉之廣義與狹義，造成了倉名的混亂。

〔註45〕宋・莊綽撰，《雞肋編》（蕭魯陽點校本），（北京：中華書局，1983年3月第1版第2次印刷），卷上〈陝西田窖與江浙倉庾〉，頁34～35。

第二節　秦墓出土陶囷的類型與分析

　　囷是秦國糧倉的一種貯糧建築形式，陶囷是其模型。歷年來在關中地區的秦墓陸續有陶囷的出土，讓我們瞭解到秦國囷此種建築貯糧的形式。陶囷以隨葬品的形式呈現，最早出現在關中地區春秋中期的秦墓，並延續到秦代皆有出土。在同時期、不同國家與地區的墓葬中都沒有發現，這顯示了陶囷作為隨葬品是秦國異常特殊的現象。此種以陶囷作為隨葬品，在兩漢時期的墓葬中被大量發現，據《洛陽燒溝漢墓》就出土了 983 件的陶囷，〔註 46〕可見漢代所流行以陶囷隨葬的文化現象應發端於秦。

　　陶囷作為隨葬品，如實反映了墓主人生前的貯糧概況的模擬製作，精確地說明了糧食貯藏設施的典型及其規模。〔註 47〕本文擬透過這些秦墓出土陶囷，對其形製特點加以分類、分析，全面而更深刻地認識作為秦國貯糧設施的“囷”。

一、秦墓出土陶囷的類型

　　秦墓出土陶囷據筆者所搜集到的資料，統計共有 99 件，扣除了因破損嚴重、同墓出土類型相同而未公佈之外，共有陶囷 59 件，根據其構造（囷頂、囷身、囷底）的不同，將陶囷分為 A、B、C、D 四型；另外配合陶囷年代、圖版或線圖、器型特徵、出土墓葬製成〈表三：秦墓陶囷模型的分類表〉（頁 54～64），以方便本文的探討：

　　A 型：架空式，共 10 件。依據囷足的不同形式分為三式：

　　A1：編號 1～4 共 4 件，囷足均為高圈足，有一對應的缺口。頂皆圓錐形，編號三頂有飾一鳥；囷身則呈直筒、盆型皆有。

　　A2：編號 5～9 共 5 件，囷足皆下立二板作足；頂皆圓錐形，囷身大多為盆形鼓腹。

　　A3：編號 10 共 1 件，囷底下有三足，腹部有一方孔，蓋為錐形，坡度較緩，通體飾繩紋。

〔註 46〕中國科學院考古研究所，《洛陽燒溝漢墓》（北京：科學出版社，1959 年 12 月第 1 版），第參編〈器物類型〉，頁 112。

〔註 47〕靳祖訓，《中國古代糧食貯藏的設施與技術》（北京：農業出版社，1984 年 2 月第 1 版），五、〈糧食貯藏的設施與型制〉，頁 28。

　　A 型囷的特色即有兩側帶方孔的高圈足或下立二板作足，可能意謂著囷體下有隔濕、通氣的措施，[註48] 另 A3 型陶囷爲三足囷，是所有發現秦陶囷中唯一作三足的，其功用應也是通風、隔濕。

　　B 型：台基式，共 20 件。分爲 B1、B2 與 B3 三式：

　　B1：編號 11～24 共 14 件。此型春秋中期至秦代皆有發現，頂蓋均爲圓錐形攢尖頂；囷身皆呈鼓腹；除少數器身通體光素外，其餘皆有平行、直線交織而成的網狀、方格等紋飾。

　　B2：編號 25～29 共 5 件。蓋大多爲圓錐形，除編號 29 通體素面外，其餘囷皆有紋飾。囷身腹壁近直爲斜直。

　　B3：編號 30 共 1 件。蓋身爲一體，上爲球形，矮柱狀頂；身體開一長方形囷門；下爲筒狀高圈足，圈足中央有一道突棱，底周邊一周較窄封口，上體爲細繩紋，圈足局部有間斷細繩紋。

　　B 型囷皆有圈足，似乎表示爲囷建在高台上。囷頂爲圓錐形；囷身有的鼓腹或腹壁近直、斜直；B3 型陶囷只有一件，其蓋身爲一體，呈一球形，不知是什麼原因。少數器身通體光素，其餘大多飾有繩紋或網狀紋飾。

　　C 型：平底式，共 27 件。分爲 C1、C2 二式：

　　C1：編號 31～47 共 11 件。囷身呈圓筒形、鼓腹；囷頂爲圓錐形，編號 44、45 的囷頂上有一圓形把手，與其它囷蓋頂爲尖頂的情形不同。

　　C2：編號 48～57 共 16 件。囷身似一盆型，編號 55、57 腹下急速斜收至囷底。囷頂爲圓錐形，編號 56 頂上立一鳥。

　　C 型囷底均爲平底，囷頂均爲圓錐形，大多爲尖頂。囷身有的鼓腹或腹壁近直，少數腹壁向下斜收。陶囷除少數通體光素外，皆飾繩紋、斜紋或方格狀紋飾。

　　D 型：直筒式，編號 58、59 共二件。時代皆爲戰國早期，最大特色爲囷身呈直筒形；無圈足，頂爲圓錐形，器表皆飾白彩帶紋或繩紋。

二、陶囷模型的分析

　　從上面的分類與〈表三〉可看出：

　　A 型囷中的 A1、A2 式囷，高圈足或下立兩板作足，類似漢代所發現的干

[註48] 韓偉，〈秦國的貯糧設施淺議〉，頁 75～76。

欄式囷，皆以囷足支撐著囷體，其功能皆是通風、隔濕。編號 3、4 的陶囷，器身分成上下兩層，互不相通，其功能可能與西漢京師倉 1 號倉一樣，上層用來貯糧，下層用來通風、隔濕（詳見本文第三節）。另外編號 10 的 A3 式囷，囷底下作三足，此三足囷是目前唯一在秦墓出土陶囷中有三足的，據報導在陝西戶縣曾發現西周時期的"三足倉"，〔註49〕囷底附加乳狀三足鼎立，其身呈橢圓形，不但和 A3 式囷呈現盆形、腹鼓的形態不一；也和漢代所發現的三足囷形狀不一。〔註50〕雖然三足囷從西周至漢代體形多變，不過囷底具三足的特徵卻一直被保留下來。

　　B 型台基式與 C 型平底式囷最主要的差別即在於囷底有無圈足，圈足代表著囷可能是建立在高台之上，置高台可避鼠患。B、C 兩型囷身皆為盆形，依呈現鼓腹或腹壁近直、斜直又分為 B1、B2 與 C1、C2 兩型。D 型直筒式囷在兩漢時期關中地區是主要流行樣式，然而至今秦墓出土僅 2 件；相反的秦墓出較多 B、C 二型的陶囷在兩漢時期的湖南、湖北地區是主要流行樣式。這種現象的形成，應是漢代承襲了秦人以囷隨葬的風氣，且因漢代各地的地域氣候、經濟發展、文化交流程度的不同，使得漢代各地的陶囷呈現了不同的特色。

　　筆者所收集到秦墓出土陶囷的數量共有 99 件，除了 2 件因破損不能復原之外，〔註51〕其餘陶囷按其年代與數量製成下表：〔註52〕

表二：秦墓陶囷模型年代分期與數量統計表

春秋中期	春秋晚期	春晚戰早	戰國早期	戰國早中期	戰國中期	戰國晚期	秦代	總計
20	14	7	38	1	12	1	4	97

〔註49〕 李滌陳，〈西周特大容器"三足倉"〉，《考古與文物》，1994 年第 4 期，頁 101〜102。

〔註50〕 據中國科學院考古研究所，《洛陽燒溝漢墓》，第參編〈器物類型〉，頁 112〜113 所附出土的三足囷，有三熊足、豬首足等樣式。

〔註51〕 陝西省考古研究所編著，《隴縣店子秦墓》（西安：三秦出版社，1998 年 8 月第 1 版），頁 102。隴縣店子秦墓並出土陶囷 31 件，其中完整或可修復的 29件，一書對另外 2 件因破損嚴重的陶囷資料並無記錄。

〔註52〕 此表所列秦墓出土陶囷模型年代分期與數量統計，皆依據筆者所搜集之期刊論文所刊的秦墓發掘簡報以及《隴縣店子秦墓》考古報告一書，詳細出處詳參〈表三：秦墓陶囷模型分類表〉之隨頁註。

　　據表可知陶囷從春秋中期至秦代皆有發現，其中屬於春秋中期的有 20
件，秦秋晚期的有 14 件；春秋晚期至戰國早期之間的有 7 件；戰國早期的有
38 件；戰國早中期的有 1 件；戰國中期的有 12 件；戰國晚期的有 1 件；秦代
的則有 4 件。〔註 53〕出土陶囷的年代主要集中在春秋中期至戰國中期之間，
共有 92 件之多，佔了九成多；而戰國晚期至秦代只有 5 件。從出土陶囷數量
可看出，秦國在春秋中期到戰國中期以陶囷作爲隨葬品的風氣似乎蔚爲風
潮，戰國晚期至秦代此風氣漸消。張穎嵐指出：

> 從出土數量而言，春秋中晚期的秦墓中出土 19 件、戰國早期 21 件、
> 戰國中晚期 3 件、秦代 4 件。其中春秋中晚期和戰國早期的秦國，
> 正是農業生產取得極大發展的時期，秦墓隨葬陶囷模型葬俗的肇始
> 和流行，應與當時農業生產發展、糧食儲藏大量增加有密切關係。
> 〔註 54〕

隨葬陶囷模型葬俗的肇始和流行確與秦國農業生產取得極大發展有密切關
係，但此種說法不能說明陶囷爲何過度集中在春秋晚期至戰國中期。套句
張文的說法，既然「秦國在春秋中期時農業就已十分發達，自戰國到秦統
一，農業生產更得到了極大的發展」、「秦墓出土陶囷模型，無疑正是秦農
業生產發展的又一佐證」，那爲何在農業生產更爲發展的戰國末年到秦代卻
只發現幾件陶囷？據咸陽任家嘴春秋墓出土陶囷，從數量和器形的多樣化
都超過其它各個墓地，可見春秋中期時的秦囷已不是原始型，爲何陶囷在
春秋中期才發現？要解決上述問題，必須從秦國喪葬文化中找答案。

　　春秋至戰國初期的秦文化，除保留秦人原有文化特性外，因長期與周人
接觸，大量吸收了周文化並發展了一些不同於周文化和中原諸國文化的一些
新的文化內涵。〔註 55〕春秋時期秦國的喪葬文化受西周文化影響極大，陳平

〔註 53〕　由於本文陶囷的資料來源是發表在期刊上的各考古簡報或報告，故對於陶囷
　　　　年代的認定依據以各考古簡報上認定爲主。有些出土陶囷墓葬沒有直接性的
　　　　紀年資料或可供判定年代的標準器來判別墓葬年代，故只能按照類型學的原
　　　　理並參照相鄰地區同類墓葬的分期標準界定。（參考陝西省考古研究所，〈陝
　　　　西寶雞晁峪東周秦墓發掘簡報〉，《考古與文物》，2001 年第 4 期，頁 8。）
〔註 54〕　張穎嵐，〈秦墓出土陶囷模型及相關問題研究〉，頁 374。張文中秦墓陶囷的年
　　　　代和數量是根據張文所統計，其樣本數因比本文較少，故統計數與本文表二
　　　　所統計有所差距，但不影響本文的論述。
〔註 55〕　袁仲一，〈從考古資料看秦文化的發展和主要成就〉，《文博》，1990 年第 5 期，
　　　　頁 8～11。

透過秦墓青銅器的層位、組合、形制、紋飾的演進規律，指出春秋型銅容器群自春秋早期起，器形器類始終在西周傳統形式的範圍內作極爲有限的發展。〔註 56〕然而從春秋早期始，個別墓葬就已出現仿銅禮器或青銅禮器明器化的現象，相對於六國仿銅禮器的普遍出現要晚到戰國時代，而秦國則早在春秋中晚期就以仿銅的陶、漆禮器爲主。這說明古代所規定的喪禮制度，在秦國的動搖是比較早的。〔註 57〕關於秦墓逐漸掙脫周禮的枷鎖，李進增在其〈關中東周秦墓與秦國禮制興衰〉一文中談到：

> 秦國禮制在東周的發展過程經歷了兩次大的變革。第一次發生在春秋早、中期之間，標誌有四：一是銅禮器和陶禮器搭配成套；二是禮器組合的內容以及各類器物的配比出現新形式；三是平民墓中普遍用石圭隨葬；四是模型明器開始出現。……這次變化實質上是由周禮向"秦禮"的轉變。〔註 58〕

「周禮向"秦禮"的轉變」在此意謂著秦國在喪葬制度上，擺脫周文化的影響，逐漸形成自身獨特的秦喪葬文化。其中陶囷模型的出現，爲秦國喪葬文化帶來了嶄新的面貌。〔註 59〕陶囷作爲隨葬品，不同於鼎、簋等禮器，也不等同於釜、盂等日用生活實用器，乃是一種明器，將囷製成模型作爲隨葬品，當是有形無實之明器。〔註 60〕

　　陶囷模型的出現應具備幾樣客觀的社會條件，第一即上述的農業生產的發達；第二爲糧倉建築技術的進步；第三則爲喪葬習俗的變化。農業生產的

〔註 56〕陳平，〈略論關中秦墓青銅容器的分期問題（下）〉，《考古與文物》，1984 年第 5 期，頁 63～71。

〔註 57〕吳鎮烽、尚志儒，〈陝西鳳翔八旗屯秦國墓葬發掘簡報〉，《文物資料叢刊》，1980 年第 3 輯，頁 79。

〔註 58〕李進增，〈關中東周秦墓與秦國禮制興衰〉，《考古與文物》，1991 年第 1 期，頁 89。

〔註 59〕目前考古發現的新石器時代早期文化遺存，絕大多數都有一定的葬制，同一墓地的墓葬中，都有一些相類似的墓葬品，可以說，原始社會的喪葬禮俗在這時已經基本形成。同時，明器作爲特殊的隨葬品也已經萌芽，與喪葬禮俗的形成是同一個時期，因此有理由認爲，隨葬明器的產生，與喪葬禮俗的形成有關。（詳參張勇，〈明器起源及相關問題探討〉，《華夏考古》，2002 年第 3 期，頁 27。）陶囷模型在春秋中期秦墓中出現，爲之前的秦墓所無，「以囷隨葬」必是秦國新的喪葬文化元素。

〔註 60〕《禮記》，卷八〈檀弓上〉，頁 227：「竹不成用，瓦不成味，木不成斲，琴瑟張而不平，竽笙備而不和，有鐘磬而無簨虡，其曰明器，神明之也。」

發達必導致糧食豐收，糧食豐收則使得糧倉建築技術的發展，然而如果秦國在春秋時期沒有加入一些新的喪葬文化元素，那麼就沒有陶囷模型的出現，故喪葬習俗的變化乃陶囷出現至為關鍵的因素。春秋中期農業生產與糧倉建築技術已有相當發展，這從春秋中期的陶囷器形已不是原始型可得知，在此之前未出土陶囷應與秦國早期墓葬文化受周文化所致。咸陽任家嘴春秋秦墓中以囷隨葬，目的是用糧食來表示墓主的財富多寡，而陶囷往往又與禮器同出，說明當時秦國的土一級階層，不僅繼續用禮器來表示自己的等級，同時又用糧食來顯示自己的社會地位。〔註61〕

前文曾提及「從出土陶囷數量可看出，秦國在春秋中期到戰國中期以陶囷作為隨葬品的風氣似乎蔚為風潮」，實際上「以囷隨葬」喪葬習俗觀念在此時期只是形成階段，一種喪葬習俗觀念的出現，不是突然出現的，而是要經過漫長的發展階段。目前所發現的秦墓有上千座，出土陶囷的秦墓只有數十座，且似乎是某一階層的墓才有以囷隨葬的現象，說明了秦墓隨葬陶囷並沒有在秦國社會各階層中流行。〔註62〕戰國晚期及秦代墓只發現幾件陶囷，剛好可說明此時以囷隨葬風氣尚在形成，戰國末年秦國在征伐六國的戰爭中，促進秦國與六國間的文化交流，秦國統一天下雖短短十五年即滅亡，然而秦國的喪葬文化卻深殖在漢代的疆域，此種以囷隨葬之風在漢代全國各地皆有出土，且隨著地域氣候、社會經濟條件等因素的不同而有著不同的面貌，其影響一直持續到南北朝時期。

〔註61〕 咸陽市文物考古研究所，〈咸陽任家嘴春秋墓清理簡報〉，《考古與文物》，1993年第3期，頁47。

〔註62〕 目前出土陶囷秦墓中，大多有配置完備的棺槨並有銅或陶禮器的隨葬，張穎嵐指出這批出土陶囷秦墓的墓主身份大致應為士及庶民中的較富有者兩類人。（張穎嵐，〈秦墓出土陶囷模型及相關問題研究〉，頁368～369。）滕銘予據秦文化中小型墓葬中隨葬器物的類別，兼及墓葬規模和葬具多寡，將秦文化中小型墓葬分為A、B、C、D四類，其中B類墓不見有青銅禮器，隨葬作銅陶禮器，或共出日用陶器，葬具多一棺槨。墓葬所反映的是當時對死者的處理方式，種種的處理方式都遵從一定的原則，應與墓主人生前所從事過的活動及其所屬社會階層有關。滕銘予指出春秋晚期到戰國中期，B類墓有50％以上的墓隨葬了陶囷，因此可以確定B類墓已形成了一個較為固定的人群，此種象徵儲備糧食的陶囷，很可能這一群人與糧食的生產和管理有關（詳參滕銘予，《秦文化：從封國到帝國的考古學觀察》，216頁）。總之，不論是士及庶民中較富有兩類人或是與糧食生產和管理有關的人，此時期以囷隨葬並未普及到秦國社會各階層。

第三節　秦倉建築之結構與貯糧技術

結構之意為屋宇梁柱之結連構架，作用為承受建築物上的各種荷載。秦國位處關中，當時這一帶的氣候遠比現在溫暖而溼潤，生長著茂密的森林，木材也就成為主要建築材料。黃河中游一帶的黃土層既厚且鬆，質地均勻，做為建築材料比石材更容易取得。秦國糧倉建築也就在因地制宜、因材制用的情形下，形成了以木構架為主與土、石等建築材料為輔的建築格局。〔註63〕

秦倉建築結構的主要組成部分為倉頂、倉身、倉底，而糧倉每個細部組成構件又有其功能，例如高台、門窗、木材、草墊等糧倉結構或構件，對於防潮、防濕、通風、防蟲、鼠、鳥雀等利於貯糧的建築功能，都可達到良好的效果。通過對秦國糧倉建築的考察與分析，必能進一步瞭解秦倉的貯糧技術。

一、防潮、防漏與通風

明代呂坤《積貯倉庾》：「穀積在倉，第一怕地濕房漏。」〔註64〕明確指出糧倉貯糧的第一要務即避免潮濕，之所以特別強調，乃是穀物含水多寡為影響儲藏品質的第一要素：

> 稻穀含水率為影響稻穀儲藏品質的第一要素，因其影響了稻穀本身的呼吸，含水率愈高，呼吸作用愈旺盛。稻穀之本身為種子，是活的有機體，需呼吸、營養，會長、會死。在呼吸過程中，穀物中的六碳醣為被氧化而生成二氧化碳與水分，有機物質被消耗掉，而有水氣和熱量被釋放出來。水氣可潤濕稻穀，熱量則提昇溫度，使環境更適於黴菌與昆蟲的活動。活動的結果又產生更多的熱和水氣，也使穀物本身趨向較高的代謝活動性。於是整個形成活躍狀態的惡性循環，使穀堆中形成熱點，若任其發展，稻穀本身便會因高熱而很快喪失生命力，品質劣變而不利於保存。〔註65〕

〔註63〕閻國文，〈從秦代建築工藝看秦文化的基本精神〉，《文博》，1990年第5期，頁315。

〔註64〕明・呂坤，《實政錄》，（北京圖書館古籍珍本叢刊之48，北京：書目文獻出版社，不著出版年月，據明萬曆二十六年趙文炳刻本影印），民務卷之二〈積貯倉庾〉，葉十八上。

〔註65〕陳貽倫，〈影響稻米品質的因素〉，《稻米倉儲加工作業技術手冊第二輯──稻米倉儲》，臺北：財團法人農業機械化研究發展中心，民國84年4月，頁2～3。

儲藏穀物最重要的即是防潮，防潮不但有助於維持穀物的品質，亦能防止黴菌和昆蟲的滋生。與糧倉濕度密切相關的倉內的溫度，濕度和溫度對於儲藏糧食的效果可說是交互相乘的，故糧倉的通風設計優良與否也關係著穀物的品質。稻穀可在眞空氣密的環境中保存，但稻穀作缺氧呼吸，將降低其發展生機而導致品質變差。爲了達到防潮、防漏與通風，而又能維持穀物的良好品質，秦國各式糧倉的結構分別在主要組成部分作了不同的設計：

（一）倉底部分

穀物防潮在商周時期就已非常重視，此時期的糧窖底部有不少是用火烤過的，甚至底部還鋪上一層鵝卵石；另有一部分是鋪上火燒石或碎木碳；有的則用草拌泥塗抹，這些在糧窖底部修建措施對於防潮起著很大作用。〔註66〕

洛陽戰國糧倉防潮措施以62號窖（半地下式囷）爲例，窖底結構由下而上可分四層。第一層：在生土上抹一層鐵銹色物質，形成隔水層。第二層：在隔水層上敷青膏泥，一般厚3～5厘米。第三層：在青膏泥上鋪木板，上下迭壓，每層靠邊沿外都順壁平鋪兩圈，中間以縱橫相錯的木板鋪排填補。第四層：在木板上鋪穀糠，最厚處可達40厘米。〔註67〕之後再鋪葦席或竹箔，來隔絕糧食與窖內穀糠，如此一來，便可阻絕濕氣對穀物的影響。

戰國時期糧倉底部採用木頭和草墊來解決防潮濕問題，在《睡簡》中也有反映，如《田律》：「禾、芻稾徹（撤）木、薦，輒上石數縣廷。勿用，復以薦蓋。」〔註68〕木指的是貯存糧、草的倉所用木材；薦，指墊在糧草下面的草墊。秦國糧倉使用木材與草墊隔絕糧食與地面直接接觸，避免糧食受潮而產生霉變。此項防潮技術，與西漢京師倉一號建築遺址在地面上架空地板防潮相似。京師倉一號倉房的遺跡表明，糧食儲放是不直接接觸地面的，而是把糧食堆放在室內架空地板上。由地板上安置這種架空地板的骨架孔洞結構可知，地板平面和地平面之間有86厘米的空間，此種地板（或可稱爲樓板）之下的空間形的通風道，與雙重屋檐之間和牆壁上部設有的網格、窗孔，可使倉內空氣保持清潔和對流，便於糧食呼吸而達到防潮的目的。〔註69〕

〔註66〕 梁家勉主編，《中國農業科學技術史稿》（北京：農業出版社，1989年10月1版），第二章〈夏、商、西周時期〉，頁90。

〔註67〕 洛陽博物館，〈洛陽戰國糧倉試掘紀略〉，頁57～58。

〔註68〕 《秦律十八種・田律》，簡一○，頁21。

〔註69〕 呼林貴，〈西漢京師倉儲糧技術淺探〉，《農業考古》，1984年2期，頁309。

　　另外，秦墓出土陶囷類型爲 A、B 兩類的模型（見表三），其底部下立兩板作足或有圈足，圈足可能代表囷的夯土台基；而囷足爲對稱的立式扁足可能意味著如同干欄式的建築，用以通風防潮。春秋戰國以來夯土技術有了長足的發展，較大面積的被推廣應用，此時期用夯土築成的城垣和夯土高台建築數量更多、更普遍。〔註 70〕夯土高台建築不僅是保證木結構建築穩定的基礎，且具有防潮濕的功能。土經過夯實就破壞了地下水經毛細作用上浸，而夯土台高出地面則避免了雨水的浸泡，在當時的條件下，夯土高台較好地解決了防濕的問題。〔註 71〕

（二）倉身部分

　　糧倉倉身包括牆壁、門窗等部份。由於秦建築以木材爲主的構架結構，不賴牆壁承重，牆壁起的是圍護作用。在隔絕自然界風、霜、雨、雪等的侵襲，防止太陽輻射，牆壁具有相當重要的地位。〔註 72〕此時期的牆壁因以夯土而成，既阻絕了泥土中的毛細孔，達到防潮的作用，又擁有較高的強度。

　　在牆壁的裝飾上，自三代以迄兩漢，都是用蜃灰塗牆，漢末才漸漸改用石灰。〔註 73〕實際上，塗牆不只採用蜃灰，從發現春秋時期的鳳翔馬家莊一號建築群遺址中，在朝寢建築前堂北牆及東廂後室東牆附近都曾發現用草摻細泥塗抹的壁面殘塊，估計此類夯土牆表面還經過二次處理。〔註 74〕可知塗牆不只有裝飾功能，也有防潮功能，此種以草拌泥抹牆的方式，由於密封性強，在秋收之際皆需以草拌泥塗糧倉的外壁以維持糧食品質。

　　爲了顧及倉內溫度的穩定，糧倉建築必具有封閉性，然而考慮到穀物的呼吸性，必設有通風設施。由出土陶囷來看，囷身都有一方形或長方形囷門，有些囷頂有一個或數個小孔（如表三編號 4、23、47、49、56……等陶囷，其

〔註 70〕徐衛民、呼林貴，《秦建築文化》（西安：陝西人民教育出版社，1994 年 7 月 1 版），第十一章〈秦建築材料的發展和演變〉，頁 190。

〔註 71〕閻國文，〈從秦代建築工藝看秦文化的基本精神〉，頁 316。

〔註 72〕羅哲文主編，《中國古代建築》（上海：上海古籍出版社，2001 年 12 月 1 版），第三章〈古建築的結構與構造〉，頁 308。

〔註 73〕蓋瑞忠，《秦漢工藝史》（臺北：臺灣省立博物館出版部，民國 78 年 1 月出版），第三章〈建築與工藝〉，頁 62。

〔註 74〕陝西省雍城考古隊，〈鳳翔馬家莊一號建築群遺址發掘簡報〉，《文物》，1985 年第 2 期，頁 9。

中編號 49 的陶囷，其囷頂散佈六個小孔，年代最早可到春秋中期），如此設計，無非是讓自然風從外面灌入，而囷內熱空氣則由囷頂的小孔排出，達到空氣對流、散熱的效果。

（三）倉頂部分

倉頂是防漏的主要構件，倉頂質材的選用與防漏有密切關聯，韓偉指出：

> 從外型上看，灃西客省庄出土的戰國早期 I 式囷（附表一編號 2），當日可能覆蓋著茅草，囷門結構簡陋。到上焦村的統一秦的囷（附表一編號 22、23），頂部已用瓦覆蓋，防止了雨水滲漏，降低了囷內濕度，囷門結構嚴謹，便於管理人員封緘，囷頂的排氣孔出現子母扣，設置合理，上焦村秦囷是秦人貯糧設施進一步完善的重要標本。〔註 75〕

韓文指出到上焦村的統一秦的囷，頂部已用瓦覆蓋，而戰國早期的囷可能覆蓋著茅草。韓文的敘述讓人感覺囷頂用瓦是秦統一以後的事，韓文的結論是根據陶囷模型所作，陶囷模型雖然可反映部份秦國糧倉的真實情況，然而不可否認的，其真實情況必然受到當時陶藝水準與對陶囷明器精細程度的重視與否。春秋戰國時期，瓦在秦國就已被大量使用了，有板瓦、筒瓦等形式，這從諸多遺址中皆可發現得知。《睡簡》有關屋頂的記錄中有「倉茅蓋者」，也有「瓦蓋者」，〔註 76〕洛陽戰國糧倉 62 號窖的地面有瓦出土，可見戰國時期的囷頂就有用瓦覆蓋的。

用茅草覆蓋的倉頂，其防漏效能是較差且不耐久，而瓦覆的倉頂，其防風、防雨效果好，且如果雨勢太大，囷頂的屋檐設計成微微向上反曲（如表三編號38 陶囷），可避免一泄的雨水沖毀台基附近的地面。〔註 77〕從咸陽機場陵照導航台基建工地秦漢墓所出土的秦代囷（圖見表三編號 47）看來，其囷頂所用瓦為筒瓦。此種筒瓦不同於板瓦是在屋面上仰鋪，而是用於扣合俯蓋在兩個板瓦

〔註75〕韓偉，〈秦國的貯糧設施淺議〉，頁 74～77。

〔註76〕《秦律十八種·內史雜》，簡一九五，頁 64：《封診式》，簡九，頁 149。

〔註77〕羅哲文主編，前引書，第二章〈中國古代建築簡史〉，頁 122：「中國古代建築的屋頂採用較大的出檐，但出檐過大妨礙室內採光，而且夏季暴雨時，由屋頂下泄的雨水往往沖毀台基路面的地面，因而漢朝創造了微微向上反曲的屋。」今由戰國早期的秦囷看來，似乎在戰國時期秦便已有此種設計了。

的兩側接縫處，來防止雨水下漏。〔註78〕由於糧倉的封閉性，如果穀物因漏水而使得穀物潮濕，其影響比在自然狀態下受潮還嚴重，因糧倉漏水時，雨水浸濕禾粟，幾小時內就會發霉、發酵、發熱、發芽而導致腐敗；如果是在自然狀態下受潮，只是穀物堆的上層因大面積和空氣接觸，較易吸收濕氣而發生「回潮」現象，使得上層穀物含水量大增而腐敗；中層穀物則較不受氣溫影響，反而可貯存較久。然而不管是因倉頂漏水浸濕穀物或因受潮現象，都可造成糧食巨量損失，故秦律對於糧倉漏水以致糧食敗壞有所規定：

> 倉扁（漏）殅（朽）禾粟，及積禾粟而敗之，其不可飤（食）者不盈百石以下，誶官嗇夫；百石以上到千石，貲官嗇夫一甲；過千石以上，貲官嗇夫二甲；令官嗇夫、冗吏共賞（償）敗禾粟。禾粟雖敗而尚可飤（食）殹（也），程之，以其耗（耗）石數論負之。〔註79〕

糧倉與漏水腐爛了禾粟或因堆積糧食而導致禾粟敗壞，依其數量的多寡對官嗇夫實行輕重不一的責罰，可見秦國官府對於糧倉防漏的重視。

二、防鼠雀和蟲害

鼠類存活的歷史比人類還久，其為患遠比雀與蟲嚴重，除吃食穀物外，其囓齒可咬壞糧倉建築，排泄物污染積穀，可傳播各類疾病。秦國官倉對於鼠患極為重視，《法律答問》：

〔註78〕呼林貴，〈筒瓦〉（收錄於《中華秦文化辭典》，西安：西北大學出版社，2000年1月1版），頁499。

〔註79〕《秦律十八種》，簡一六四～一六六，頁57。此條秦律的「敗」，整理小組譯為「腐敗」或「敗壞」，其說甚確，這從《廄苑律》，簡一六，頁24：「將牧公馬牛，馬牛死者，亟謁死所縣，縣亟診而入之，其入之其弗亟而令敗者，令以其未敗直（值）賞（償）之」律文「敗」可知，其義明顯釋為「腐敗」。南玉泉在〈龍崗秦律所見程田制度及其相關問題〉（中國社會科學院簡帛研究中心主編，《簡帛研究二〇〇一》，桂林：廣西師範大學出版社，2001年9月1版，頁239）指出「此處"敗"即謂禾粟爛壞，不合質量要求」，禾粟爛壞當然不合質量要求，然南文意指此處「敗」有「不合質量（規定）」之意，便誤解「敗」之義了。南文主要根據之一為劉信芳、梁柱所編著的《雲夢龍崗秦簡》（北京：科學出版社，1997年7月1版，頁38）簡文「不遺程敗程租者」中「敗程」的注釋，然而其注釋在2001年8月由中國文物研究所、湖北省文物考古研究所編的《龍崗秦簡》（北京：中華書局，2001年8月1版，頁114～115）已有所更正，「敗程」之「程」，是一種法定的國家標準，不是一般的數量、質量規定，而「敗程」之「敗」為「破壞」之義，「敗程」意為降低田租規定標準的等級，「敗」本身並沒有「不合質量（規定）」之義。

倉鼠穴幾可（何）而當論及貲，廷行事鼠穴三以上貲一盾，二以下

貲。鼬穴三當一鼠穴。〔註80〕

如果倉中有鼠洞二個以下，倉人員就會被申斥；三個以上則罰一盾，小鼠穴三個

當一個鼠穴。不過秦律並無捕鼠、滅鼠之法的記錄，保護貯糧的最佳辦法應該消

滅、預防鼠患。戰國時期捕鼠主要有三種，第一種即馴養貓狗以捕鼠，如「使雞

司夜，令狸執鼠，皆用其能」，《呂氏春秋・士容論》有養狗取鼠之事。〔註81〕第

二種為誘捕法，《墨子・魯問》有「餌鼠以蟲」的誘捕法，〔註82〕《淮南子》則

有捕鼠器的記載。〔註83〕第三種採烟燻法，《韓非子》記滅鼠之法則有「燻之」

與「灌之」兩種方法。〔註84〕此種烟燻之法，在清《農學纂要》有詳細記載：

薰鼠法，倉室約四間，一間六尺，置火盆一，中燃木屑，上加花椒約

三掬，閉戶塞牖，使煙充滿屋後，將牖戶開一二寸，鼠必盡逃。〔註85〕

清代「閉戶塞窗，使煙滿屋」燻鼠之法，與《詩經》「穹窒薰鼠，塞向墐戶」

〔註86〕的做法一樣，可見以煙燻鼠之法在幾千年前的中國便已開始使用。

至於從糧倉建築結構防鼠患，王禎提出窖藏可防雀鼠之患：

夫穴地為窖，小可數斛，大至數百斛。先投柴棘，燒令其土焦燥，

然後周以糠，穩貯粟於內。五穀之中，惟粟耐陳，可歷遠年。有於

窖上栽樹，大至合抱。內若變浥，樹必先驗。驗謂葉必萎黃。又擣

別窖。北地土厚，皆宜作此。江淮高峻土厚處，或宜倣之。既無風

〔註80〕 《法律答問》，簡一五二，頁128。

〔註81〕 《呂氏春秋》，卷第二十六〈士容論第六〉，頁1689～1690）：「齊有善相狗者，
其鄰假以買取鼠之狗，朞年乃得之，曰：『是良狗也。』其鄰畜之數年，而不
取鼠，以告相者。相者曰：『此良狗也。其志在獐麋豕鹿，不在鼠。欲其取鼠
也則桎之。』其鄰桎其後足，狗乃取鼠。」

〔註82〕 《墨子》（清・孫詒讓閒詁、孫啓治點校本），（北京：中華書局，2001年4
月1版），卷十三〈魯問第四十九〉，頁472：「餌鼠以蟲，非愛之也。」意為
用蟲誘鼠，非愛鼠也。然而不知蟲何以誘鼠？孫詒讓疑蟲為「蠱」，餌鼠以蠱，
即謂毒鼠。

〔註83〕 《淮南子》（何寧集釋本），（北京：中華書局，1998年10月1版），卷十七〈說
林訓〉，頁1184：「設鼠者機動，釣魚者泛杭，任動者車鳴也。」

〔註84〕 《韓非子》，卷第十三〈外儲說右上第三十四〉，頁323：「桓公問管仲曰：『治
國何患？』對曰：『最苦社鼠。夫社，木而塗之，鼠因自託也。燻之則木焚，
灌之則塗阤，此所以苦於社鼠也。』」

〔註85〕 清・陳恢吾，《農學纂要》，（四庫未收輯刊之柒輯・拾貳冊，北京：北京出版
社，2000年1月第1版，據清光緒二十八年刻本），卷二〈收藏〉，葉十九下。

〔註86〕 《詩經》，卷第八〈豳七月詁訓傳第十五〉，頁502。

　　雨、雀鼠之耗，又無水火、盜賊之慮，雖篋笥之珍，府藏之富，未

可埒也。〔註87〕

王禎指出窖藏的構造可防雀鼠之患，不過其缺點需建在地勢較高之處，如果
地下水位過高就不能利用，且易於受潮。要同時預防潮濕與鼠患，秦國的囷
倉建築結構則解決了這項問題。囷倉基底的加高、加厚，不但可預防受潮，
且對於預防鼠害也有一定的作用，洛陽西漢卜千秋墓中，有一些以老鼠形象
做為倉足的囷即反映了這種認識。〔註88〕

　　糧倉防雀之法，明代呂坤《積貯倉庾》：

　　風窓（窗）本為積熱壞穀，而不知雀之為害也，既耗我穀，而又遺

之糞，食者甚不宜人。今擬風窓（窗）之內，障以竹篾，編孔僅可

容指，則雀不能入。〔註89〕

秦墓出土陶囷，其頂有通氣孔，上並立一小鳥，可能有糧倉通風而鳥雀不能
入的設計（見附表一編號4、23）。

　　至於糧倉穀物害蟲，《倉律》：「長吏相雜以入禾倉及發，見㐆之粟積，
義積之，勿令敗。」「義」，整理小組釋為「宜」，意即長吏共同入倉與開倉
時，如發現糧堆上有小蟲，應加以重新堆積，不要使穀物敗壞。秦國官府
已認識到「宜積之」──將穀物重新堆積，可消除穀堆中特別發熱的部分，
以達到消滅害蟲的目的。如果「宜積之」之法是將穀物從一倉中的倉室重
新堆積至另一倉室，那麼此種做法就是現代倉儲理論中的「翻倉」，「翻倉」
能有效地降低穀物堆積所產生的熱氣與溫度，可減少穀物敗壞。另外，戰
國時秦國可能已掌握穀物生蟲與溫度、濕度有關，並已有除蟲之法。〔註90〕

〔註87〕元‧王禎撰，《農書》，卷十六〈農器圖譜十‧倉廩門〉，頁311。

〔註88〕張鍇生，〈漢代糧倉初探〉，《中原文物》，1986年第1期，頁99。

〔註89〕明‧呂坤，《實政錄》，民務卷之二〈積貯倉庾〉，葉十九上。

〔註90〕漢‧氾勝之著，《氾勝之書》（萬國鼎輯釋本），（北京：農業出版社，1980年
12月新2版，頁40～41：「種傷濕鬱熱則生蟲也。取麥種，候熟可穫，取穗
大彊者，斬束立場中之高燥處。無令有白魚，有則揚治之。取乾艾雜藏之，
麥一石，艾一把；藏以瓦器竹器。順時種之，則收常倍。」據以言之，則西
漢時已認識生蟲乃因濕鬱熱引起，並已有防蟲害之法，其一為使穀物乾燥；
其二為如有生蟲，則以手工簸揚去之；其三以艾驅蟲。氾勝之書雖是西漢時
期之農書，然而其農學知識應有不少是承自於戰國時期以來的農學。《漢書‧
藝文志》中的《神農》二十篇及《野老》十七篇農書，皆為六國時人所寫，
又史稱秦始皇焚書始，沒有燒醫藥、卜筮與種樹之書，《氾勝之書》的內容很
有可能是戰國至西漢時期對農學知識的總結。

三、防火、防盜措施

秦國官府制定嚴格的法律規定達到防火、防盜措施據《內史雜》：

> 有實官高其垣牆。它垣屬焉者，獨高其置芻廥及倉茅蓋者。令人勿
> 紤（近）舍。非其官人殹（也），毋敢舍焉。善宿衛，閉門輒靡其旁
> 火，慎守唯敬（儆）。有不從令而亡、有敗、失火，官吏有重罪，大
> 嗇夫、丞任之。〔註91〕

貯存糧食的官府要加高垣牆，有其它垣牆與其相連，則加高貯芻草的廥與用
茅草覆蓋的糧倉。並嚴格規定非官府人員不得居住，夜晚時應加強警戒，關
門時需滅掉附近的火源，如違反法令而導致遺失、受損或失火則處以重罪，
連直屬的大嗇夫、丞也需承擔罪責。垣牆加高不但可以防盜，且可以阻絕火
舌延燒到糧倉。秦國官府並嚴格規定夜間守護與注意火源的法令，使糧食貯
藏更加安全。

秦國建築的倉房中，一般有門閂，板門堅固、嚴實，如果倉房因門閂不
緊而有糧食漏出，依例處罰有關人員：

> 實官戶關不致，容指若抉，廷行事貲一甲。

> 實官戶扇不致，禾稼能出，廷行事貲一甲。〔註92〕

另外，秦國官府有養狗、養雞與豬，《倉律》：「畜雞離倉。用犬者，畜犬期足。
豬、雞之息子不用者，買（賣）之，別計其錢。」〔註93〕所畜養的雞需遠離
糧倉，以免雞啄食穀物，多餘的小豬、小雞則可販售，得錢應單獨計帳。而
所畜犬以夠用即可，未說明狗的作用，養狗當是官府用以糧倉宿衛守備之用。
〔註94〕

〔註91〕 《秦律十八種·內史雜》，簡一九五～一九六，頁64。
〔註92〕 《睡虎地秦墓竹簡》，簡一四九～一五〇，頁128。
〔註93〕 《秦律十八種·倉律》，簡六三，頁35。
〔註94〕 古代的狗可用作守禦，如《墨子》，卷十四〈備穴第六十二〉，頁556：「穴壘
之中各一狗，狗吠即有人也。」另《睡簡》中有用狗作為祭品的記載，《日書》：
「以有疾，未少翏（瘳），申大翏（瘳），死生在亥，狗肉從東方來，中鬼見
社爲姓（眚）。」其意爲「患疾病的時間，在未時染病，只能部分康復；在申
時染病，就能完全康復；在亥時染病，則生死難說。獻祭鬼神的狗肉從東方
來的。自己家的鬼顯形社神祠而作祟爲災。」詳參吳小強，《秦簡日書集釋》
（長沙：嶽麓書社，2000年7月1版），頁228～233。又秦有用狗以驅逐熱
疾的傳統，參史黨社，〈以狗御蠱解〉，《秦文化論叢》第五輯，1997年6月，
頁273～283。

秦國糧倉建築由於是採以土木構架式為主，故防火較差，不過秦國官府巧妙的運用建築格局來預防火災。《睡簡·日書》反映當時民居的建築格局，房屋的主體建築為「宇」，在「宇」的外圍有「池」、「水瀆」等排污設施；還有與居民生活相關的糧倉、豬圈、廁所等設施。另外在居住區的外圍，則有牆垣、街道、祠木、田地和草場。〔註 96〕其中有關於糧倉建築方位的記載：

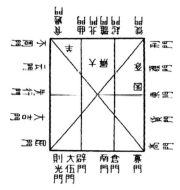

圖四：《睡簡·日書·直（置）室》〔註 95〕

> 困居宇西北匽，不利。困居宇東南匽，不盈，不利室。困居宇西南匽，吉。困居宇東北匽，吉。〔註 97〕

糧倉建在房屋的西北與東南角，則被認為不吉利，糧倉就會貯不滿。相反地，糧倉建在房屋的西南與東北角，則被認為吉利。實際上，撇開秦人對糧倉建築方位的迷信色彩，糧倉不論建在西北、東南角或是西南、東北角，都與民居主體建築相隔，不但可阻隔人畜所排污水，且也符合《秦律》「令人勿紻（近）舍」的規定，此種建築格局設計可有效斷絕火源。

其次，《日書》甲種載以「門」為名的圖，《日書·直（置）室》篇簡對則對「門」圖作了解釋，其中與糧倉有關的簡文為：

> 倉門，富，井居西南，困居北鄉（嚮）窖，窖毋絕縣（懸）肉。
>
> 獲門，其主必富，八歲更，左井右困，困北鄉（嚮）窖。〔註 98〕

意思是說房子將門開在倉門方向者，家庭富裕。水井位於西南方，糧倉位於北面並朝向窖，窖不能不掛著肉；將門開在獲門者，其主人必定富裕，八年後要更改門位，水井位於左邊，糧倉位於右邊，糧倉向北邊朝著窖。簡文涉及到井、困、窖在居室建築中的方位，還有顯示其富有的「窖毋絕縣（懸）肉」，說明倉、獲兩門的命名及釋文內容無疑是來自現實生活，部

〔註 95〕睡虎地秦墓竹簡整理小組，《日書·甲種》，頁 198。
〔註 96〕晏昌貴、梅莉，〈楚秦《日書》所見的居住習俗〉，《民俗研究》，2002 年第 2 期，122～123。
〔註 97〕《日書·甲種》，簡十四背肆～十七背肆，頁 210。
〔註 98〕《日書·甲種》，簡一一五正貳、一一八正參，頁 199。

份反映了當時民間房屋建築的習慣。〔註99〕從「門」圖與《日書·直（置）室》篇簡文來看，居南、東、西方向爲吉，居北者多不吉，〔註100〕且由糧倉不與居室相連，符合秦國其時的居室建築格局，也減少了糧倉失火與糧食被人畜所排放污水所污染。由西漢京師倉所發現的六座糧倉門向，分別爲東、南、南、南、西、西向，〔註101〕結合《日書》「門」圖所顯示居東、南、西向爲吉，說明秦漢一脈相承。《日書》對於秦國糧倉建築方位的記載，如倉、獲門其主人可富，將人的財富與居家建築方位連繫在一起，明顯屬於迷信，是沒有科學基礎的。不過，其中如糧倉與居室分開，可減少糧食損失；門多南、東、西向而不採北向則利於通風採光，此應是秦人對生活經驗的累積。

第四節　秦倉糧食貯藏形態及其相關問題

　　現代糧倉所藏稻穀形態有穀、糙米與白米三種形態，並以袋裝與散裝二種方式儲存。〔註102〕秦倉所貯糧食當以散裝方式貯存，其形態據《睡簡》表明有連稾之全禾、粟（籽粒之穀實）、糙米、精米四種形態。糧倉穀物形態因體積大小、保存期限不一，對糧倉的容量與糧食貯藏有一定的影響，秦倉必定以最有利之糧食形態貯存。目前學界雖對秦倉糧食貯藏形態甚少涉及，但已出現不同觀點。本文先敘述了秦倉糧食貯藏的形態，分析秦倉糧食貯藏當以粟爲主、其它三種形態爲輔的緣由，並論及秦倉所貯種子的形態、穀物選種、貯藏技術與貯藏特點等相關問題。

一、糧食貯藏的形態

　　秦國糧倉所貯藏糧食不但有禾、黍、稻、麻、麥、荅、菽等作物，也有醬、酒、麵等加工食品。〔註103〕本文所述秦倉糧食形態，主要以禾屬的穀類作物爲主。秦倉糧食貯藏形態，據睡虎地秦簡有關穀物出糧率的律文：

〔註99〕賀潤坤，〈雲夢秦簡〔日書·門〕圖初探〉，《簡牘學報》15期，民國82年12月，頁101。
〔註100〕詳參《日書·甲種·直（置）室門》篇簡文，頁198～199。
〔註101〕陝西省考古研究所，《西漢京師倉》，參、〈京師倉的發掘〉，頁10～29。
〔註102〕陳貽倫，〈影響稻米品質的因素〉，頁2。
〔註103〕蔡萬進，《秦國糧食經濟研究》，第七章〈糧食加工〉，頁118～112。

　　禾黍一石爲粟一石六斗大半斗，舂之爲糲（糲）米一石；糲（糲）

米一石爲鑿（繫）米九斗；九【斗】爲毇（毇）米八斗。

　　稻禾一石爲粟廿斗，舂爲米十斗；十斗粲，毇（毇）米六斗大半斗。

麥十斗，爲麵三斗。叔（菽）、荅、麻十五斗爲一石。稟毇（毇）粺

者，以十斗爲石。〔註104〕

「禾黍」、「稻禾」即禾屬的黍、稻，黍、稻的穀實雖皆稱「粟」，然而此「粟」
很明顯是指不同作物之穀實，〔註105〕因同重一石（120 斤）的黍、稻經脫粒
後有著不等量的穀實（粟），不同（黍、稻）的穀實其所含水份多寡、穀實飽
滿不一，所舂出的米當然不同。從律文可知禾黍的形態，重達一石（120 斤）
連稾之禾黍，脫粒後共有籽粒的粟十六斗大半斗，經舂米後可成糲米一石（10
斗），或鑿米九斗，或毇米八斗。其中糲米、粲米是粟脫殼後的糙米，〔註106〕
是最粗的米；鑿、毇米則是加工較精的米。今簡單地區分禾屬的穀物形態爲
連稾之全禾、粟（籽粒的穀實）、糙米（糲、粲米）、精米（鑿米、毇米）等
四種形態。

〔註104〕《秦律十八種・倉律》，頁 29～30。在此需要說明的是，原簡抄寫有誤的部
　　　　分已據簡牘整理者注改之，另「禾黍一石爲粟一」七字據張家山二四七號漢
　　　　墓竹簡整理小組，《張家山漢墓竹簡》（北京：文物出版社，2001 年 11 月第 1
　　　　版），〈算數書〉，簡八八～九○，頁 260 增補，其簡文與《睡簡・倉律》幾乎
　　　　一樣，在此抄錄以茲對照：
　　　　　　程曰：禾黍一石爲粟一石六斗泰（大）半斗，舂之爲糲米一石；糲米一
　　　　石爲鑿米九斗；（鑿米九【斗】）爲毇（毇）米八斗。
　　　　　　程曰：稻禾一石爲粟廿斗，舂之爲米十斗；爲毇（毇）米粲米六斗泰（大）
　　　　半斗。麥十斗麵三斗。
　　　　　　程曰：菽、荅、麻十五斗爲一石・粟毇（毇）粺者，以十斗爲一石。
　　　　　　簡文中的「程曰」即指秦代的法律規定，《算數書》中的許多算題可能皆
　　　　出自戰國時期的秦地。詳參彭浩，《張家山漢簡《算數書》註釋》（北京：科
　　　　學出版社，2001 年 7 月第 1 版），〈緒論〉，頁 5。另此律的出現，糾正了《說
　　　　文》及段注的某些錯誤，詳參裘錫圭，〈考古發現的秦漢文字資料對於校讀古
　　　　籍的重要性〉（《古代文史研究新探》，南京：江蘇古籍出版社，2000 年 1 月
　　　　第 1 版），頁 18～20。
〔註105〕《說文》：「粟，嘉穀實也。」又北魏・賈思勰撰，《齊民要術》（據《四部備
　　　　要》本影印），（南京：江蘇古籍出版社，2001 年 9 月 1 版），卷一〈種穀第
　　　　三〉，葉六下：「穀，粟也。名穀者，于穀之總名，非止謂粟也。然今人專以
　　　　稷爲穀，望俗名之耳。」秦簡此雖皆云粟，實是不同穀物的穀實。
〔註106〕歷來對粲米釋爲「精米」是據《說文》，《說文》之誤於注 104 已有說明。今
　　　　據《睡簡》律文得知，粲米與糲米皆是粟去殼後的糙米。

二、秦倉糧食貯藏形態以粟爲主，其它三種形態爲輔

　　秦國糧倉糧食貯藏形態，蔡萬進認爲「貯禾、稻、黍等穀類作物在受納入倉時基本上都是原糧（粟）即帶殼的糧食」，〔註107〕但並未指出其理由。實際上，秦倉所藏糧食形態，連稾之全禾、粟（籽粒之穀實，包括種子）、糙米、精米這四種形態皆有，秦倉糧食貯藏的主要形態是粟（籽粒的穀實），即《睡簡》律文中的「倉扁（漏）𣏔（朽）禾粟，及積禾粟而敗之」之「禾粟」。又《法律答問》：「實官戶扁不致，禾稼能出，廷行事貲一甲。」之「禾稼」。倉房如門扁不緊密，則穀物能從倉房漏出，此「禾稼」即「禾粟」，其形態就是粟（籽粒的穀實）。本文所依據的理由如下：

（一）穀物形態的保存期限與所佔倉容

　　田中穀物成熟過半時必需在短時間內迅速地收割，所謂「穫不可不速，常以急疾爲務。芒張葉黃，捷穫之無疑。穫禾之法，熟過半斷之」，〔註108〕穀物成熟時，穀粒容易因風吹而掉落或雨水所浸造成損失，故收穫而如寇盜之至，快速收割以減少損失。〔註109〕穀物收割後的形態爲連稾之全禾，含有豐富的水份，如直接貯藏於糧倉，會導致穀物迅速發霉、發熱、發芽而腐敗，故必需先進行曬乾的程序。曬乾後之全禾，雖較籽粒的粟更能耐久，但佔了糧倉太多空間，〔註110〕且在曬乾的過程中，必摻雜各種土石、泥沙、灰塵等混雜質，這些混雜物必含有害蟲與菌類，如不進行脫粒、颺選去除，便會使得倉內糧食受損，故此形態之穀物只貯藏在餵馬的芻廥。

　　糙米、精米的體積雖然比全禾、粟要小，可藏較多糧食，然粟經舂米去殼後，少了穀殼的保護，與空氣中的水份大量接觸，較容易引起品質的衰變。米的主要成份有澱粉、脂肪、蛋白質等，尤其是脂肪的分解，造成游離脂肪

〔註107〕蔡萬進，《秦國糧食經濟研究》，第七章〈糧食加工〉，頁119。

〔註108〕漢・氾勝之著，《氾勝之書》，頁102。

〔註109〕參漢・班固撰，《漢書》（百衲本），（臺北：臺灣商務印書館，民國85年12月臺1版第7次印刷），卷二十四〈食貨志第四上〉，葉三：「力耕數耘，收穫如寇盜之至。師古曰：力謂勤作之也。如寇盜之至，謂促遽之甚，恐爲風雨所損。」

〔註110〕通常穀實若仍留於穀殼之中或甚至仍令整穗儲藏，則成效更佳。詳參布瑞（Francesca Bray）著、李學勇譯，《中國農業史》（臺北：臺灣商務印書館股份有限公司，民國83年1月初版），頁497～498。

酸增加，其中又以白米方式貯藏增加最多，使得貯藏時間急遽縮短。〔註111〕唯有籽粒的粟，既有外殼的保護，又不佔糧倉空間，較適合大量貯藏，故秦倉糧食貯藏形態以粟爲主。

　　有學者提出不同意見，張世超〈容量「石」的產生及相關問題〉一文從「禾」之本義，認爲「秦官倉所藏，主要爲帶梗之穀類，簡文（秦簡簡文）中所云之「禾」即割下之全禾。」〔註112〕段玉裁於《說文》「禾」下云：「民食莫重於禾，故謂之嘉穀。嘉穀之連稾者曰禾，實曰粟。粟之人曰米，米曰梁，今俗云小米是也。」張文據段注「嘉穀之連稾者曰禾」一句，斷定禾就是帶梗之穀類。然而《說文》：「禾，嘉穀也，以二月始生，八月而熟，得之中和，故謂之禾。……凡禾之屬皆從禾。」禾乃嘉穀，以得之中和而謂之禾，對禾的解釋並沒有涉及到禾之形態。段氏雖云嘉穀連稾者曰禾，但也指出嘉穀曰禾，實際上粟與小米也可曰禾，只是禾之形態不同罷了。

　　《詩經・豳風・七月篇》：「九月築場圃，十月納禾稼，黍稷重穋，禾麻菽麥。」其意爲於農事之終，九月築場圃以治穀；十月納禾稼之所收穫者，將黍稷重穋、禾麻菽麥等納之於困倉中。〔註113〕張文引「九月築場圃，十月納禾稼」，說明收回到場上的整禾稱禾稼，則禾稼爲全禾。〔註114〕然而此處「禾稼」之「禾」是諸穀名，指各種禾屬的穀類；而「禾麻菽麥」之「禾」，與麻、菽、麥並舉，乃穀類之一種，〔註115〕並沒有專指穀物的形態。穀物的形態是隨著農事作業流程的不同而有所更改，築場圃是爲了曬穀及打穀，穀物當然是全禾的形態，之後禾、麻、菽、麥等穀物曬乾、脫粒後於十月納入困倉。張文解釋此段文字時，選擇性地只描述穀物收割後到場圃的形態，卻沒有描述納入倉中的作業情形。此爲張文太注重文字方面的解釋而忽略了在糧倉貯藏的實際作業情形中，還有全禾以外的穀物形態。

〔註111〕有關稻米於貯藏期間品質的改變，詳參王聯輝、謝順景，〈貯藏期間稻米品質的改變〉（收錄於《稻米品質研討會專集》，彰化：臺中區農業改良場，民國77年11月編印），頁282～300。

〔註112〕張世超，〈容量「石」的產生及相關問題〉，《古文字研究》第21輯，2001年10月，頁315。

〔註113〕《詩經》，卷第八〈豳七月詁訓傳第十五〉，頁504～505。

〔註114〕張世超，〈容量「石」的產生及相關問題〉，頁316。

〔註115〕齊思和，《〈毛詩〉穀名考》（《中國史探研》，石家莊：河北教育出版社，2002年1月第1版），頁35～36。

（二）稱量工具與糧食發給情形

睡虎地秦簡記載了在官府從事公者的糧食數量：

> 隸臣妾其從事公，隸臣月禾二石，隸妾一石半；其不從事，勿稟。
> 小城旦、隸臣作者，月禾一石半石；未能作者，月禾一石。小妾、
> 舂作者，月禾一石二斗半斗；未能作者，月禾一石。嬰兒之母（無）
> 母者各半石；雖有母而與其母冗居公者，亦稟之，禾月半石。隸臣
> 田者，以二月月稟二石半石，到九月盡而止其半石。舂，月一石半
> 石。隸臣、城旦高不盈六尺五寸，隸妾、舂高不盈六尺二寸，皆為
> 小；高五尺二寸，皆作之。〔註116〕

《效律》記載秦國衡制為石、鈞、斤、黃金衡贏（纍）；量制為桶、斗、參、升。〔註117〕說明「石」是作為秦國的衡制單位，然而「石」作為容量單在睡虎地秦簡中更是隨處可見。有研究者指出秦國量制單位為斛（甬、桶）、斗、升，〔註118〕指出斛＝甬＝桶，然而出土實物只見升、斗兩個量名，商鞅變法時，其量制為斗、桶，並沒有斛此量名，〔註119〕由睡虎地秦簡和居延漢簡的出土證實，「石」作為容量單位在秦和西漢時期曾廣泛應用，且與文獻記載的"十斗為一石"相吻合，「斛」代表十斗的容量是直到新莽時才出現。〔註120〕從上引秦律「禾黍一石為粟十六斗大半斗，（粟十六斗大半斗）舂之為糲米一石」可知，「石」在此同時作為衡制單位與量制單位，重達一石（百二十斤）禾黍與一石（十斗）糲米相等。此處的月禾二石、一石、一

〔註116〕《秦律十八種·倉律》，簡四九～五二，頁32。

〔註117〕《效律》，簡三～七，頁69～70：「衡石不正，十六兩以上，貲官嗇夫一甲；不盈十六兩到八兩，貲一盾。甬（桶）不正，二升以上，貲一甲；不盈二升到一升，貲一盾。斗不正，半升以上，貲一甲；不盈半升到少半升，貲一盾。半石不正，八兩以上；鈞不正，四兩以上；斤不正；三朱（銖）以上；半斗不正，少半升以上；參不正，六分升一以上；升不正，廿分升一以上；黃金衡贏（纍）不正，半朱（銖）【以】上，貲各一盾。據此律文，衡制稱量工具有石、半石、鈞、斤、黃金衡贏（纍）；量制則有桶、斗、半斗、參、升。

〔註118〕丘光明，〈試論戰國容量制度〉，《文物》，1981年第10期，頁65～66。

〔註119〕《史記》，卷六十八〈商君列傳第八〉，葉五上：「為田開阡陌封疆，而賦稅平。平斗桶權衡丈尺。」

〔註120〕兩漢之際容量"十斗"的概念經歷了從"石"到"斛"的轉變，"十斗為斛"的出現應是王莽改變量制的結果。詳參楊哲峰，〈兩漢之際的"十斗"與"石"、"斛"〉，《文物》，2001年第3期，頁77～79。

石二斗半斗之「石」，「石」、斗並提，只能為量制工具，只能用來稱量籽粒的粟，絕不能是連稾之全禾。

秦國官吏的俸祿當也是以粟來發給，《廣雅‧釋詁》：「粟，祿也。」官吏的俸祿稱之為「粟」，原因之一就是使官吏稟祿時，有一個統一的標準。〔註121〕且以常理度之，如果秦官倉所藏主要以全禾形態為主，那麼平時要如何供給龐大軍隊、官吏與各種奴隸、刑徒的口糧呢？

秦倉貯糧形態還有糙米（糲、粲米）、精米（鑿米、毀米），睡虎地秦簡《傳食律》：

> 御史卒人使者，食粺米半斗，醬駟（四）分升一，采（菜）羹，給之韭蔥。其有爵者，自官士大夫以上，爵食之。使者之從者，食糳（糲）米半斗；僕，少半斗。

> 不更以下到謀人，粺米一斗，醬半升，采（菜）羹，芻稾各半石。‧宦奄不更。

> 上造以下到官佐、史母（無）爵者，及卜、史、司御、寺、府，糳（糲）一斗，有采（菜）羹，鹽廿二分升二。〔註122〕

《傳食律》是驛傳供給飯食的法律規定，上造、謀人（據簡文當為秦爵第三級簪裊）、不更、官士大夫（指秦爵第五級大夫和第六級官大夫）分別為秦爵第二、三、四、五、六級，秦爵第二級上造以下皆食糲米，即去殼後之糙米。爵為不更、謀人以上可食粺米（精米）。秦國官員的俸祿與刑徒糧食的稟取皆以粟為主，且如果有受賞賜的米，秦國官倉則改以粟發放，即秦簡《倉律》：「有米委賜，稟禾稼公。」〔註123〕《傳食律》這裡的穀物形態是米飯，乃秦國對於各種身份的出差者的優待。據《傳食律》得知，秦國供給出差者的糙米、精米，在秦律中有嚴格的等級和數量規定，且出差時所稟取的糧食需在原縣所稟取的月俸中扣除，〔註124〕說明官府對糧食的嚴格控制。平時所稟取為粟而出差時稟取米，當是出差者為朝庭辦事爭取時效有關。當時的穀物加工工具為杵臼，杵臼舂米需依靠人力，費工費時，去殼的米，尤其是

〔註121〕高恒，〈秦簡中與職官有關的幾個問題〉（《秦夢秦簡研究》，北京：中華書局，1981年7月第1版），頁218～219。

〔註122〕《秦律十八種‧傳食律》，簡一八〇～一八二，頁60～61。

〔註123〕《秦律十八種‧倉律》，簡四二，頁29。

〔註124〕《秦律十八種‧倉律》，簡四六，頁31：「月食者已致稟而公使有傳食，及告歸盡月不來者，止其後朔食，而以其來日致其食，有秩吏不止。」

糵、毇粺的精米顯得更加珍貴。秦國官府想必是考慮到此層因素，故只有在官員使者出差時才提供糙米或精米。

（三）穀物糧食的計算方式

小量糧食可用石、斗等稱量工具計算，但是大量糧食則不用一石、一斗來稱量。秦國糧倉貯存的容量，據睡虎地秦律表明：

> 入禾倉，萬石一積而比黎之爲戶……櫟陽二萬石一積，咸陽十萬一
> 積，其出入禾、增積如律令。〔註125〕

秦倉在咸陽貯存的禾爲十萬石一積、櫟陽二萬石一積，其它地方的倉也有萬石一積。然而此律文只表明一積爲萬石，並無說明各地縣倉與櫟陽、咸陽等地糧倉有幾座倉房、一座倉房有幾積的糧食。西漢京師倉遺址發現的六座倉房，並不是所有的倉房數，其每座倉房皆有二或三個倉室，每室有一室門，「萬石一積而比黎之爲戶」之「戶」就是室門。「比黎」在此爲名詞當作動詞，睡虎地秦簡整理小組將「比黎」釋爲「荊芭或籬笆」，而京師倉倉室之間則以夯土建築的牆作區隔，故「比黎」在這可視爲「區隔」之意，亦即糧食入倉時，每萬石一積存入倉室並設置室門予以區隔。

萬石一積的糧食是如此龐大，絕不可能一石、一斗的計算。《西京雜記》記有漢代糧倉容量的計算情形，可惜我們不知其計算之法。〔註126〕張家山漢簡《算數書・旋粟》中記載了有關糧食計算的算題：

> 旋粟高五尺，下周三丈，積百廿五尺。二尺七寸而一石，爲粟卅六
> 石廿七分石之八。其述（術）曰：下周自乘，以高乘之，卅六成一。
>
> 〔註127〕

從題意得知「旋粟」就是指粟堆積成正圓錐體的形狀，題目提供了正圓錐體的周長爲 3 丈、高 5 尺，並提供了二尺七寸的體積爲一石的換算比率，其計

〔註125〕《秦律十八種・倉律》，簡二一～二六，頁 25。

〔註126〕漢・劉歆撰，《西京雜記》（晉・葛洪集，向新陽、劉克任校註本），（上海：上海古籍出版社，1991 年 5 月第 1 版），卷四〈曹算窮物〉，頁 159～163：「元理（曹元理）嘗從其友人陳廣漢，廣漢曰：『吾有二囷米。忘其石數，子爲計之。』元理以食筋十餘轉，曰：『東囷七百四十九石二升七合。』又十餘轉，曰『西囷六百九十七石八斗。』遂大署囷門。後出米，西囷六百九十七石七斗九升，中有一鼠，大堪一升；東囷不差圭合。元理後歲後過廣漢，廣漢以米數告之，元理以手擊床曰：『遂不知鼠之殊米，不如剝面皮矣！』」

〔註127〕《張家山漢墓竹簡・算數書》，簡一四六～一四七，頁 267。

算正圓錐體體積方法爲「下周自乘，以高乘之，卅六成一」爲：$\frac{1}{36} \times 30 \times 30 \times 5 = 125$（立方尺）；粟爲 $125 \div \frac{27}{10} = 46\frac{8}{27}$（石），符合題目所給的答案。但是其計算之術「下周自乘，以高乘之，卅六成一」，與現代數學計算圓錐體體積明顯比較複雜。〔註128〕此種計算方式對計算圓形糧倉——囷的糧食同樣也適用，《算數書》中有題爲《囷蓋》的算題，其解法與《旋粟》一樣，可見當時已掌握了計算囷倉倉容的方法，只是其圓周率只取到3，且並無考慮穀層上的堆積角度與穀物散裝密度、濕度與品種，難免會有誤差。〔註129〕

　　《算數書》計算糧食是以體積換算容量，秦倉萬石一積的糧食必定也是用此種「以度審容」計算方式。〔註130〕《算數書》的内容大部份反映了戰國秦地的史實，簡文中的糧食是粟，全禾形態的糧食是不能堆積成正圓錐狀；且以全禾方式堆積，計算的糧食數量因有大量的禾秆與空隙，呈現不出較爲精確的糧食數量。

　　如以糙米、精米的形態來計算糧食，則因加工技術、加工程度的限制，在計算糧食數量時有一定的困難。有學者據上引秦律有關出糧率的規定，指出原糧（指粟）加工成米，出米率會隨著加工技術、加工程度不同而不同；不同的穀物，出米率也不同。認爲出米率既不固定，可見「按米計算產量既

〔註128〕現代數學計算圓錐體體積爲 $\frac{1}{3}$ 的圓柱體體積，算法爲：錐體體積 $= \frac{1}{3}$ 圓柱體體積 $= \frac{1}{3} \pi$ r 平方 $\times 5$，由圓周長 $= 2r\pi$，可求得題目所用圓周率爲 3、半徑爲 5，故其圓錐體積 $\frac{1}{3} \times 3 \times 25 \times 5 = 125$（立方尺），再由 $125 \div \frac{27}{10} = 46\frac{8}{27}$（石）。

〔註129〕囷即是現代的圓筒倉，計算圓筒倉的糧食之前得先求其容積，先決條件爲穀層上方的堆積角爲28°，圓周率取 3.1416，含水率13％（政府收購公糧的標準、最適合貯存），求得容積後再乘以穀物散裝密度即爲穀物貯存頓數，其中穀物散裝密度與穀物品種有關。詳參蕭介宗，〈稻米儲運設備〉，《稻米倉儲加工作業技術手册第二輯——稻米倉儲》，頁55。

〔註130〕出土的商鞅方升，據器物自銘「十八年，齊□卿大夫眾來聘，冬十二月乙酉，大良造鞅，爰積十六尊（寸）五分尊（寸）壹爲升。」方升自銘十六寸五分寸壹爲升，意即 16.2 立方寸是一升的容積，經由對實物的測量，方升的容積爲 202.15 立方釐米，可知秦國早就掌握了以尺寸求體積再換算容量的計算方式。詳參丘光明，《中國歷代度量衡考》（北京：科學出版社，1992 年 8 月第 1 版），第二編第一章〈先秦的容量〉，頁 140。

複雜又不科學，所以古今均以原糧（粟）計算。」〔註131〕其文雖從畝產量計算的觀點出發，但對於瞭解秦倉穀物貯藏形態提供了另一層面的思考。

此外，秦國糧倉還存有各種品種的種子，《倉律》：

> 種：稻、麻畝用二斗大半斗，禾、麥畝一斗，黍、荅畝大半斗，叔（菽）畝半斗。利田疇，其有不盡此數者，可殹（也）。其有本者，稱議種之。〔註132〕

用作播種的種子，各種穀物稻、麻、禾、麥等每畝播種所需皆有規定數量，且如是「利田疇」、「其有本者」等特殊情況可酌量播種。播種時稱量種子的工具是用斗來稱量，可見秦倉貯存種子時是以穀實形態來貯藏。種子的貯藏，據《倉律》：「縣遺麥以為種用者，殼禾以臧（藏）之。」〔註133〕指出各縣留作種子的麥，即仿效以為種用的禾一樣收藏，採取不同倉（室）、分類貯藏。此種分類概念在其它穀物貯藏的律文也可見到，並有分時貯藏的規定。〔註134〕然而穀物選種與種子貯藏的技術在秦律中並無規定，不過透過西漢《氾勝之書》的記載，或可窺知一二：

> 取麥種，候熟可穫，取穗大彊者，斬束立場中之高燥處，曝使其燥。無令有白魚，有則揚治之。取乾艾雜藏之，麥一石，艾一把；藏以瓦器竹器。順時種之，則收常倍。」取禾種，採高大者，斬一節下，把懸高燥處，苗則不敗。〔註135〕

這裡提出了穀物選種的方法，即待穀物成熟可收割時，選取「穗大彊者」、「高

〔註131〕杜紹順，〈戰國至漢初一般畝產量探析〉，《秦漢史論叢》第七輯，1998 年 6月第 1 版，頁 215。

〔註132〕《秦律十八種・倉律》，簡三八～三九，頁 29。

〔註133〕《秦律十八種・倉律》，簡四〇，頁 29。整理小組將「殼禾以藏之」譯為「應和穀子一樣收藏。」筆者以為不妥，從簡文文意來看，此律強調種子的貯藏，應譯為「仿效留作為種子用的穀子」才符合律文文意。

〔註134〕《秦律十八種・倉律》，簡三五～三六，頁 28：「稻後禾孰（熟），計稻後年。已獲上數，別粲、穤（糯）秥（黏）稻。別粲穤（糯）之襄（釀），歲異積之，勿增積，以給客，到十月牒書數，上內【史】。」其大意為收穫後上報產量時，要將黏與不黏的稻區別開來，要把用以釀酒的秈稻和糯稻區別開來，每年單獨貯藏且不要增積，亦即秦倉有了分類貯藏與分時貯藏的法律規定。秦倉分類、分時貯藏之法是非常科學的，據《中華人民共和國種子管理條例》第三十五條：「種子貯備應當分品種入庫，定期檢驗。」（中國法律資源網：http://www.lawbase.com.cn/default.asp）種子分時貯藏與定期檢驗皆是為了確保種子的品質。

〔註135〕漢・氾勝之著，《氾勝之書》，頁 40。

大者」，斬下連穗的一節掛立在高燥處。然需要說明的是，此種「取禾種，採高大者，斬一節下，把懸高燥處」只是穀物選種方法與種子處理技術，連穗之禾種並不是種子貯藏的最終形態，因種子貯藏最忌雜質，未處理過的連穗之禾種含有各種雜質，極易惡化貯藏條件，會影響種子質量，〔註136〕故必先脫粒、乾燥、篩選才能貯藏。此種技術在北魏賈思勰《齊民要術・收種》有詳細的記載：

> 凡五穀種子，浥鬱則不生，生者亦尋死。種雜者，禾則早晚不均，
> 舂復減而難熟，糶賣以雜糅見疵，炊爨失生熟之節。所以特宜存意，
> 不可徒然。粟黍穄粱秫，常歲歲別收，選好穗純色者，劁刈高懸之。
> 至春治取別種，以擬明年種子。其別種種子嘗須加鋤，鋤多則無秕
> 也。先治而別埋，還以所治裹草蔽窖。將種前二十許日，開出水淘，
> 即曬令燥，種之。〔註137〕

其大意為凡種雜者會影響到穀物的生長、出糧率等，故需非常注意種子的純潔無雜。粟、黍、穄、粱、秫等穀物選好穗純色，即割下高懸之，至春天時將穀粒取下並分別種在留種地上以作為明年的種子。之後再將之取粒收藏於窖內並蓋以稻稈，播種前需用水淘去浮秕。這裡敘述了穀物選種方法、種子處理技術、種子貯藏，其過程歷時年餘，選種時穀物雖為連藁之全禾，然最終貯藏時則是以籽粒之形態。

〔註136〕呂秋瑾，〈種子貯藏〉(《中國農業百科全書・農作物卷》，北京：農業出版社，
　　　　1994年4月第1版)，頁580。
〔註137〕《齊民要術》，卷一〈收種第二〉，葉五。

表三：秦墓陶囷模型分類表

凡　例

　　本表資料來源爲各期刊論文所刊的秦墓發掘簡報以及《隴縣店子秦墓》考古報告一書，詳細出處可參考本表隨頁註，同篇簡報出土的陶囷，爲免繁複，則在首件陶囷出土墓葬註明，其它件同出一篇簡報或書則不註明。

　　本表編號順序依照分類 A、B、C、D 編排；相同分類者依時代先後編排。

　　爲方便編排，表中圖片皆和實物比例不盡相同。

編號	時代	分類	陶囷圖形	形　製　特　徵	出土墓葬	備註
1	春秋中期	A1		傘形頂蓋，中間有圓捉手；圓身鼓腹，櫓下開一囷門；底座兩側有對稱方孔。	咸陽任家嘴春秋墓 M154 〔註138〕	
2	春秋晚期	A1		圓形坡頂，櫓微出，頂端呈圓柱狀；體呈圓筒形，上方有長方形囷門，通體光素；高圈足，前後有對應的缺口。	陝西鳳翔八旗屯西溝道秦墓 M16 〔註139〕	
3	春晚戰早	A1		頂爲圓錐形，出櫓，頂中央有圓柱形尖頂，頂與器身相連；器身似一直筒，分上下兩層，中有棋隔，互不相通；上層壁上有一長方孔，下層透底，兩側各有一長方形缺口。器外表通體飾繩紋，間以劃紋十餘周。	客省莊 k204 號墓 〔註140〕	簡報稱陶倉

〔註138〕咸陽市文物考古研究所，〈咸陽任家嘴春秋墓清理簡報〉，頁 40～47 轉 72。
〔註139〕陝西雍城考古隊（尚志儒、趙叢蒼執筆），〈陝西鳳翔八旗屯西溝道秦墓發掘簡報〉，《文博》，1986 年第 3 期，頁 1～31。
〔註140〕中國科學院考古研究所編，《灃西發掘報告：1955～1957 年陝西長安縣灃西鄉考古發掘資料》（北京：文物出版社，1963 年 3 月第 1 版），頁 136。

編號	時代	分類	陶囷圖形	形　製　特　徵	出土墓葬	備註
4	戰國中期	A1		出檐圓攢尖頂，尖頂有兩個小斜孔，並立一鳥；身似盆，腹壁斜下收斂，檐卜開一長方形囷門；圈足座兩側各有一缺口。器身分成上下兩層，互不相通，身、蓋均飾寬凹弦紋。	咸陽任家嘴殉人秦墓〔註141〕	
5	春秋晚期	A2		傘形頂蓋，檐下側有一小方孔；圓身呈筒狀，通體飾繩紋；下立兩板作足。	陝西銅川棗廟秦墓M24〔註142〕	
6	戰國早期	A2		囷蓋和器身各為單體，蓋為圓形直坡式；腹壁較直，通體為豎繩紋；囷足為一雙對稱的立式扁足，兩扁足間襠部呈弧形。	隴縣店子秦墓M193〔註143〕	
7	戰國早期	A2		蓋身各為單體，圓狀坡形蓋為細繩紋；長鼓腹，身體開一長方形囷門；囷足為一雙對稱的立式扁足，兩扁足間襠部呈弧形。	隴縣店子秦墓M113	
8	戰國早期	A2		蓋身各為單體，坡形蓋；鼓腹，通體飾細繩紋；囷足為一雙對稱的立式扁足，兩扁間襠部為方形。	隴縣店子秦墓M280	
9	戰國早期	A2		蓋身為一體，蓋為錐形；腹為盆形，腹上部飾繩紋，餘皆素面；囷足為一雙對稱的立式扁足。	隴縣店子秦墓M253	

〔註141〕咸陽市博物館，〈咸陽任家嘴殉人秦墓清理簡報〉，《考古與文物》，1986年第6期，頁23〜27。

〔註142〕陝西省考古研究所，〈陝西銅川棗廟秦墓發掘簡報〉，《考古與文物》，1986年第2期，頁7〜17。簡報中並無明確表明M24的年代，只有根據隨葬物的形態和組合將墓葬分為四期，M24為第1期春秋晚期。

〔註143〕陝西省考古研究所編著，《隴縣店子秦墓》，278頁。

編號	時代	分類	陶囷圖形	形製特徵	出土墓葬	備註
10	春晚戰早	A3		蓋作尖屋頂形；腹部有一方孔，通體飾繩紋；囷底下有三足。	甘肅甘谷毛家坪遺址發掘簡報 M20〔註144〕	簡報稱之爲倉
11	春秋中期	B1		囷蓋和器身各爲單體，蓋爲圓形直坡狀，蓋上飾紅、白色相交的方形網格紋飾；鼓腹，器腹有一道陰弦紋和一道白彩紋飾；空心喇叭狀圈足。	隴縣店子秦墓 M252	
12	春秋晚期	B1		圓形坡頂，下斜，寬出檐，通體光素；腹呈圓筒形，上有長方形囷門；喇叭狀圈足。	陝西鳳翔八旗屯西溝道秦墓 M18	
13	春秋晚期	B1		上覆出檐圓欑尖頂；體呈上大下小的圓筒形，倉門開在體上近檐處；下有喇叭狀圈足。	陝西鳳翔高莊秦墓 M12〔註145〕	
14	春秋晚期	B1		出檐較短，蓋上爲豎行紅、白色相同的帶紋；器腹有二道陰弦紋，身體開一長方形囷門；實心圈足。	隴縣店子秦墓 M266	
15	戰國早期	B1		圓坡式頂，頂端收聚成乳頭狀，檐稍出；圓腹近直，體中部開長方形囷門，腹飾陰弦紋圓；平底座。	陝西鳳翔八旗屯西溝道秦墓 M13：2	

〔註144〕甘肅省文物工作隊、北京大學考古學系，〈甘肅甘谷毛家坪遺址發掘報告〉，《考古學報》，1987年第3期，頁359～395。又毛家坪遺址所出土二件陶囷模型中的M19、M20，其墓葬分期定爲第五期，而據發掘報告將三至五期的年代推估爲春秋早期至戰國早期。爲方便說明問題，本文則將M19、M20所出土陶囷模型的年代推估爲春晚戰早。

〔註145〕吳鎮烽、尚志儒，〈陝西鳳翔高莊秦墓地發掘簡報〉，《考古與文物》，1981年第1期，頁12～38。

編號	時代	分類	陶囷圖形	形製特徵	出土墓葬	備註
16	戰國早期	B1		蓋身連體。檐稍出，蓋頂為錐形，蓋上飾紅、白彩帶組成的方格網狀；鼓腹，身體開一長方形囷門；足上有對稱的兩個長方形鏤孔，空心喇叭狀圈足。	隴縣店子秦墓 M47	
17	戰國早期期	B1		蓋、身各為單體，圓狀坡形蓋；鼓腹，束腰，身體開一長方形囷門，通身飾間斷細繩紋；喇叭狀圈足較高。	隴縣店子秦墓 M271	
18	戰國早期	B1		圓攢尖頂，周圍出檐；體呈上大下小的圓筒形，倉門開在上體近檐處；下有圈足。	一九八一年鳳翔八旗屯墓地 M7 〔註146〕	
19	戰國早期	B1		蓋較高，柱狀頂，檐唇較短；腹較淺，通體素面身體開一長方形囷門；實心圈足。	隴縣店子秦墓 M74	
20	戰國早期	B1		出檐稍長，圓錐形坡頂，頂上飾 4 道平行的白彩桶狀腹，身體開一長方形囷門，腹上飾一白彩三角形紋飾，實心圈足。	隴縣店子秦墓 M176	
21	戰國早期	B1		檐稍出，束頸，蓋隆起，乳頭狀，通體素面，實心圈足。	隴縣店子秦墓 M226	
22	戰國中期	B1		檐稍出，圓錐形頂；囷門為不規則的方形，長鼓腹；矮實圈足邊輪斜直，素面實心圈足。	隴縣店子秦墓 M26	

〔註146〕陝西省雍城考古隊，〈一九八一年鳳翔八旗屯墓地發掘簡報〉，《考古與文物》，1986 年第 5 期，頁 23～40。

編號	時代	分類	陶囷圖形	形 製 特 徵	出土墓葬	備 註
23	秦代	B1		圓屋形，攢尖頂，倉蓋正中稍鼓起，有一圓形小孔，孔上有蓋，蓋上立一小鳥；腹部有長方形小倉門；圈足。	臨潼上焦村秦墓M16〔註147〕	簡報稱倉
24	秦代	B1		圓屋形，攢尖頂，蓋與囷分件製成後再安裝；體腹部有長方形小倉門，倉門上陰刻一"囷"字；圈足。	臨潼上焦村秦墓M7	簡報稱倉
25	春秋中期	B2		囷蓋和器身各為單體，蓋為圓坡形，上有乳狀頂器表飾紅、白彩帶相間構成的格形、折鉤形和平行直線紋等；腹壁較直，身體開一方形囷門；空心喇叭狀圈足。	隴縣店子秦墓M122	
26	春秋晚期	B2		體呈上大下小的圓筒形，下有假圈足，上覆出檐，圓尖頂，倉口開在體上近檐處。腹部和尖頂部皆飾白彩，腹部有三周，尖頂橫有三周，豎有七道，呈幅射狀。	陝西武功縣趙家來東周時期的秦墓M5〔註148〕	
27	春秋晚期	B2		蓋上飾紅色豎行帶紋，錐形蓋頂；腹壁上部斜直，束腰；實心圈足。	隴縣店子秦墓M103	
28	戰國早期	B2		囷蓋和器身各為單體，圓坡形蓋，蓋上飾紅白彩帶組成的方形網格紋飾；腹壁近直，有六道平行的突棱；直桶狀空心圈足，足底周邊半封口，腹及圈足飾紅白彩相間的平行紋飾。	隴縣店子秦墓M191	

〔註147〕秦俑考古隊，〈臨潼上焦村秦墓清理簡報〉（收錄於《秦俑研究文集》，西安：陝西人民美術出版社，1990 年 6 月出版），頁 542～558。

〔註148〕中國社會科學院考古研究所武功發掘隊，〈陝西武功縣趙家來東周時期的秦墓〉，《考古》，1996 年第 12 期，頁 44～48。

編號	時代	分類	陶囷圖形	形 製 特 徵	出土墓葬	備註
29	戰國中期	B2		圓形坡頂，素面；腹壁斜直，身體開一長方形囷門；喇叭狀實圈足。	隴縣店子秦墓 M49	
30	春秋晚期	B3		蓋身為一體，體內上下連通，上為球形，矮柱狀頂；身體開一長方形囷門；下為筒狀高圈足，圈足中央有一道突棱，底周邊一周較窄封口，上體為細繩紋，圈足局部有間斷細繩紋。	隴縣店子秦墓 M111	
31	春秋晚期	C1		攢尖圓頂，周圍出檐，下腹收束，倉頂飾倒置的分襠鬲，有的飾立體鳥；體呈圓筒形，倉門呈方形，孔開至近檐處；圓平底。	陝西鳳翔高莊秦墓 M10・2	
32	春秋晚期	C1		尖圓頂，平沿外出，鼓腹平底，在腹上部開方門。	陝西寶雞市茹家莊東周墓葬 M3 〔註149〕	
33	春秋晚期	C1		尖頂，周圍出檐；體呈圓筒形，腹身急速收縮至圓平底，方形倉門開在近檐處。	陝西隴縣韋家莊秦墓 M17 〔註150〕	
34	春秋晚期	C1		尖頂，周圍出檐；體呈圓筒形，腹身急速收縮至圓平底，方形倉門開在近檐處。	陝西隴縣韋家莊秦墓 M20	

〔註149〕寶雞市博物館、寶雞市渭濱區文化館，〈陝西寶雞市茹家莊東周墓葬〉，《考古》，1979 年第 9 期，頁 408～411。

〔註150〕寶雞市考古隊、隴縣博物館，〈陝西隴縣韋家莊秦墓發掘簡報〉，《考古與文物》，2001 年第 4 期，頁 9～19。

編號	時代	分類	陶囷圖形	形製特徵	出土墓葬	備註
35	春秋晚期	C1		底部殘失；鼓腹，圓錐形蓋，櫓下開一方形囷門	鳳翔馬家莊一號建築群 T79：20〔註151〕	
36	春晚戰早	C1		尖圓頂，平沿外出，鼓腹平底，櫓下開方門。器表打磨光滑，素面。囷門左上角有一陰刻"匚"符號。	陝西鳳翔南指揮秦墓 M1〔註152〕	
37	春晚戰早	C1		圓形尖頂，頂端有孔。筒形腹，腹中部及下部各有一方孔，通體飾淺細的繩紋；平底。	甘肅甘谷毛家坪遺址發掘簡報 M19	簡報稱倉
38	戰國早期	C1		出櫓翻折，較寬，蓋頂無乳頭，囷蓋飾紅、白彩條帶組成的方形網格紋；束頸，鼓腹，身體中部開有長方形囷門，腰下部有三個小圓孔，腹上部飾繩紋。	隴縣店子秦墓 M149	
39	戰國早期	C1		圓坡形頂，頂端呈乳頭狀，寬平出櫓；圓腹，體中部開有方形囷門；小平底。	陝西鳳翔八旗屯西溝道秦墓 M13：1	
40	戰國早期	C1		頂、身連體，圓坡形頂，頂端多呈乳頭狀，大部份出櫓較窄；圓腹，身體開一長方形囷門，通體素面。	隴縣店子秦墓 M104	
41	戰國早期	C1		圓攢尖頂，周圍出櫓，櫓邊沿外折；體呈上大下小的圓筒形；倉門較大，有三道弦紋；平底。	一九八一年鳳翔八旗屯墓地發掘簡報 M3	

〔註151〕陝西省雍城考古隊，〈鳳翔馬家莊一號建築群遺址發掘簡報〉，頁1～29。
〔註152〕田亞岐、王保平，〈陝西鳳翔南指揮兩座小型秦墓的清理〉，《考古與文物》，1987年第6期，頁21～24。

編號	時代	分類	陶囷圖形	形 製 特 徵	出土墓葬	備 註
42	戰國早中期	C1		外表飾凸弦紋，體呈圓筒狀，攢尖頂，腹下部內收，平底，倉門爲長方形、開於屋檐處	鳳翔鄧家崖秦墓 M6〔註153〕	簡報稱倉
43	戰國中期	C1		上覆出檐圓攢頂蓋，頂飾三瓣；斂口，鼓腹，腹下內收縮成假圈足，平底。通身飾凹弦紋和細繩紋的殘痕。	咸陽任家嘴殉人秦墓	
44	戰國中期	C1		蓋身分離，圓形蓋上有一實心捉手，出檐較窄；筒形鼓腹，大平底，腹部中腰有一不規則囷門，器表飾平行弦紋和豎行暗繩紋。	陝西陝西寶雞晁峪東周秦墓 M6：4〔註154〕	
45	戰國中期	C1		蓋身分離，圓形蓋上有圈形捉手，出檐稍寬；筒形鼓腹較矮，囷門正方，器表飾間斷繩紋。	陝西陝西寶雞晁峪東周秦墓 M6：9	
46	戰國中期	C1		通體素面。頂、身連體，圓坡形頂，頂端多呈乳頭狀，大部份出檐較窄；體中部開有一方形囷門；囷蓋飾紅、白彩條帶組成的方形網格紋。	隴縣店子秦墓 M166	
47	秦代	C1		圓屋形，攢尖頂上有一徑約 7.5 厘米的通氣口，直口方唇，未見蓋，囷頂上做出四條屋脊及瓦棱，出檐較寬，檐端筒瓦下均飾以雲紋瓦當；囷壁外鼓，上部開一長方形倉門，其上下以陰線示門框，兩旁飾帶穿鈕，囷體下部內收，平底。	咸陽機場陵照導航台基建工地秦漢墓 M8〔註155〕	

〔註153〕陝西省考古研究所雍城工作站，〈鳳翔鄧家崖秦墓發掘簡報〉，《考古與文物》，1991 年第 2 期，頁 14～19。
〔註154〕陝西省考古研究所，〈陝西寶雞晁峪東周秦墓發掘簡報〉，頁 1～8。
〔註155〕馬志軍、孫鐵山，〈咸陽機場陵照導航台基建工地秦漢墓葬清理簡報〉，《考古與文物》，1992 年第 2 期，頁 15～25 轉 45。

編號	時代	分類	陶囷圖形	形製特徵	出土墓葬	備註
48	春秋中期	C2		蓋身連體，身呈圓筒形，上覆出檐圓攢尖頂蓋；腹壁斜直，淺腹，檐下一側有一方形囷門。	咸陽任家嘴春秋墓M83	
49	春秋中期	C2		活蓋圓攢頂，出檐，中間有三乳釘式捉手，蓋中部有分布不均的六個小孔，蓋中心與邊沿部分飾繩紋，身飾繩紋和二周抹光帶紋；斂口，屈腹壁，小凹底，一側有一方形囷門。	咸陽任家嘴春秋墓M78	
50	春秋晚期	C2		上覆圓攢尖頂，周圍出檐；腹壁斜直，似一盆形，體上部開方形倉門；平底。	陝西鳳翔高莊秦墓M10・26	
51	春秋晚期	C2		尖部略殘，腹壁上部斜直，似一盆形。	鳳翔馬家莊一號建築群T79：17	
52	春晚戰早	C2		頂為圓錐形，出檐，頂與器身分開；器身似一陶盆，下腹斜直，腹部飾六道斜紋，開一方形囷門。	陝西長武上孟村秦墓 M26〔註156〕	簡報稱倉
53	戰國早期	C2		傘形頂，囷身圓形，上大小下急速收縮，假圈足。	陝西銅川棗廟秦墓M22	
54	戰國早期	C2		出檐寬平，囷蓋飾紅、白彩條帶組成的方形網格紋；束腰，身體開一方形囷門	隴縣店子秦墓M185	

<hr />

〔註156〕負安志，〈陝西長武上孟村秦國墓葬發掘簡報〉，《考古與文物》，1984年第3期，頁8～17。

編號	時代	分類	陶囷圖形	形　製　特　徵	出土墓葬	備　註
55	戰國早期	C2		圓尖頂，出淺檐；囷體微鼓，腹下斜收，檐下開小方門，通體光素；小平底。	鳳翔馬家莊一號建築群K158	
56	戰國中期	C2		傘形頂，表面有八道直稜，中填繩紋，頂端立一小鳥；囷身作圓筒形，腹壁斜直，檐下有小方孔。	陝西銅川棗廟秦墓M8	
57	戰國晚期	C2		坡頂，正中倒置一三足陶鬲，以掩蓋囷頂之通氣口；斜腹下收，腹中部開囷門；平底。	陝西鳳翔西村戰國秦墓79M19〔註157〕	正中倒置三足陶鬲
58	戰國早期	D		圓錐形頂，略出檐，頂中央有一圓孔；直筒形，由頂至底共有五道弦紋	陝西鳳翔八旗屯秦墓BM103〔註158〕	
59	戰國早期	D		蓋身各爲單體，圓狀坡形蓋，錐狀頂；直筒形腹，中腰有一方形囷門，器表飾白彩帶紋和繩紋；底爲全封口。	隴縣店子秦墓M114	

〔註157〕李自智、尚志儒，〈陝西鳳翔西村戰國秦墓發掘簡報〉，《考古與文物》，1986年，1期，頁9～35。
〔註158〕吳鎮烽、尚志儒，〈陝西鳳翔八旗屯秦國墓葬發掘簡報〉，頁67～85。

－59－

第三章　秦倉的管理

　　「夫積貯者，天下之大命也。」[註1] 設倉儲糧乃保存關乎國家生存安危的糧食物資，舉凡糧食生產、徵調、運輸、分配……等等事務，皆仰賴倉儲管理的完善，此無非是國家命脈延續的保證。然「論及管理，必牽涉到組織與人事，組織及人事之良窳，必直接影響管理之成效」[註2]，故在秦倉管理上，並不是只有糧食、物品的管理，實際上，「制度化的倉儲管理，即是對人、事、物、財的管理，訂定有條理有系統的辦法，使倉儲事務的進行有軌可循，而不致越軌而行。」[註3] 以下即從傳統與出土史料出發，運用現代倉儲理論，勾勒山秦倉系統化之人、事、物資的管理。

第一節　人事行政管理

　　秦倉管理，首先注重組織與人事，糧倉並非單存保存糧食而已，「糧食在倉，猶如銀行之握有通貨，如不能靈活運用，則雖有大量糧食，亦將等於無糧，失去設倉儲糧意義」，[註4] 故欲有效管理糧倉與控制糧食，必需先設立

〔註1〕　《漢書》，卷二十四〈食貨志第四上〉，葉九下。

〔註2〕　王世勛，《物料管理之研究》（臺北：交通部交通研究所，民國55年10出版），第二章〈物料管理之組織及人事〉，頁6。

〔註3〕　參考邵昌變編著，《倉庫管理概要》（臺北：財政部財稅人員訓練所編印，民國68年8月），第三章〈倉庫管理〉，頁19。

〔註4〕　華松年，《糧食管理論》（臺北：中央文物供應社，民國42年5月出版），第四篇〈倉儲管理〉，頁104。

完善之倉儲行政管理機構。然科學的管理皆有賴於「人」來推動，此處之「人」指的是「官吏」而非「人民」，國家組織的運作與政令的貫徹皆需依靠官吏的執行，所謂「明主治吏不治民」，〔註 5〕缺乏良好的人事行政管理欲有效推動倉儲機構的運作、達到理想的倉儲管理，無異是緣木求魚。

　　秦在全國各地廣置糧倉，為有效運用糧食必設置專責的糧倉行政管理機構與官吏。現代民主國家的主要特徵之一是「依法而治，依法行政」，亦即政府機關必須在法律規定或允許的範內，從事各種行政行為。〔註 6〕其中「依法而治，依法行政」與秦國在政治上的統治不謀而合，行政乃「行其事」、「行其政令」，秦國行政的特色即「事皆決於法」、「治道運行，諸產得宜，皆有法式」。〔註 7〕據《睡簡・倉律》25 條，〔註 8〕與《田律》、《廄苑律》、《效律》、《內史雜》與《法律答問》等相關律文，得知秦倉儲行政亦採取「以法治倉」原則。〔註 9〕本節探討秦倉人事行政管理，由敘述秦倉行政管理機構與官吏始，並展開對秦倉官吏的選拔、考核、獎懲等一連串的探討。

一、秦倉行政管理機構與官吏

　　秦倉行政管理機構是附屬在秦行政體制下的一環，雖有其自身的運作

〔註 5〕詳參《韓非子》，卷第十四〈外儲說右下第三十五〉，頁 332。

〔註 6〕吳定等編著，《行政學（一）》（臺北：國立空中大學，民國 88 年 8 月修訂四版五刷），第十二章〈環境因素對公共行政的影響〉，頁 402～403。

〔註 7〕《史記》，卷六〈秦始皇本紀第六〉，葉十二上、葉十五下。

〔註 8〕蔡萬進，《秦國糧食經濟研究》，第三章〈糧食倉儲管理〉，頁 39：「雲夢秦簡《秦律十八種》中就有倉律 25 條。」又在頁 55 注釋φ：「《睡虎地秦墓竹簡》（平裝本），第 35～55 頁。馬非百《秦集史・法律志》統計《倉律》條數與此相合（25 條）。韓偉《秦國的貯糧設施淺議》統計為 26 條有誤。」經筆者查閱《秦律十八種・倉律》，簡二一～六三，頁 25～35 得知，《倉律》原簡確為 26 條，其中第 11～12 條、簡四一～四三應為一條，秦簡整理小組已註明原簡將之分為 2 條乃原簡誤抄，由簡文文意看來確為 1 條，故馬非百於 1982 年出版之《秦集史・法律志》已從秦簡整理小組之意見。另太田幸男，〈湖北睡虎地出土秦律の倉律をめぐつて・その一〉，頁 143～155 所注釋之《倉律》亦為 25 條，故韓偉，《秦國的貯糧設施淺議》，頁 74～77 與徐富昌，《睡虎地秦簡研究》（臺北市：文史哲出版社，民國 82 年 5 月初版），第三章〈秦簡內容分述〉，頁 72 等學者如認為原簡抄寫《倉律》為 26 條不誤，應當提出確切之證據。

〔註 9〕吳忠起，〈秦漢倉儲思想綜述〉，《物流技術》，1994 年第 2 期，頁 26。

組織，但也與其它行政組織存在著某種聯繫，〔註 10〕並不是一個獨立完整的系統。秦倉行政管理機構，除了其本身負責的事務外，必有一些倉儲事務分置於其它行政部門之下，而與其它行政部門產生倉務上之聯繫。相對的，其它行政部門的業務亦與秦倉行政管理機構產生聯繫，這就產生了倉貯事務隸屬於數個不同行政部門。明顯地，秦國糧倉行政管理機構與秦政治體制是緊密結合的，二者之行政事務並不能明顯區分，所以在行政官吏的權責上，秦律特別制定「同官而各有主殹（也），各坐其所主」，〔註 11〕分職專責的規定。

（一）秦倉中央行政管理機構與官吏

秦倉中央行政管理機構就目前資料所見，在中央有內史、太倉二個機構，內史亦是職官名，職掌全國糧倉事務。據《睡簡・內史雜》：

> 有實官高其垣墙。它垣屬焉者，獨高其置芻槀及倉茅蓋者。令人勿紤（近）舍。非其官人殹（也），毋敢舍焉。善宿衛，閉門輒靡其旁火，慎守唯敬（儆）。有不從令而亡、有敗、失火，官吏有重罪，大嗇夫、丞任之。〔註12〕

《內史雜》據《睡簡》整理小組注為「關於掌治京師的內史職務的各種法律規定」，栗勁則認為「應是《內史律》以外與內史職務有關的行政法規。」〔註13〕兩方對《內史雜》解釋的共同點為與內史有關職務的法律。「實官」為縣級管理糧倉的官府（詳下），此律規定實官糧倉的宿衛、防盜與相關人員的職責，表明內史確掌管秦國各縣糧倉事務。另據《睡簡・倉律》律文：

> 入禾稼、芻槀，輒為僉籍，上內史。芻槀各萬石一積，咸陽二萬一

〔註10〕栗勁，《秦律通論》（濟南：山東人民出版社，1985 年 5 月第 1 版），第八章〈經濟法規和經濟管理〉，頁 405：「秦的各級經濟管理機構是各級政權機構的組成部分，代表國家對封建經濟進行廣泛的干預和具體的管理。」此觀點與本文認為秦倉行政管理機構是附屬在行政體制下的一環是一致的，但本文不認同「國家對封建經濟進行廣泛的干預和具體的管理」的說法，秦經濟管理機構下的各部門，包括倉儲行政管理機構，必與行政體制其它部門發生聯繫，畢竟秦倉事務尚須透過行政命令的下達來推動。

〔註11〕《效律》，簡一七，頁 72。

〔註12〕《秦律十八種・內史雜》，簡一九五～一九六，頁 64。

〔註13〕栗勁，《秦律通論》，第七章〈行政法規和行政管理〉，頁 350。

積，其出入、增積及效如禾。〔註14〕

稻後禾孰（熟），計稻後年。已獲上數，別粲、穤（糯）秥（黏）稻。
別粲穤（糯）之襄（釀），歲異積之，勿增積，以給客，到十月牒書
數，上內史。〔註15〕

《倉律》爲關於糧草倉的法律，「廥籍」爲倉之簿籍。律文規定全國各地穀物、
芻稾入倉、出倉、增積與驗倉時，需將相關情形記入倉的簿籍，上呈內史。
此外，收穫後上報產量時，要把用以釀酒的秈稻和糯稻區別開來，每年單獨
貯藏且不要增積，在十月時將數量報告給內史。

內史透過廥籍管理倉儲事務，廥籍的內容據《睡簡‧倉律》：

入禾未盈萬石而欲增積焉，其前入者是增積，可殹（也）；其它人是
增積，積者必先度故積，當堤（題），乃入焉。後節（即）不備，後
入者獨負之；而書入禾增積者之名事邑里於廥籍。〔註16〕

首先，參與糧倉事務的人員，必需填寫倉儲人員的「名事邑里」，亦即姓名、
身份與籍貫。〔註17〕第二，據上引「稻後禾孰」條與其它《睡簡‧倉律》
律文，可知糧食出、入倉之種類與數量亦登記在廥籍。第三，據《睡簡‧
效律》：

禾、芻稾積廥，有贏、不備而匿弗謁，及者（諸）移贏以賞（償）
不備，羣它物當負賞（償）而僞出之以彼（貤）賞（償），皆與盜同
法。大嗇夫、丞智（知）而弗罪，以平罪人律論之，有（又）與主
廥者共賞（償）不備。至計而上廥籍內史。〔註18〕

《效律》爲核驗官府物資財產的法律，大嗇夫即縣嗇夫或縣令。〔註19〕禾、
芻稾積貯在倉，倉儲人員如有超出、不足而倉儲人員隱匿不報，或各種移多
報少、假作注銷而用以補墊應賠償的東西，此類行爲皆於法不容，都應和盜
竊同樣論處。大嗇夫、丞如知情不論處，亦應以罪犯同等的法律論處，並與
主廥者賠償所缺糧食。至上計時上交廥籍於內史。由此可見，廥籍的內容包

〔註14〕《秦律十八種‧倉律》，簡二八，頁27。
〔註15〕《秦律十八種‧倉律》，簡三五～二六，頁29。
〔註16〕《秦律十八種‧倉律》，簡二四～二五，頁25。
〔註17〕《封診式‧有鞫》，簡六，頁148作「名事里」。
〔註18〕《秦律十八種‧效律》，簡一七四～一七六，頁59。
〔註19〕詳參吳福助，〈「語書」論考〉（收錄於《睡虎地秦簡論考》，臺北：文津出版
社，民國83年7月初版），頁90～92。

括倉吏違法亂紀的情形。〔註20〕由於廥籍記有上述內容，中央之內史「便能準確全面地掌握全國糧食的數量與分佈、糧倉的自身管理，亦利於中央對地方官吏的考核。」〔註21〕

目前學界對上述掌管秦國各縣糧倉事務的內史，與《漢書‧百官公卿表》中的內史、治粟內史的理解尚有岐異，以下就針對此進行討論。《睡簡》整理小組注釋內史：

> 《漢書‧百官公卿表》：『「周官，秦因之，掌治京師。」一說，此處應指治粟內史，《百官表》：「治粟內史，秦官，掌穀貨。」漢景帝時改名大農令，武帝時改名大司農。』〔註22〕

《睡簡》整理小組將內史注釋為掌京師之內史與掌穀貨之治粟內史兩說併存，學界多認為應為掌京師之史或治粟內史其中之一。〔註23〕事實上，不論是掌治京師之內史亦或治粟內史，其職權皆不能與《睡簡》中之內史等同，此與秦統一前後的職官職掌有所不同有關。據《漢書‧百官公卿表》：

> 自周衰，官失而百職亂，戰國並爭，各變異。秦兼天下，建皇帝之號，立百官之職。漢因循而不革，明簡易，臨時宜也。其後頗有所改。〔註24〕

秦絕非兼天下後才立百官之職，但勢必重新作了一番調整，起碼在班固的眼裡是如此。秦由位居一隅之小國到一統天下之帝國，歷經春秋戰國時期數百年，隨著領土的擴張、事權的日益龐雜，機構職官必有一連串的調整。以內史為例，內史在周代已有，周內史是太宰的副手，其職掌乃記錄王命，而記

〔註20〕 此與《韓非子》，卷第十四〈外儲說右下第三十五〉，頁343所記：「終歲之計，王不一以數日之間自聽之，則無以知吏之姦邪得失也。」可互參，倉吏之人品亦為上計之內容。

〔註21〕 秦廥籍制度詳參蔡萬進，〈秦國廥籍制度探略〉，頁101～103。

〔註22〕 睡虎地秦墓竹簡整理小組，前引書，頁25。

〔註23〕 贊成應為掌治京師之內史者如大庭脩著、林錦生譯，〈雲夢出土竹書秦律的研究〉，《簡牘學報》第七期，民國69年，頁346～347；黃盛璋，〈青川新出秦田律木牘及其相關問題〉，《文物》，1982年第9期，頁71。贊成應為治粟內史者如A.F.P. Hulsewé著、詹泓隆、詹益熙合譯，〈一九七五年湖北發現之秦文物〉，《簡牘學報》第七期，民國69年，頁370～371；栗勁，《秦律通論》，第八章〈經濟法規和經濟管理〉，頁407；黃中業，《秦國法制建設》（瀋陽：遼瀋書社，1991年5月第1版），第七章〈秦國經濟立法與經濟部門行政管理法規〉，頁178。

〔註24〕 《漢書》卷十九〈百官公卿表第七上〉，葉二下～三上。

錄的主要目的是發佈王命、起草王命，〔註 25〕並非掌治京師之官。秦至遲在穆公時就已設置內史，〔註 26〕從《睡簡》內史職掌事務龐雜、廣泛與多樣性來看，〔註 27〕已與周內史有著很大的區隔，《漢書・百官公卿表》記：「內史，周官，秦因之，掌治京師」中之「秦因之」，應指因襲其職官名而非其職掌。故《睡簡》中的內史掌倉儲行政管理機構，為秦統一之前的情形；秦統一後，在秦行政體制下，丞相「掌丞天子助理萬機」，乃百官之長，輔佐秦王統掌全國行政事務，秦倉具體事務乃由丞相之下的治粟內史主其事。

　　秦統一前後內史職權的變動，當是秦一統天下為適應國內政治、經濟、社會產生的鉅變有關。《睡簡》中的內史不但掌管全國的財政事務，同時也管轄京畿地區，裘錫圭云：

　　　　秦的內史轄區大致相當於漢代三輔，是秦的本土。秦律《內史雜》

　　　　以外的各種律文，似乎也有很多是專對內史所屬各縣講的，有可能

　　　　是襲用了秦向外擴展設上郡、漢中等郡以前制定的舊律文。〔註28〕

秦兼併六國的過程中，領土不斷擴大，內史管轄權亦不斷擴大。勞榦在〈秦漢九卿考〉認為「治粟內史亦故內史之職，漢時改為大司農。」〔註 29〕勞氏此文發表在《睡簡》出土之前，但已指出治粟內史為統一前內史分化而

〔註25〕《周禮》，卷第二十六〈內史〉，頁 709〜711：「內史掌王之八枋之法，以詔王治。一曰爵，二曰祿，三曰廢，四曰置，五曰殺，六曰生，七曰予，八曰奪。執國法及國令之貳，以考政事，以逆會計。掌敘事之法，受納訪以詔王聽治。凡命諸侯及孤卿大夫，則策命之。凡四方之事書，內史讀之。王制祿，則贊為之，以方出之。賞賜亦如之。內史掌書王命，遂貳之。」于豪亮在〈雲夢秦簡所見職官述略〉（《于豪亮學術文存》，北京：中華書局，1985 年 1 月第 1版），頁 90 認為：『內史的權力不僅掌握爵祿廢置、生殺予奪之權，還要參加執行「國法」與「國令」，考核政事，審查財政，掌管尊卑的等級制度。』《周禮》記錄之內史絕無決定性的權力，爵、祿、廢、置、殺、生、予、奪之權在大宰之手，即鄭玄所注：「大宰既以詔王，內史又居中貳之。」又卜憲群，〈周代職官制度與秦漢官僚制度的形成〉，《南都學壇》，2000 年第 1 期，頁 1〜2：「內史記錄王命，而記錄的主要目的是發佈王命，起草王命。」

〔註26〕《史記》，卷五〈秦本紀第五〉，葉十六。

〔註27〕張金光，〈秦簡牘所見內史非郡辨〉，《史學集刊》，1992 年第 4 期，頁 10〜11指出內史除負責全國戶籍外，尚須總理四方事務、總領倉儲及各類器械物資之管理、總理錢貨、管理官農業、畜牧業、手工業的生產、管理佐史之職的訓練與除任事及參定國家法律之權。

〔註28〕裘錫圭，〈嗇夫初探〉，《古代文史研究新探》，頁 506。

〔註29〕勞榦，〈秦漢九卿考〉（《勞榦學術論文集》甲編，臺北：印文印書館，民國 65年 10 月初版），頁 865。

來。陶天翼師在〈考績源起初探——東周迄秦〉一文進一步指出：

> 內史掌治京師但同時也管理財政，漢初仍稱管理財政的爲治粟內史，
>
> 後改稱大司農，實際上內史和治粟內史是一個職守分而爲二的。〔註30〕

秦統一前，內史雖掌治京師，但同時管理糧倉等財政事務。至秦併天下，適時因應時局變化，與時推移在官制改革中有所調整，內史改爲掌治京師之內史，〔註31〕而治粟內史則繼承了原有內史掌管穀貨的職能。〔註32〕

太倉爲另一個秦倉中央行政管理機構，據《睡簡·倉律》：

> 縣上食者籍及它費大（太）倉，與計偕。都官以計時讎食者籍。〔註33〕

「食者籍」是各縣「領食公糧人員的名單」，〔註34〕可能類似漢代的「廩名籍」之類的簿籍，注明糧食數量與領取者。〔註35〕「與計偕」，據《睡簡》整理小組注釋『《漢書·武帝紀》注：「計者，上計簿使也」……。偕者，俱也。即與地方每年上呈計簿同時上報。』〔註36〕各縣每年需向太倉上報領食公糧人員的名單與其它費用，需與地方每年上呈計簿同時上報，明顯地太倉負責各縣糧倉輸出糧食的事務，爲「朝廷收儲糧食的機構」。〔註37〕

太倉是內史的下屬機構，太倉負責各縣之廩名籍，與內史掌管記有全國各地穀物、芻稾入倉、出倉、增積與驗倉時相關規定的僧籍，從二者職掌的性質與範圍比較，可證太倉爲內史的下屬機構。另據《漢書·百官公卿表》：

〔註30〕陶天翼師，〈考績源起初探——東周迄秦〉，《中央研究院歷史語言研究所集刊》，54 本第 2 分，民國 72 年 6 月，頁 121。

〔註31〕參《漢書》，卷二十八〈地理志第八下〉，葉十六上：「本秦京師爲內史」條顏師古注：「京師，天子所都畿內也。秦并天下，改立郡縣，而京畿所統，特號內史，言其在內，以別於諸郡守也。」內史職掌的性質，明確爲統治京師始自秦統一後，又見《三輔黃圖校注》（何清谷校注本），（西安：三秦出版社，1998 年 9 月第 1 版第 2 次印刷），卷之一〈三輔沿革〉，頁 1。

〔註32〕關於內史轉向治粟內史的過程，學者多有論述，詳參工藤元男著、徐世虹譯，〈秦內史〉（收錄於《日本中青年學論中國史——上古秦漢卷》，上海：上海古籍出版社，1995 年 12 月第 1 版），頁 318～319；張金光，〈秦簡牘所見內史非郡辨〉，頁 12；陳長琦，〈秦政府經濟管理職能考察〉，《史林》，1990 年第 3 期，頁 1；彭邦炯，〈從出土秦簡再探秦內史與大內、少內和少府的關係與職掌〉，《考古與文物》，1987 年第 5 期，頁 68。

〔註33〕《秦律十八種·倉律》，簡三八，頁 28。

〔註34〕李均明，〈秦文書芻議——從出土簡牘談起〉，《出土文獻研究》，1989 年續集，頁 185。

〔註35〕富谷至著、楊振紅譯，〈從額濟納河流域的食糧配給論漢代穀倉制度〉，頁 229。

〔註36〕睡虎地秦墓竹簡整理小組，前引書，頁 29。

〔註37〕睡虎地秦墓竹簡整理小組，前引書，頁 25。

治粟內史，秦官，掌穀貨，有兩丞。景帝後元年更名大農令，武帝太初元年更名大司農。屬官有太倉、均輸、平準、都內、籍田等令丞，斡官、鐵市兩長丞。又郡國諸倉農監、都水六十五官長丞皆屬焉。〔註38〕

治粟內史從《睡簡》內史承襲糧倉事務的職能，本文已有所論述，二者屬官皆有太倉，治粟內史屬官既有太倉，那麼《睡簡》中的太倉亦為內史屬官。〔註39〕

太倉在中央的職官有太倉令、丞，〔註40〕傳世有「泰（太）倉」璽印、封泥一品與「泰（太）倉丞印」三品可證。〔註41〕太倉丞與其屬吏的職掌應輔佐太倉令處理糧倉管理相關事務。不過，太倉與內史一樣亦掌管糧倉以外的事務，據秦簡整理小組在一條律名殘缺、根據內容應為《廄苑律》的律文：

……其乘服公馬牛亡馬者而死縣，縣診而雜賈（賣）其肉，即入其筋、革、角，及□（索）入其賈（價）錢。錢少律者，令其人備之而告官，官告馬牛縣出之。今課縣、都官公服牛各一課，卒歲，十牛以上而三分一死；不盈十牛以下，及受服牛者卒歲死牛三以上，吏主者、徒食牛者及令、丞皆有罪。內史課縣，大（太）倉課都官及受服者。〔註42〕

〔註38〕《漢書》，卷七〈百官公卿表第七上〉，葉八。
〔註39〕由下引《秦律十八種‧廄苑律》，簡十八～二○，頁24：「內史課縣，大（太）倉課都官及受服者。」亦可證明太倉是內史的屬官，詳參黃中業，前引書，第七章〈秦國經濟部門與經濟管理法規〉，頁179。又工藤元男著、徐世虹譯，〈秦內史〉，頁306：「內史的職掌是接收秦全國縣倉的廥籍，因此它實際是糧草部門的財政總裁機構。而倉律所反映的涉及縣級地方行政機構的軍糧及俸祿的消費，主要通過太倉實行管理。換言之，太倉是內史在糧草部門的行政執行機關，所以儘管從此次出土的秦律中難以看到直接反映內史和太倉關係的律文，但仍可勾勒出內史通過太倉而與縣、都官在糧草財政方面形成的結構關係。」另有學者提出不同意見，認為《睡簡》中的太倉並非內史屬官，而是平行並列的機構，如康大鵬，〈雲夢簡中所見的秦國倉廩制度〉，頁33；高敏，〈秦代的經濟立法原則及其意義〉，《秦漢史探討》，頁36～49。
〔註40〕唐‧杜佑撰，《通典》（王文錦等點校本），（北京：中華書局，1996年8月第1版第3次印刷），卷第二十六〈職官八〉，頁728：「秦官有太倉令、丞。」
〔註41〕周曉陸、路東之編，《秦封泥集》（西安：三秦出版社，2000年5月第1版），頁126～127。「泰（太）倉」封泥為半通印（長方印），「泰（太）倉丞印」均為通印（方印），通印與半方通印是官位高低的標誌，為官月俸二百石以上為通印，以下則為半通印，故「泰（太）倉」璽印、封泥非太倉令所有而是其屬吏；「泰（太）倉丞印」封泥為方印，或許為太倉丞用印遺留。
〔註42〕《秦律十八種‧廄苑律》，簡十八～二○，頁24。

《廄苑律》爲管理飼養牲畜的廄圈和苑囿的法律。由此律文得知，內史考核各縣、太倉考核都官與領用牛的人，掌管官府用牛的情況。

　　睡虎地秦簡多見有「都官」，據秦簡整理小組注釋：

都官，直屬朝廷的機構，古書又稱中都官。《漢書‧宣帝紀》注：〝都官令丞，京師諸署之令丞。〞〝中都官，凡京師諸官府也。〞〔註43〕

秦簡整理小組認爲都官又可稱中都官，皆爲直屬朝廷的機構。不過都官不一定設在京師，據《睡簡‧內史雜》：「縣各告都官在其縣者，寫其官之用律」，〔註44〕規定各縣需通知在其縣之都官，抄寫與都官有關之法律，可見縣亦有都官設置。于豪亮認爲『「都官」是中央一級機關，「中都官」是在中央的一級機關。中央一級機關大部分在京師，因此稱爲「中都官」，也有相當一部分不在京師，就只能稱爲「都官」。』〔註45〕，由上引「大（太）倉課都官」律文，其爲太倉的下屬機構。

　　不過，都官非指某一具體官署，〔註46〕如《內史雜》規定：「都官歲上出器求補者數，上會九月內史。」〔註47〕以此觀之，則內史又是都官的直接上級，都官亦爲內史附屬機構。都官屬於有秩之吏，其吏額並不固定。〔註48〕都官的職掌爲「主管國家物資倉儲的檢驗考核，並與縣負連帶責任；主管國家的糧食稟取，衣物的發放，特別是管理官奴婢及刑徒的依食發放；可能與縣嗇夫一起主管刑獄之事。」〔註49〕都官職掌的廣泛亦反映出其非指某一具體官署，學者推論「秦都官是爲了執行貫徹秦內史的經濟職掌而派駐各地方的經營機構」，〔註50〕前言論及，太倉爲內史下屬機構，而都官又皆爲二者下屬機構，論都官爲秦內史的下屬機構是可以成立的。

（二）秦倉地方行政管理機構與職官

　　秦全面實施郡縣制乃統一以後，《睡簡》中反映的地方倉儲管理機構爲縣級糧倉，沒有關於郡級糧倉之律文，故本節從探討《睡簡》中縣級糧倉爲主。

〔註43〕睡虎地秦墓竹簡整理小組，前引書，頁25。
〔註44〕《秦律十八種‧內史雜》，簡一八六，頁61。
〔註45〕于豪亮，〈雲夢秦簡所見職官述略〉，頁112。
〔註46〕詳參高恒，〈秦簡中與職官有關的幾個問題〉（收錄於《雲夢秦簡研究》，北京：中華書局，1981年7月，第1版），頁221。
〔註47〕《秦律十八種‧內史雜》，簡一八七，頁62。
〔註48〕劉森，〈秦都官考〉，《人文雜誌》，1991年第5期，頁93。
〔註49〕曹旅寧，〈秦律都官新探〉，《秦文化論叢》第九輯，2002年7月，頁235～238。
〔註50〕曹旅寧，〈秦律都官新探〉，頁238～240。

目前學界對於秦有無設郡倉尚有不同意見，筆者以為秦於郡設倉貯糧但並無郡一級倉。（詳〈附錄一：秦於郡置倉然無郡一級倉之設立〉）

　　秦於全國各縣與所轄各鄉皆設有縣屬糧倉，在縣治所設有倉儲行政管理機構——「縣倉」（以下行文縣倉如指機構即加＂「」＂；如指一般縣屬糧倉（貯糧建築物）即不加＂「」＂），《睡簡》有時亦稱「實官」：

> 有實官高其垣墻。它垣屬焉者，獨高其置弁廥及倉茅蓋者。令人勿
> 紤（近）舍。非其官人殹（也），毋敢舍焉。善宿衛，閉門輒靡其旁
> 火，慎守唯敬（儆）。有不從令而亡、有敗、失火，官吏有重罪，大
> 嗇夫、丞任之。〔註51〕

「實官」需加高垣墻，如有和其它建築物的墻垣連接的，則需單獨加高糧倉的高度。法律規定有關人員不得靠近「實官」居住，且非本官府人員不得居住吏舍內。此外，尚有夜間守衛、防盜的規定，由「實官」至少包括糧倉、吏舍、崗哨等設備，以及備有宿衛、防火等等安全措施來看，「實官」應為縣級管理糧倉的官府。〔註52〕

　　實官與倉一樣皆有廣狹二義，廣義之實官為貯藏糧食的機構，狹義為貯糧之建築物。據《睡簡‧法律答問》：

> 實官戶關不致，容指若抉，廷行事貲一甲。

> 實官戶扇不致，禾稼能出，廷行事貲一甲。〔註53〕

實官如門閂、門扇不緊密，可以容下手指或用以撬動的器具，亦或導致貯藏於「實官」內之禾稼能漏出，依例皆需貲罰一甲，可見實官負有貯糧之任務。

　　秦除了在縣治所設有「縣倉」（實官）行政管理機構外，在縣所轄諸鄉亦有設立，據《睡簡‧倉律》：

> 入禾倉，萬石一積而比黎之為戶。縣嗇夫若丞及倉、鄉相雜以印之，
> 而遺倉嗇夫及離邑倉佐主稟者各一戶以氣（餼），自封印，皆輒出，
> 餘之索而更為發戶。〔註54〕

〔註51〕〈秦律十八種‧內史雜〉，簡一九五～一九六，頁64。
〔註52〕余志勇，〈倉嗇夫〉、〈實官〉（收入《中華秦文化辭典》編委會編，《中華秦文化辭典》，西安：西北大學出版社，2000年1月第1版），頁417：『「實官為倉嗇夫」、「倉嗇夫，官名，秦置。係管理糧倉最高行政長官……有時也稱為實官。」』實際上實官只是地方糧食管理機構，其文將貯藏糧食的機構與職官等同是錯誤的。
〔註53〕《法律答問》，簡一四九～一五○，頁128。
〔註54〕《秦律十八種‧倉律》，簡二一～二二，頁25。

《說文》：「鄉，國離邑。」離邑即屬邑，指鄉，〔註 55〕離邑倉就是鄉倉，是相對於設在縣治所的倉而言，可見「縣倉」在鄉設有行政管理機構。又《睡簡・效律》：

> 計用律不審而贏、不備，以效贏、不備之律貲之，而勿令償。官嗇夫貲二甲，令、丞貲一甲；官嗇夫貲一甲，令、丞貲一盾。其吏主者坐以貲、誶如官嗇夫。其它冗吏、令史掾計者，及都倉、庫、田、亭嗇夫坐其離官屬於鄉者，如令、丞。〔註 56〕

此律為因會計不合法律規定而有出入，需按核驗實物時有超出或不足數的法律處罰相關人員的規定。「都倉嗇夫」從上下文看顯然係縣之屬官，而「離官」即縣屬各官設於鄉的分支機構。「都倉、庫、田、亭嗇夫」即都倉嗇夫、都庫嗇夫、都田嗇夫、都亭嗇夫的省稱，「離官」即「都倉、庫、田、亭嗇夫」分佈於鄉的分支機構。「都倉」之「都」可為總管之意，〔註 57〕然「都倉」亦可能指都鄉之倉，都倉嗇夫直接管理都倉，又主管全縣的倉，然不論採何種解釋，此律文中的都倉皆指設於縣治所之「縣倉」行政管理機構。〔註 58〕都倉與「縣倉」同指設於縣治所之倉儲管理機構，其「離官屬於鄉者」，就是設置於諸鄉之鄉倉，亦即上引秦律「倉嗇夫及離邑倉佐」之離邑倉。〔註 59〕不過需要說明的是，設置於縣所轄諸鄉之鄉倉行政管理機構，

〔註 55〕 睡虎地秦墓竹簡整理小組，前引書，頁 26。

〔註 56〕 《秦律十八種・效律》，簡五〇～五三，頁 75。

〔註 57〕 參睡虎地秦墓竹簡整理小組，前引書，頁 75。

〔註 58〕 詳參裘錫圭，〈嗇夫初探〉，《古代文史研究新探》，頁 437～438。

〔註 59〕 康大鵬，〈雲夢簡中所見的秦國倉廩制度〉，頁 31：「倉嗇夫又稱都倉嗇夫，則縣級倉正式名稱當為"都倉"，秦陶文中有"都倉"二字，列為佐證。」按縣級倉正式名稱為「都倉」雖不無可能，但以秦陶文「都倉」來佐證則失之遠矣！都倉陶文參袁仲一，《秦代陶文》（西安市：三秦出版社，1987 年 5 月第 1 版），中編〈陶文拓片〉第 1008、1012、1013、1015、1019、1021、1024～6，頁 316～318。都字類陶文計二十三件，其中「都倉」就有九件，皆出土於秦始皇陵西側的建築遺址和第一號兵馬俑坑出土的磚瓦上，秦陶文「都倉」之「都」為秦中尉的屬官都船的省稱，主治水亦兼燒製磚瓦，而「都倉」之「倉」為人名而非指糧倉，詳參袁文上編〈肆、秦代磚瓦和陶器上的文字〉，頁 43～44。又田亞岐亦認為「都倉」之「倉」為人名，都字類陶文之「都」皆專管燒造磚瓦的官署機構，與糧倉絕無關係。詳參《秦物質文化史》（收錄於陝西省考古研究所秦漢研究室編，《秦物質文化史》，西安市：三秦出版社，1994 年 6 月第 1 版），第二章〈手工業〉，頁 40～41。

爲屬於縣級之分支機構，絕非是指鄉一級倉儲行政管理機構。〔註60〕

秦國與縣同級的地方行政機構——「道」，似乎也設有倉儲行政管理機構。秦「道」的行政機構，據《睡簡・屬邦》：

> 道官相輸隸臣妾、收人，必署其已稟年日月，受衣未受，有妻毋有。
> 受者以律續食衣之。〔註61〕

《屬邦律》爲關於管理少數民族機構——屬邦職務的法律，律文明確出現「道」官，又《睡簡・語書》：「南郡守騰謂縣、道嗇夫」，〔註62〕將縣、「道」並提，可見縣、「道」是等級的地方行政機構。《史記・貨殖列傳》：「宣曲任氏之先，爲督道倉吏。」《集解》引韋昭：「督道，秦時邊縣名。」〔註63〕可見秦在邊遠地區的行政區域亦設有倉，囿於資料所限，其詳情已不可知了。

秦倉地方行政管理機構的官吏，一般有倉嗇夫、倉佐、史、稟人、離邑倉佐等，倉嗇夫是其官長。在《睡簡》中出現「嗇夫」官稱的種類有十餘種，據統計出現達一百多次，〔註64〕倉嗇夫就是其中之一。《睡簡》把倉嗇夫、庫嗇夫、田嗇夫等各種負責某一方面的嗇夫總稱爲官嗇夫，與官嗇夫相對的是縣嗇夫或大嗇夫。〔註65〕縣嗇夫即大嗇夫、縣令，倉嗇夫爲其屬吏，負責全縣糧倉事務的主管。據《睡簡・效律》：「入禾，……籍之曰：廥禾若干石，倉嗇夫某、佐某、史某、稟人某」，〔註66〕倉嗇夫爲倉佐、史、稟人的官長。倉佐、史亦稱實官佐、史，〔註67〕稟人，即廩人，掌穀物的收藏出納。〔註68〕

〔註60〕嚴耕望，《中國地方制度史甲部——秦漢地方行政制度》（臺北：中央研究院歷史語言研究所，民國86年6月景印4版），第五章〈縣廷組織〉，頁237：「主管鄉亭之有秩、嗇夫、游徼，直郡縣屬吏之出部耳，毫無地方自治之意義也。」

〔註61〕《秦律十八種・屬邦》，簡二〇一，頁65。

〔註62〕《語書》，簡一，頁13。

〔註63〕《史記》，卷一百二十九〈貨殖列傳第六十九〉，葉十九上。

〔註64〕徐富昌，《睡虎地秦簡研究》，第三篇第二章〈秦簡所見的嗇夫〉，頁383。

〔註65〕裘錫圭，〈嗇夫初探〉，《古代文史研究新探》，頁431。

〔註66〕《秦律十八種・效律》，簡一六八，頁58。

〔註67〕《秦律十八種・效律》，簡一六二～一六三，頁57：「實官佐、史被免、徙，官嗇夫必與去者效代者。節（即）官嗇夫免而效，不備，代者【與】居吏坐之。故吏弗效，新吏居之未盈歲，去者與居吏坐之，新吏弗坐；其盈歲，雖弗效，新吏與居吏坐之，去者弗坐，它如律。」據上述，實官與「縣倉」均爲縣設於治所之機構，故倉佐、史等同實官佐、史。

〔註68〕睡虎地秦墓竹簡整理小組，《睡虎地秦墓竹簡》，頁58。

以倉嗇夫為首的倉儲人員，其職掌主要包括管糧倉的封緘、負責糧草的徵收與發放以及糧草、物資的保管等糧倉事務。

秦倉地方行政管理機構除上述倉儲人員外，另有「主廥者」、「主稟者」、「倉主」等職稱。「主廥者」據《睡簡‧效律》：「大嗇夫、丞智（知）而弗罪，以平罪人律論之，有（又）與主廥者共賞（償）不備」、「倉嗇夫及佐、史，其有免去者，新倉嗇夫，新佐、史主廥者，必以廥籍度之，其有所疑，謁縣嗇夫，縣嗇夫令人復度及與雜出之。禾贏，入之，而以律論不備者」，可知主廥者即倉嗇夫、佐、史、稟人等倉儲人員的代稱。「主稟者」據秦律：「縣嗇夫若丞及倉、鄉相雜以印之，而遺倉嗇夫及離邑倉佐主稟者各一戶以氣（餼）」可知，「主稟者」指倉嗇夫與離邑倉佐，為廩人的主管。〔註69〕「倉主」見《里耶秦簡》：「三月丙辰，遷陵丞歐敢告尉，告鄉司空、倉主，前書已下，重聽書從事。」〔註70〕鄉司空、倉主，據簡牘整理者注為鄉嗇夫的輔佐者。此處的鄉「倉主」應為鄉倉的主要負責人，亦即離邑倉佐，「倉主」應是倉嗇夫的代稱。

此外，有一些非屬於秦倉地方行政管理機構編制的職官，亦參與地方糧倉事務，據《睡簡‧田律》：

> 乘馬服牛稟，過二月弗稟、弗致者，皆止，勿稟、致。稟大田而毋
> （無）恒籍者，以其致到日稟之，勿深致。〔註71〕

此律大意為駕車的馬牛糧秣，過期二個月沒有領取或發放，則截止不再領發。向「大田」領取飼料然在「乘馬服牛籍」沒有著錄的，〔註72〕則按照其領取憑證「致」所到的日期發給，並不得超過憑證的規定。此處的「大田」，林劍鳴認為治粟內史"掌貨穀"，是管理農業的官員，以前稱「大田」。〔註73〕于豪亮亦認為秦國治粟內史是由「大田」改稱而來，並引《冊府元龜》卷四八

〔註69〕徐富昌，《睡虎地秦簡研究》，第三篇第二章〈秦簡所見的嗇夫〉，頁411：「主稟或稟人，就是廩人。……也就是管理穀物收藏出納的人員。這些都是倉嗇夫的助手。」將主稟者與稟人、廩人等同，不確。

〔註70〕湖南省文物考古研究所、湘西土家族苗族自治州文物處，〈湘西里耶秦代簡牘選釋〉，《中國歷史文物》，2003年第1期，頁21。

〔註71〕《秦律十八種‧田律》，簡一一，頁22。

〔註72〕律文中的「稟大田而毋（無）恒籍者」，秦簡整理小組譯為「向大田領取而未設固定帳目」，本文以為不妥，按「籍」乃名籍，據李均明、劉軍，《簡牘文書學》（南寧：廣西教育出版社，1999年6月第1版），第十章〈簿籍類〉，頁335：「凡籍者皆主要以人為核心。」此處的「恒籍」應指「固定之名籍」，亦即大田應有一份類似「倉者籍」的名單──「乘馬服牛籍」。

〔註73〕林劍鳴，〈秦代中央管制簡論〉，《西北大學學報》，1983年第1期，頁37。

三云：「至始皇并天下，有治粟內史。」指出大田改稱治粟內史的時間點正是秦統一之後，至西漢景帝時則改治粟內史爲大農令，武帝時又改稱爲大司農，農字與田字義近，似乎有從大田、大司田蛻變而來的痕迹。〔註 74〕黃留珠亦贊同于豪亮此說。〔註 75〕然上述諸家論述「人田」與「治粟內史」之聯繫，乃根據《呂氏春秋‧勿躬》：『管子復於桓公曰：「墾田大邑，辟土藝粟，盡地力之利，臣不若甯遬，請置以爲大田。」』陳奇猷校釋：「田、農同，大田即大農也。」〔註 76〕齊之大田爲主農事之官，其職務相當於後世之大司農，〔註 77〕不過將齊之大田比附認爲秦之大田後來亦改稱治粟內史、大司農，本文以爲並無充份之證據。

在《睡簡》出土前，1948 年出土的《戰國秦封宗邑瓦書》有「大田佐」此一官吏。〔註 78〕陳直、〔註 79〕郭子直、袁仲一、〔註 80〕黃盛璋、〔註 81〕李學勤、〔註 82〕尙志儒〔註 83〕皆有專文探討此瓦書，其內容爲秦國政府策封宗邑的正式重要文件。「大田佐」爲「大田」之少吏，參與了此次封疆劃界的事務。此處的「大田」雖與《睡簡》「大田」的職務不同，然皆非上述秦倉行政

〔註 74〕于豪亮，〈雲夢秦簡所見職官述略〉，頁 91。
〔註 75〕黃留珠，〈戰國後期秦的職官與選官制度〉，（收錄於《紀念林劍鳴教授史學論文集》，北京：中國社會科學出版社，2002 年 1 月第 1 版），頁 36。
〔註 76〕《呂氏春秋》，卷十七〈審分覽第五〉，頁 1078、1087。
〔註 77〕中文大辭典編纂委員會，《中文大辭典》（臺北：中國文化大學出版社，民國 82 年 10 月 9 版），第二冊〈大田〉，頁 1434。
〔註 78〕瓦書釋文，諸家所釋略有不同，此據郭子直，〈戰國秦封宗邑瓦書銘文新釋〉，《古文字研究》第十四輯，1986 年 7 月，頁 180：
　　　四年，周天子使卿夫＝（大夫）辰來致文武之酢（胙）。冬十壹月辛酉，大良造庶長游出命曰：「取杜才（在）酆邱到于潏水，以爲右庶長歜宗邑。」乃爲瓦書，卑司御不更顝封之，曰：「子子孫孫，以爲宗邑。」顝以四季冬十壹月癸酉封之，自桑之封以東，北到于桑匽之。　　　　　　　　　　【正面】
封，一里廿輯。　　　　　　　　　　　　　　　　　　　　【中空三行】
大田佐敫童曰未，史曰初，卜蟄，史手，志是霾（埋）封。　　【背面】
〔註 79〕陳直，〈考古論叢‧秦陶券與秦陵文物‧秦右庶長歜封邑陶券〉，《西北大學學報》，1957 年第 1 期，頁 68。
〔註 80〕袁仲一，〈讀秦惠文王四年瓦書〉（收錄於《中國考古學研究論集：紀念夏鼐先生考古五十周年》，西安：三秦出版社，1987 年 12 月第 1 版），頁 336～342。
〔註 81〕黃盛璋，〈秦封宗邑瓦書及其相關問題考辨〉，《考古與文物》，1991 年第 3 期，頁 81～90。
〔註 82〕李學勤，〈秦四年瓦書〉（收錄於《李學勤學術文化隨筆》，中國青年出版社，1999 年 1 月第 1 版），頁 333～345。
〔註 83〕尚志儒，〈秦封宗邑瓦書的幾個問題〉，《文博》，1986 年第 6 期，頁 43～49。

管理機構的官吏，高敏就指出大田與牛長，是主管牲畜之"都官"與"廄嗇夫"的屬官。〔註84〕傳世秦印有「小廄南田」一品，爲隸屬於小廄的田官所用。秦廄有官田，必有倉收貯所生產的禾稼，此爲另枚「廄田倉印」所證實，「廄田倉印」爲廄下官田所屬倉的官印，所貯之禾稼當屬廄所專用。〔註85〕大出既負責乘馬服牛糧草的發放，與廄田倉官當屬同一性質。

綜上所述，秦倉行政管理機構的特色，表現在中央行政管理機構除職掌糧倉事務外，尚負責其它職務；而秦倉地方行政管理機構，只負責糧倉事務，並未有其它事務的職掌。此外，地方糧倉事務屬各縣行政事務，需受縣令、丞等官吏監督外（以縣內糧倉封緘事務爲例，除了「唯倉自封印者是度縣」外，尚需由縣令或丞夥同倉儲主管官員一同辦理，詳第二節〈秦倉事務管理〉），非秦倉地方行政管理機構亦得參與。此即上述曾指出秦倉行政管理機構，除了其本身負責的事務外，必有一些倉儲事務分置於其它行政部門之下，而與其它行政部門產生倉務上之聯繫。相對的，其它行政部門的業務亦與秦倉行政管理機構產生聯繫，這就產生了倉貯事務隸屬於數個不同行政部門。

二、秦倉官吏的選拔、考核與獎懲

（一）選拔

官吏的選拔乃一國統治的基礎，所謂國之「存亡在於得人。」〔註86〕在固有文化之薄弱、缺乏嚴格的宗法制度與擁有務實精神與功利主義的心態下，秦爲達到富國強兵的目的，大量引用列國志士，採取用人惟才的政策。〔註87〕自商鞅變法後，秦選官制度又進一步發展，保舉、軍功入仕、以給出仕、吏道、通法與徵士等構成秦選官制度的主體。〔註88〕從《睡簡》看，秦在選擇官吏上堅持必須因能授官、具備忠君思想、具備一定的年齡

〔註84〕高敏，〈秦代的經濟立法原則及其意義〉，《秦漢史探討》，頁39～40。

〔註85〕詳參曹錦炎，《古璽通論》（上海：上海書畫出版社，1996年3月第1版），下編〈官璽分國考述·第十章·秦〉，頁189；趙平安，〈秦西漢誤釋未釋官印考〉，《歷史研究》，1999年第1期，頁53。

〔註86〕《說苑》（向宗魯校證本），（北京：中華書局，2000年3月第1版第3次印刷），卷第十〈敬慎〉，頁262。

〔註87〕詳參余宗發，《先秦諸子學說在秦地之發展》（臺北：文津出版社，民國87年9月，初版），第二章〈利於諸子學說發展之秦政治與文化生態〉，頁48～77。

〔註88〕黃留珠，《秦漢仕進制度》（西安：西北大學出版社，1998年5月第1版第2次印刷），第七章〈對秦仕進制度的幾點認識〉，頁75～76。

條件、不得任用受過 "廢" 和其他刑罰的人充任各級官吏、必須通曉法律和努力學習法律等條件。〔註89〕秦倉官吏乃實際負責維繫全國命脈的糧食，重要性不言可喻，其是否爲良吏、是否適才適事，皆關係著糧倉事務的推行。本文非全面探討秦選官制度，僅就文獻所見有關糧倉官吏的選拔做一探討：

首先，糧倉官吏需有一定條件的限制，據《內史雜》：

> 除佐必當壯以上，毋除士五（伍）新傅。苑嗇夫不存，縣爲置守，
> 如廄律。〔註90〕

任命佐必須任壯年以上並擁有爵位之人，苑嗇夫不在，由縣安排代理其職務的人員，依《廄律》行事。秦倉有倉佐的職官，想必適用此一法規。

其次，犯過罪與刑罰之人，皆不得爲糧倉官吏，據《內史雜》：

> 下吏能書者，毋敢從史之事。

> 侯（候）、司寇及群下吏毋敢爲官府佐、史及禁苑憲盜。〔註91〕

下吏與候、司寇在此指罪犯或刑徒，憲盜爲捕 "盜" 的職名，《法律答問》作害盜。〔註92〕秦律規定下吏即使能够書寫，亦不得從事官府佐、史之職務。

第三，掌管糧倉文書簿籍的官員「史」，需接受「學室」的教育：

> 令敎史毋從事官府。非史子殹（也），毋敢學學室，犯令者有罪。

> 〔註93〕

「學室」當爲教育「史」從事文書職務的學校。如果不是史的兒子，不能在官辦的學室中學習。「犯令者有罪」，意味著排除其他身份從事史之工作，這就保證了「史子」的吏途通達，並以此引導士人去就官學的規範，便於統一管理、訓練與控制，〔註94〕此法保障了糧倉管理吏員的素質。

第四，任官前應先有一試用階段：

> 除吏、尉，已除之，乃令視事及遣之；所不當除而敢先見事，及相
> 聽以遣之，以律論之。〔註95〕

〔註89〕栗勁，《秦律通論》，第七章〈行政法規和行政管理〉，頁358～362。

〔註90〕《秦律十八種‧內史雜》，簡一九〇，頁62。

〔註91〕《秦律十八種‧內史雜》，簡一九二～一九三，頁63。

〔註92〕睡虎地秦墓竹簡整理小組，《睡虎地秦墓竹簡》，頁63。

〔註93〕《秦律十八種‧內史雜》，簡一九一，頁63。

〔註94〕參考張金光，〈論秦漢的學吏制度〉，《文史哲》，1984年第1期，頁30。

〔註95〕《秦律十八種‧置吏律》，簡一五九，頁56。

任用吏或尉，需正式任命以後，方得派任令其行使職權；如敢先行使職權，以及私相謀劃派往就任，需依法論處。〔註96〕

此外，保舉人做官者，需對被保人負法律責任，所謂「秦之法，任人而所任不善者，各以其罪罪之。」〔註97〕由上述可知秦對糧倉管理官吏素質的重視，突顯了秦對選拔官吏的重視，進而保證了政務的推行。

（二）考核

秦官吏考核制度，由上計與考課兩方面組成。上計，為下級對上級、地方對中央關於本職工作的匯報；而考課，則是上級對下級、中央對地方依據上計內容進行的檢查、核實。〔註98〕據《睡簡》所戴，秦上計制度已具備相當完備的組織系統，上計的內容亦十分廣泛。〔註99〕

為使秦倉事務順利推行，確保倉吏不貪贓枉法而虧空公糧或因瀆職而延誤倉務推行，秦倉有考核官吏的辦法，根據考核之等第加以獎賞或懲罰。秦倉此種考核獎賞以求達到人盡其才的辦法，現代稱為考績，乃人事管理制度上是很重要的一環。〔註100〕

秦倉上計的時間，據《睡簡・倉律》：

> 入禾稼、芻稾，輒為屚籍，上內史。

> 稻後禾孰（熟），計稻後年。已獲上數，別粲、穤（糯）秥（黏）稻。

> 別粲穤（糯）之襄（釀），歲異積之，勿增積，以給客，到十月牒書
> 數，上內史。

各縣之屚籍需於上計時上交內史，屚籍的內容前已論述，各縣穀物、芻稾入倉、出倉與貯藏時的情況均需載入屚籍。包括倉儲人員的姓名、身份、籍貫；糧食種類、數量與其損失或虧空等帳目。秦以十月為歲首，故上計之簿籍需在每年九月底完成，所謂「計斷九月，因秦以十月為正故也」。由《睡簡》看，秦上計的時間一般皆在每月的九月，〔註101〕此處「十月牒書數」並非意謂秦

〔註96〕秦任用官吏需經 "試用" 階段的制度，詳參黃留珠，《秦漢仕進制度》，第五章〈吏道〉，頁54。

〔註97〕《史記》，卷七十九〈范睢蔡澤列傳第十九〉，葉十五下～十六上。

〔註98〕安作璋、陳乃華，《秦漢官吏法研究》（濟南：齊魯書社，1993年12月第1版），第五章〈考核法〉，頁179。

〔註99〕高敏，〈秦漢上計制度述略〉，前引書，頁175～180。

〔註100〕陶天翼師，〈考績源起初探——東周迄秦〉，頁113。

〔註101〕高敏，〈秦漢上計制度述略〉，《秦漢史探討》，頁180。

上計時在十月，〔註102〕而是因「稻後禾孰（熟）」，因「計其輸所遠近，不能逮其輸所之計」，故「計稻後年」，將糧食品種、數量「以書告其出計之年」，在十月時再上報給內史。〔註103〕

秦倉上計的程序，據《睡簡·倉律》：

> 縣上食者籍及它費大（太）倉，與計偕。都官以計時讎食者籍。

「計偕」，指「地方上計時，將有關的物或人一併送到京師。」〔註104〕此律規定各縣每年於上計時，向太倉上報食者籍與它費，有關人員需將各種計簿同時送至中央，都官應在每年結帳時核對倉者籍。秦倉主要由縣廷直接上計於中央之太倉或內史，〔註105〕不由「縣倉」向太倉上報，乃因縣令長掌全縣事務，「縣倉」爲附屬於縣行政機構下。不過，縣上計的有關簿籍，是各縣糧倉機構上報給縣廷，如《睡簡·田律》：

> 禾芻稾撤木、薦，輒上石數縣廷。勿用，復以薦蓋。〔註106〕

《田律》爲關於農田生產的律文。此律規定，貯藏糧草的倉所用木頭和草墊撤下時，應向縣廷報告糧草石數，木頭和草墊不移作它用。有關糧倉用器與糧倉的內容，應即縣向太倉或內史上時的部分內容。又：

> 雨爲澍（澍），及誘（秀）粟，輒以書言澍（澍）稼、誘（秀）粟及狠（墾）田暘毋（無）稼者頃數。稼已生後而雨，亦輒言雨少多，所利頃數。早（旱）及暴風雨、水潦、螽（螽）蚰、群它物傷稼者，亦輒言其頃數。近縣令輕足行其書，遠縣令郵行之，盡八月□□之。〔註107〕

〔註102〕江洪、張永春，〈簡述贏秦的上計與考課制度〉，《綏化師專學報》，1995年第2期，頁48：「秦上計爲一年一次，時間在每年十二月，實則在秋冬季，《秦簡》中常說爲十月。」其說非是。

〔註103〕詳參《秦律十八種·金布律》，簡七十～七一，頁37：「官相輸者，以書告其出計之年，受者以入計之。八月、九月中其有輸，計其輸所遠近，不能逮其輸所之計，□□□□□□□移計其後年，計毋相繆。工獻輸官者，皆深以其年計之。」

〔註104〕高恒，〈秦簡中與職官有關的幾個問題〉，頁217。

〔註105〕嚴耕望，《中國地方制度史甲部——秦漢地方行政制度》，第八章〈上計〉，頁258論戰國之上計：『《韓子外儲左下》：「西門豹爲鄴令，……甚簡左右，……居期年上計，君收其璽。豹因……急事左右，期年上計，文侯迎而拜之。」《韓子難二》：「李克治中山，苦陘令上計而多入。」《史記·范睢傳》：「昭王召王稽，拜爲河東守，三歲不上計。」……。蓋其時地方行政，一級與二級相參，故上計制度亦一級與二級相參也。』由《睡簡》所記之上計程序，戰國秦之上計主要由縣一級向中央匯報。

〔註106〕《秦律十八種·田律》，簡一○，頁21。

〔註107〕《秦律十八種·田律》，簡一～三，頁19。

舉凡下雨、旱災、水潦⋯⋯等影響穀物各種自然現象，不論距離縣近與遠的農田皆要向縣廷報告。從規定的嚴密程度，可知縣所上計時的簿籍，必為糧倉機構匯報給縣廷。

秦倉的考課，據上論述結合上引《睡簡·廄苑律》：「今課縣、都官公服牛各一課，⋯⋯內史課縣，大（太）倉課都官及受服者」律文，應由內史、太倉中央機構對縣及置於縣之都官進行考核；此外，由於縣所上計時的簿籍為糧倉機構匯整，故縣對其下屬負責糧倉事務的有關人員亦進行考核、獎懲。《睡簡》沒有對秦倉官吏考課等級的明確記載，不過從《秦簡·廄苑律》及其它律文的評比可看出，秦的考課法已發展至非常完備，且考課的等級亦有非常明確的標準。〔註108〕

（三）獎懲

通過對秦倉官吏的考核、評等，便可對倉儲人員實行懲罰與獎賞。賞與罰乃國之二柄、邦之利器，〔註109〕「賞不行，則賢者不可得而進也；罰不行，則不肖者不可得而退也。賢者不可得進也，不肖者不可得而退也，則能不能不可得而官也。」〔註110〕不過，賞與罰二者雖缺一不可，然秦實行獎賞的原則是重罰輕賞。〔註111〕目前雖沒有直接的證據顯示秦倉官吏的獎勵，然由秦律中的獎勵，主要有賜物、賜勞、除更、授爵、賜田宅、除庶子、免除刑徒身份、免服徭役賦稅、購等九種方式，〔註112〕間接亦可看出其獎勵的方式。

秦倉官吏的懲罰，乃對官吏進行考核、評等進行的行政懲罰，〔註113〕主要有誶、貲、償、免、廢：

〔註108〕詳參安作璋、陳乃華，《秦漢官吏法研究》，第五章〈考核法〉，頁 183～184；陶天翼師，〈考績源起初探──東周迄秦〉，頁 123。
〔註109〕《韓非子》，卷第二〈二柄第七〉，頁 39：『明主之所導制其臣者，二柄而已矣。二柄者，刑、德也。何謂刑德？曰：「殺戮之謂刑，慶賞之謂德。」』。又卷第七〈喻老第二十一〉，頁 159：「賞罰者，邦之利器也。」
〔註110〕《荀子》，卷六〈富國篇第十〉，頁 186。
〔註111〕周密，《商鞅刑法思想及變法實踐》（北京：北京大學出版社，2002 年 6 月第 1 版），第二章〈商鞅刑法思想的本質和特點〉，頁 64～67。
〔註112〕徐進，〈秦律中的獎勵與行政處罰〉，《吉林大學學報》，1989 年第 3 期，頁 49～52。
〔註113〕徐進，〈秦律中的獎勵與行政處罰〉，頁 401：「對於不履行行政法規上的義務的行為，由行政機關直接執行的處罰，屬於通常所說的行政處罰。」

1. 誶

「誶」，申斥。按《法律答問》：

> 倉鼠穴幾可（何）而當論及誶？廷行事鼠穴三以上貲一盾，二以下
> 誶。鼢穴三當一鼠穴。〔註114〕

《法律答問》乃對秦律某些條文、術語以及律文的意圖作出明確解釋。此律從內容來看應爲對倉律的解釋。〔註115〕其意爲按成例，倉中鼠洞二處以上，貲一盾；二處以下則申斥。可見誶此種行政處罰，相對於貲是較輕微的方式。官吏被處以誶，有時則需要賠償，據《效律》：

> 倉扁（漏）朽（朽）禾粟，及積禾粟而敗之，其不可飤（食）者不
> 盈百石以下，誶官嗇夫；百石以上到千石，貲官嗇夫一甲；過千石
> 以上，貲官嗇夫二甲；令官嗇夫、冗吏共賞（償）敗禾粟。禾粟雖
> 敗而尚可食殹（也），程之，以其耗（耗）石數論負之。〔註116〕

按律文規定，首先，糧倉損壞糧食百石以下，申斥官嗇夫；其二，損壞糧食過百石以上則施以「貲」，糧食損壞愈多，所貲財物亦相對增加；第三，官嗇夫、冗吏需賠償損壞之糧食；其四，官吏賠償糧食的標準，乃以不可食爲主，糧食雖敗而尙可食者，則不在其數。〔註117〕

2. 貲

《說文》：「貲，小罰以財自贖也。」按《法律答問》

> 實官戶扇不致，禾稼能出，廷行事貲一甲。

> 有稟叔（菽）、麥，當出未出，即出禾以當叔（菽）、麥，叔（菽）、
> 麥賈（價）賤禾貴，其論可（何）殹（也）？當貲一甲。〔註118〕

此律規定糧倉門扇不緊密導致穀物漏出，按成例即貲一甲；糧倉官員，應發給叔（菽）、麥而未發，卻以禾替代，因「叔（菽）、麥賈（價）賤禾貴」，當貲一甲。糧倉官吏如瀆職，導致糧食減少，官吏需以財自贖，由上述官吏需

〔註114〕《法律答問》，簡一五二，頁128。
〔註115〕《法律答問》，簡一四九～一五四，頁128～129共六條，其內容皆與糧食存
　　　　放或發放等倉儲事務相關，可能是專門對倉律所做的解釋條文。
〔註116〕《秦律十八種・效律》，簡一六四～一六六，頁57。
〔註117〕秦律對公有糧草、器物的賠償多規定，如《秦律十八種・效律》，簡一六七，
　　　　頁 58：「度禾、芻稾而不備十分一以下，令復其故數；過十分以上，先索以
　　　　稟人，而以律論其不備。」
〔註118〕《法律答問》，簡一五〇、一五三，頁128、129。

賠償損壞之糧食，推估因糧食損失被罰貲，亦需另賠償損失之糧食。

　　秦律所貲之物，或貲甲、盾、絡組，或貲金、布，甚至有貲役。〔註119〕官吏行政處分特別指定貲甲盾，這與當時秦進行統一戰爭急需戰略物資有密切關係。〔註120〕需要注意的是，不論是辭或貲，皆爲一種行政處罰手段，如損壞公有穀物皆需另外賠償。

3. 償

償爲賠償，《睡簡·倉律》：

> ……雜者勿更；更之而不備，令令、丞與賞（償）不備。〔註121〕

此律規定共同出倉的人員勿作更換，如更換了而出現不足數的情況，責令縣令、丞與出倉人員一同賠償。又償與貲是不同的行政處罰。按《睡簡·效律》：

> 計用律不審而贏、不備，以效贏、不備之律貲之，而勿令賞。〔註122〕

會計時因不合法律規定而有出入，按核驗實物時有超出或不足的法律處以貲，但不令賠償，可見償與貲是兩種不同的行政處罰。〔註123〕

4. 免

　　「免」指免除官職。秦律強調因能授官，官吏必須以能勝任該項職務爲前提條件。〔註124〕按《睡簡·倉律、效律》：「嗇夫免效者發」、「實官佐、史被免、徙」，倉嗇夫或其佐、史被免職、調職，想必是對倉儲事務不能勝任。官吏被免職後仍可復職，按《睡簡》：

> 官嗇夫免，復爲嗇夫，而坐其故官以貲賞（償）及有它責（債），貧
> 窶母（無）以賞（償）者，稍減其秩、月食以賞（償）之，弗得居；
> 其免殹（也），令以律居之。〔註125〕

〔註119〕 傅榮珂，《睡虎地秦簡刑律研究》（臺北：商鼎文化出版社，民國81年4月初
　　　　　版），第三章〈秦簡刑律內容考述〉，頁204～214。又傅文以爲，貲甲、盾、
　　　　　布非一般人民所能承擔，因此對一般人民的貲刑，輒採「貲徭」或「貲戍」
　　　　　的方式。
〔註120〕 詳參吳福助，〈嬴秦法律的特質探析〉，《睡虎地秦簡論考》，頁24。
〔註121〕 《秦律十八種·倉律》，簡三二，頁27。
〔註122〕 《效律》，簡五十，頁75。
〔註123〕 貲與償的分別，詳參徐進，秦律中的獎勵與行政處，頁53。
〔註124〕 《秦律雜抄·除吏律》，簡二～三，頁79：「除士吏、發弩嗇夫不如律，及發
　　　　　弩射不中，尉貲二甲。發弩嗇夫射不中，貲二甲，免，嗇夫任之。駕騶除四
　　　　　歲，不能駕御，貲教者一盾；免，賞（償）四歲（徭）戍。」發弩嗇夫、駕
　　　　　騶等被免職，就是因其能力不足。
〔註125〕 《秦律十八種·金布律》，簡八二～八五，頁39～40。

此律規定官嗇夫免職後，之後又任嗇夫，需償還在前任時有罰應繳的錢財或其它債務。如因貧困而無力償還，應分期扣除其俸祿和口糧作爲賠償；如再被免職，則應依法令其居作。

5. 廢

「廢」指撤職永不敘用，秦律有「任法（廢）官者爲吏，貲二甲」的規定。〔註126〕按《秦簡・法律雜抄》：

> 髳園殿，……園三歲比殿，貲嗇夫二甲而法（廢），令、丞各一甲。
>
> 采山重殿，貲嗇夫一甲，佐一盾；三歲比殿，貲嗇夫二甲而法（廢）。
>
> 〔註127〕

律文大意爲如官嗇夫連續三年被評爲下等，貲其嗇夫二甲，並撤職永不敘用。倉嗇夫與髳園嗇夫等皆爲縣廷處理經濟事務的主管官員，想必倉嗇夫亦有相同規定。又《法律答問》：

> 廷行事吏爲詛僞，貲盾以上，行其論，有（友）法（廢）之。〔註128〕

按成例，官吏弄虛作假，其罪在罰盾以上的，依判決執行，同時要撤職永不敘用。上引《睡簡・效律》「禾、芻稾積廥，有贏、不備而匿弗謁……」律文，提及倉儲官吏種種不法情事，需依盜律論處。依盜律論處比貲罰嚴重，肯定要被廢。這些因弄虛作假又依盜律論處糧倉官吏，除了自身被廢且應賠償損失的糧食外，其上司大嗇夫、丞如知情不加懲處亦以盜律論處。

第二節　倉儲事務管理

現代倉儲管理是對生產的一種服務，而這種服務至少必須具備數種功能，如：(1) 貯藏物品之進出倉管理；(2) 貯藏物品之分類、整理、保管；(3) 供應生產所必需之物料；(4) 物料帳務之記錄，使帳務一致。〔註129〕對比秦倉事務的管理，貯藏物品之進出倉管理就包括了驗倉、開倉與封倉的手續，即封隄管理；貯藏物品之分類、整理、保管即秦倉物資的管理；供應生產所必需之物料包括秦倉生產與加工；物料帳務之記錄，使帳務一致，即糧倉盤

〔註126〕《秦律雜抄》，簡一，頁79。
〔註127〕《秦律雜抄》，簡二○～二三，頁84～85。
〔註128〕《法律答問》，簡五九，頁107。
〔註129〕傅和彥，《物料管理》（臺北：前程企業管理公司，民國74年2月修訂10版），第八章〈倉儲管理〉，頁317。

查。各項倉儲事務的運作，涉及人員的職掌、責任歸屬與物品流通、金錢往來……等，可知倉儲事務的內容很廣泛，人、事、物、財之管理皆蘊涵其中。為避免重覆贅述，依本研究章節之安排，本節僅就封隄管理與糧倉盤查加以探討。

一、倉儲管理與封隄制度

　　璽印為官吏行使職權的憑證，秦「有司之賜印，自秦孝公變法始耳。」〔註130〕至遲在戰國末期，秦官吏使用印章之處已很廣泛，如「"傳"、公文等需要蓋官印封緘。財物的封存、為官府收受貨幣、入倉穀物的封存、司法中的查封等，都需用官印用印。」〔註131〕又《睡簡·法律答問》：

　　　「僑（矯）丞令」可（何）毆（也）？為有秩僑寫其印為大嗇夫。

　　　盜封嗇夫可（何）論？廷行事以僑寫印。

　　　亡久書、符券、公璽、衡（纍），已坐以論，後自得所亡，論當除不當？不當。〔註132〕

第一、二條大意是說假造或盜用官印有罪，第三條大意為亡失公璽、衡纍等要被治罪，之後就算尋獲亦不能免罪。由此可見秦對於地方官吏使用官印是很嚴謹的，意味著璽印在中央集權下的政治運作，扮演了舉足輕重之角色。璽印在秦倉管理上主要為封隄制度，是秦國倉儲糧食管理方面一項重要的措施。〔註133〕根據《睡簡·倉律》：

　　　入禾倉，萬石一積而比黎之為戶。縣嗇夫若丞及倉、鄉相雜以印之，而遺倉嗇夫及離邑倉佐主稟者各一戶以氣（餼），自封印，皆輒出，餘之索而更為發戶。嗇夫免，效者發，見離封者，以隄（題）效之，而復雜封之，勿度縣，唯倉自封印者是度縣。出禾，非入者是出之，令度之，度之當隄（題），令出之。其不備，出者負之；其贏者，入之。雜出禾者勿更。入禾未盈萬石而欲增積焉，其前入者是增積，可毆（也）；其它人是增積，積者必先度故積，當隄（題），乃入焉。〔註134〕

〔註130〕明·董説，《七國考》，卷八〈秦器服〉，頁241。

〔註131〕高恒，〈秦簡中與職官有關的幾個問題〉，頁215。

〔註132〕分見《法律答問》，簡五五、五六、一四六，頁106、106、127。

〔註133〕蔡萬進，《秦國糧食經濟研究》，第三章〈糧食倉儲管理〉，頁39。

〔註134〕《秦律十八種·倉律》，簡二一～二七，頁25。

由此律得知，所謂「封」即「封印」，律文中又單稱「封」或「印」，封印乃用璽印封緘倉門。「隄（堤）」即「題識，指倉上記載貯糧數量的題記」，〔註135〕「隄」、「封」交相運用，主要表現在穀物出倉、入倉與驗倉時均需封印，而封印的手續往往與"隄"一同進行。穀物入倉時以萬石一積爲單位設置倉門，由縣嗇夫或丞及倉、鄉嗇夫共同封印。入禾未盈萬石而想增積，前入倉者增積是被允許的，如其它人欲增積，積者必先稱量原有穀物後當「隄」，才允許增積。穀物出倉時，倉嗇夫及離邑倉佐主稟者可獨自封印，〔註136〕如出倉者非原入倉者，則需將倉內穀物加以稱量、題識後才可出倉。驗倉方面，嗇夫免職時需加以驗倉，由效者驗視共同的封緘，以"隄"效之並再封印倉門，由「而復雜封之」來看，效者應不只一人。

關於隄的內容，從《倉律》律文「入禾未盈萬石而欲增積焉……其它人是增積，積者必先度故積，當堤（題）」，隄的內容記錄了糧食品種與數量，即《效律》規定：「縣料而不備者，欽書其縣料殹之數」。〔註137〕有學者認爲「隄」類似於當代保管卡片，內容爲存糧數量與有關人員的簽字。〔註138〕然此說有待商榷，「封」與「隄」交相運用，不論自封印或雜封，封泥即代表有關人員的簽字，且更具效力，隄上自不用簽名。〔註139〕

封隄運用在秦倉的管理情形已如前述，以下探討具體封隄之法，如要在糧倉的何處封印？在倉的何處題識？在縑帛太貴而紙張未發明前，璽印大多

〔註135〕睡虎地秦簡整理小組，《睡虎地秦墓竹簡》，頁 26；又從《秦律十八種‧效律》，簡一七一，頁 58：「嗇夫免而效，效者見其封及隄（題），以效之」，亦可看出封與題皆在倉上。

〔註136〕蔡萬進，《秦國糧食經濟研究》，第三章〈糧食倉儲管理〉，頁 40：「戰國時期糧倉在穀粟入倉之後，是要由縣嗇夫或丞、倉嗇夫、鄉佐共同用印封識倉門的。當然，倉、鄉主稟者可獨自封印。」此說不確，按「倉、鄉主稟者可獨自封印」乃指出倉時主稟一戶之倉而言，律文中明確規定，入倉時封印由「縣嗇夫」獨自封印亦或由「縣丞與倉、鄉（嗇夫）」共同封印。

〔註137〕《效律》，簡一一，頁 71。

〔註138〕李孝林，〈從雲夢睡虎地十一號墓竹簡研究戰國晚期會計史（下）〉，頁 32。

〔註139〕王國維，〈檢牘檢署考〉（收錄於《王國維遺書》第六冊，上海：上海書店出版社，1996 年 8 月第 1 版第 2 次印刷），葉二十二上：「若夫書牘封題之式，，則亦不可得而詳。……蓋有璽印，自不煩更題寄書之人，但題所予之與所多之物足矣。」其文雖探討書牘題封之式，然可支持本文「隄」上不需簽名的觀點。

是鈐蓋在泥土而非今日的紙張上，〔註140〕如《呂氏春秋・離俗覽》：「若璽之於塗也，抑之以方則方，抑之以圓則圓。」〔註141〕其意爲用方印鈐蓋則泥土呈方形，用圓印鈐蓋則泥土呈圓形，封印之法乃用官印鈐蓋在泥土上，而鈐蓋上璽印的泥土，稱爲「封泥」。封泥實物的出土，使我們更能瞭解古人用印之法，王獻唐云：

> 古印用途雖殊，要以封鈐爲主，封鈐以泥上加印文，欲知古人用印之法，當先知封鈐簡牘之制。大抵秦漢簡牘，略分數種，一種牘爲寬版，書文於牘，其上復加一板，以繩束之，其所加之板謂之檢，大小與牘相同，一以覆護字文，一於束鈐之後，用爲題署也。檢上刻有繩道二行，用以通繩，免致牘簡滑移。又於中間刻作方槽，繩道從內通過，或單或雙不等，用時以檢覆於牘上，繩從其道，周回束結。繼於槽內繩上，漢抑以泥，用印鈐之，泥與繩版，遂固結一體，名之爲封。至是他人欲知牘文，必先啓簡，啓簡應先解繩，解繩則封泥變動，所以明信守妨奸究也。既封之後，再於檢上題署事由或收受之人，而全功以畢。其檢上方槽，所以容泥受印，……槽內所抑之泥，謂之封泥，檢上題識之事謂之曰署，此其大校也。〔註142〕

上述秦倉之隉，爲糧倉上記載貯糧數量的題記。今按王獻唐所述，考慮一座糧倉需多次題署，則隉應爲寫在簡牘上之題識。又封與隉交相運用，官吏既封印在倉門上，則隉亦然。〔註143〕

〔註140〕王國維，〈檢牘檢署考〉，葉二十下～二十一下：「竊意璽印之創在簡牘之世，其用必與土相須，故其字從土。……古人璽印皆施於泥，未有施於布帛者……至南北朝，而朱印之事始明著於史籍。」然據湖南省博物館編，《湖南省博物館文物精粹》（上海：上海書店出版社，2003年1月第1版），〈絲綢與服飾・"女五氏"矩紋錦〉，頁70：「1957年長沙左家塘44號楚墓出土經線提花錦。錦面中間有拼接縫線，一端殘留長方形朱印戳記半方，印文待考。」可見戰國時期已用璽印鈐色施於布帛，不過，由於縑帛太貴且不普及，故其時確是以泥封書爲主。王國維之「至南北朝，朱印始明著於史籍」說，乃受限於時空環境，今之學者如囿於舊說，乃不注重新史料所致。
〔註141〕《呂氏春秋》，卷第十九〈離俗覽第七・適威〉，頁1281。
〔註142〕王獻唐，〈封鈐之制度〉（收錄於《五燈精舍印話》，濟南：齊魯書社，1985年4月第1版），頁216～217。
〔註143〕李均明，〈封檢題署考略〉（收錄於《初學錄》，臺北：蘭臺出版社，民國88年12月初版），頁104。

　　前文論及「封」和隄是互相配合運用的，在秦倉管理上，「封」可防奸僞，成爲官倉管理中偷盜與否的一個試金石；其中第二個用途，配合隄所記糧食種類與數量，更可達到「以檢奸萌」之目的。〔註144〕然而整個封隄制度在秦倉管理上的具體用法基本上還是不明朗的，有學者認爲秦倉之封印「顯然應當抑泥緘封在鍵閉鎖鑰之處」，〔註145〕筆者對此不敢苟同，以常理度之，如何能用璽印抑泥於鍵閉鎖鑰之處？由於並無發現封於門戶之遺物，關於在倉門的具體封隄之法，則需待日後進一步研究。

二、倉儲管理與盤倉制度

　　爲防止糧倉物資損失，主管單位需派員至各糧倉，詳細核對存倉物資紀錄數量與實存數量，是否料與帳確實相符，此種工作即謂之查倉，或稱盤倉。〔註146〕按此定義，糧倉盤查重點在糧倉物資與簿籍的核對，前已說明糧倉事務廣泛牽涉到人、事、物、財的管理，本小節並非著重探討糧倉盤查中的「物」──「糧倉物資與簿籍」，而是著重在「事」──糧倉物資與簿籍的「核對」。

　　盤倉制度的重點即在核驗糧倉的物資與帳目，相關法律規定大多見於《睡簡》中的《效律》、《倉律》。尤其是《效律》，詳細規定了核驗縣和都官物資帳目的一系列制度。〔註147〕如《效律》：「爲都官及縣效律：其有贏、不備，物直（値）之，以其賈（價）多者罪之，勿贏（累）。」〔註148〕核驗之目的即在於料帳相符，不使其有「贏、不備」之情形。

（一）盤倉前的準備工作：

　　糧倉盤查既以核驗糧倉物資與帳簿相符爲目的，核驗之正確性爲首要，故衡、量器必需準確。據《工律》：

> 縣及工室聽官爲正衡石贏〈贏〉（纍）、斗用（桶）、升，毋過歲壺〈壹〉。
>
> 有工者勿爲正。叚（假）試即正。〔註149〕

〔註144〕蕭高洪，〈倉印與古代糧倉之管理〉，頁266。

〔註145〕周曉陸、路東之編著，《秦封泥集》，頁8。

〔註146〕參考邵昌燮編著，《倉庫管理概要》，第三章第七節〈倉庫盤查〉，頁48～50；王世勛，《物料管理之研究》，第九章〈倉庫管理・物料盤存〉，頁73。

〔註147〕睡虎地秦墓竹簡整理小組，《睡虎地秦墓竹簡》，頁69。

〔註148〕《效律》，簡一，頁69。

〔註149〕《秦律十八種・工律》，簡一〇〇，頁43。

《工律》為關於官營手工業的法律，工室為管理官府手工業之機構。此律規
定縣及工室由有關官府校正衡、量器，至少每年應校正一次。官府有校正工
匠的，則不必代為校正。此外，這些衡、量器在領用時就要加以校正。又據
《內史雜》：

　　　有實官縣料者，各有衡石贏（纍）、斗甬（桶），期躐。計其官，毋叚

　　　（假）百姓。不用者，正之如用者。〔註150〕

糧倉機構進行稱量，都應備有衡、量器具，以足用為度。糧倉之衡、量器不
得借給百姓。如不使用時，亦需與使用時一樣準確。由以上可知，官府之衡、
量器，領用時即需校正，之後每年需校正一次；而糧倉所貯放之量、衡器，
則必須時時加以校正，且不得借給百姓使用。

　　　為求衡、量器之準確，秦有規定其誤差數標準，以及超過此標準而對相
關人員進行懲處的律文，今依律文製成〈衡、量器法定合理誤差及對相關人
員貲罰表〉以明其規定：〔註151〕

〔註150〕《秦律十八種・內史雜》，簡一九四，頁63。

〔註151〕資料來源引自《效律》，簡三～七，頁69～70：「衡石不正，十六兩以上，
　　　　　貲官嗇夫一甲；不盈十六兩到八兩，貲一盾。甬（桶）不正，二升以上，
　　　　　貲一甲；不盈二升到一升，貲一盾。斗不正，半升以上，貲一甲；不盈半
　　　　　升到少半升，貲一盾。半石不正，八兩以上；鈞不正，四兩以上；斤不正，
　　　　　三朱（銖）以上；半斗不正，少半升以上；參不正，六分升一以上；升不
　　　　　正，廿分升一以上；黃金衡贏（纍）不正，半朱（銖）以上，貲各一盾。」
　　　　　此外，栗勁，《秦律通論》，第八章〈經濟法規和經濟管理〉，頁451之〈衡
　　　　　器法定合理誤差率表〉、〈量器法定合理誤差率表〉二表，資料來源亦引自
　　　　　《效律》，簡三～七，頁69～70；然其中有若干數據錯誤，本文表四已據
　　　　　《效律》律文一一改正。

表四：衡、量器法定合理誤差數（率）及對相關人員貲罰表

項目 衡量名	誤差數	誤差率	貲罰
石（120斤，1920兩）	16兩以上	0.833%以上	貲一甲
石（120斤，1920兩）	8兩以上；不足16兩	0.416%以上；不足8.33%	貲一盾
半石（60斤，960兩）	8兩以上	0.833%以上	貲一盾
鈞（30斤，480兩）	4兩以上	0.833%以上	貲一盾
斤（16兩）	3銖（$\frac{1}{8}$兩）以上	0.781%以上	貲一盾
黃金衡累	$\frac{1}{2}$銖（$\frac{1}{48}$兩）以上	2.08%以上	貲一盾
桶（100升）	2升以上	2%以上	貲一甲
桶（100升）	1升以上；不盈2升	1%以上；不足2%	貲一盾
斗（10升）	$\frac{1}{2}$升以上	5%以上	貲一甲
斗（10升）	$\frac{1}{3}$升以上；不盈$\frac{1}{2}$升	3.33%以上；不盈5%	貲一盾
半斗（5升）	$\frac{1}{3}$升以上	6.66%以上	貲一盾
參（$3\frac{1}{3}$升）	$\frac{1}{6}$升以上	5%以上	貲一盾
升（1升）	$\frac{1}{20}$升以上	5%以上	貲一盾

　　次，盤倉者爲使料帳相符，必持受查糧倉之各種收存資料，以備核驗。這些資料爲上述之廥籍、食者籍等各種登記倉中物資的簿籍。這些簿籍的內容與登記的嚴謹，本文前有論述。此外，據《效律》：

　　　　都官歲上出器求補者數，上會九月內史。〔註152〕

都官需每年上報已注銷而要求補充的器物數量，推估此律規定的範內應包括糧倉內之度量衡器具等公有器物，而不足數的數量當著之於簿籍再上報至內史。這些器物的簿籍想必也是盤倉人員據之核驗之簿籍。

〔註152〕《秦律十八種‧內史雜》，簡一八七，頁62。

（二）何時、何人盤倉？

爲說明問題，將有關律文抄錄如下：

> 倉嗇夫及佐、史，其有免去者，新倉嗇夫、新佐、史主廥者、必以
> 廥籍度之。其有所疑，謁縣嗇夫，縣嗇夫令人復度及與雜出之。禾
> 贏，入之；而以律論不備者。

> 禾、芻稾積索（索）出日，上贏不備縣廷。出之未索（索）而已備
> 者，言縣廷，廷令長吏雜封其廥，與出之，輒上數廷；其少，欲一
> 縣之，可殹（也）。廥才（在）都邑，當□□□□□□□□者與雜出
> 之。

以上律文爲關於盤倉的相關規定，分析如下：

秦盤倉時間有臨時、定期盤倉。臨時盤倉的情形有二，首先爲新舊官吏
的交接。第一條律文規定，倉嗇夫與其屬吏如免職，由新任官吏核驗。核驗
時有所疑問，則需向縣嗇夫報告，縣嗇夫再令人「復度及與雜出之」，即再次
核驗再共同出倉。第二種情況爲穀物出入時數額不符。據第二條律文，穀物
出倉如「出之未索（索）而已備者」需報告縣廷；縣廷令長吏共同封倉，之後
參與出倉再向縣廷報告糧草數量。由於需將糧草數額上報，故長吏必有盤倉
之動作。

定期盤點爲固定時間之盤點，一般每年有二次。一次爲穀物收割入倉時
的盤倉，由上述倉儲管理與封隄制度可知，此次盤倉爲入倉時，縣嗇夫或丞
及倉、鄉嗇夫需共同參與。另一次爲年終時的盤倉，據《效律》：「終歲而出
凡曰"某廥出禾若干石，其餘禾若干石"」，又《睡簡・倉律》：「縣上食者籍
及它費大（太）倉，與計偕。都官以計時讎食者籍。」得知年終盤倉的目的，
乃計一年所出與所餘穀物；且各縣在上計時向太倉所上食者籍，在縣之都官
需同時加以校對，使其料與帳相符。

臨時盤倉與定期盤倉的差異性，除了在時間上的不同外，另一項分別在
於臨時盤倉皆是縣嗇夫令長吏或由倉嗇夫及其屬吏核驗，縣嗇夫一般皆不參
與；而定期盤倉則有縣嗇夫參與，此爲二者最大的不同處。

至於盤倉者的身份，主要有三。第一種爲在縣之都官，由「都官以計時
讎食者籍」可知；第二種爲縣令與縣丞，穀物入倉時，縣令、丞參與盤倉；
第三種爲倉嗇夫與其屬吏，除上述律文所記外，另有「倉嗇夫及佐、史，其
有免去者，新倉嗇夫，新佐、史主廥者，必以廥籍度之」律文可證。

（三）盤倉具體項目與結果之處理：

盤倉之目的爲防止物資損失，其項目除核對糧倉物資與簿籍是否確實外，亦爲對各種倉儲事務之考核工作，對盤倉結果自應有適當的處理。由於秦律的規定瑣細繁複，故先製表以明其項目，再總論述盤倉結果之處理：

其一爲核驗糧倉量、衡器方面，詳參〈表四〉；其二爲清點物資有超過或不足數，因物資價值不同而處罰之情形，請參〈表五：清點糧倉物資有超過或不足數依其價值處罰表〉：〔註153〕

表五：清點糧倉物資有超過或不足數依其價值處罰表

物資價值（錢）	處　罰
110～220	誶官嗇夫
過 220～1100	貲（官）嗇夫一盾
過 1100～2200	貲官嗇夫一甲
2200 以上	貲官嗇夫二甲

又稱量物資而不足現應有數達五分之一以上，加以估價，其貲罰、斥責的規定同〈表五〉；其餘稱量不足數的規定如下〈表六：稱量糧倉物資有不足數依其百分比所值處罰表〉：〔註154〕

表六：稱量糧倉物資有不足數依其百分比所值處罰表

稱量物資不足數達十分之一以上而不滿五分之一的物資價值（錢）	稱量物資不足數達百分之一以上而不滿十分之一的物資價值（錢）	處　罰
過 220～1100	過 1100～2200	誶官嗇夫
過 110～2200	過 2200	貲官嗇夫一盾
過 2200 以上		貲官嗇夫一甲

〔註153〕資料來源引自《效律》，簡八～十，頁 71：「數而贏、不備，直（值）百一十錢以到二百廿錢，誶官嗇夫；過二百廿錢以到千一百錢，貲嗇夫一盾；過千一百錢以到二千二百錢，貲官嗇夫一甲：過二千二百錢以上，貲官嗇夫二甲。」

〔註154〕資料來源引自《效律》，簡一二～一五，頁 71：「縣料而不備其見（現）數五分一以上，直（值）其賈（價），其貲、誶如數者然。十分一以到不盈五分一，直（值）過二百廿錢以到千一百錢，誶官嗇夫；過千一百錢以到二千二百錢，貲官嗇夫一盾；過二千二百錢以上，貲官嗇夫一甲。百分一以到不盈十分一，直（值）過千一百錢以到二千二百錢，誶官嗇夫；過二千二百錢以上，貲官嗇夫一盾。」

其三為官府物資算帳後，經過核對帳目後有錯，其算錯數目的相關規定如〈表七：糧倉物資帳目不符依其所值處罰表〉：〔註155〕

表七：糧倉物資帳目不符依其所值處罰表

物資核算差額價值（錢）	處　　罰
220 以上	誶官嗇夫
過 220～2200	貲（官嗇夫）一盾
過 2200 以上	貲一甲

其四為官府物資算帳錯誤，超出了法律所規定的限度，以及不當銷帳而銷了帳，這些數額的相關規定如〈表八：核算物資帳目錯誤及不當銷帳依其所值處罰表〉：〔註156〕

表八：核算物資帳目錯誤及不當銷帳依其所值處罰表

物資核算差額超出法律規定，以及不當銷帳而銷了帳的價值（錢）	處　　罰	附　　註
不盈 22	免罪	
過 22～660	貲官嗇夫一盾	
過 660 以上	貲官嗇夫一甲	並賠償所銷帳之物資

由〈表四〉至〈表八〉可知盤倉之具體事項，主要有（甲）核驗糧倉量衡器、（乙）物資數不符、（丙）核對算帳後的帳目、（丁）不當銷帳而銷了帳等四項。簡略說明如下：

（甲）項目：有各式各樣的量器與衡器，各規定了其誤差數、誤差率與貲罰項目、數量。

（乙）項目：分為物資超過、不足數，與物資不足數二種情形，之所以作此規定，意謂即使糧倉多出物資亦不允許。處罰之依據又有物資數百分比與其所值錢數之規定。

〔註155〕 資料來源引自《效律》，簡五六～五七，頁 76：「計校相繆（謬）殹（也），自二百廿錢以下，誶官嗇夫；過二百廿錢以到二千二百錢，貲一盾；過二千二百錢以上，貲一甲。人戶、馬牛一，貲一盾；自二以上，貲一甲。」

〔註156〕 資料來源引自《效律》，簡五八～六〇，頁 76：「計脫實及出實多於律程，及不當出而出之，直（值）其賈（價），不盈廿二錢，除；廿二錢以到六百六十錢，貲官嗇夫一盾；過六百六十錢以上，貲官嗇夫一甲，而復責其出殹（也）。人戶、馬牛一以上為大誤。」

　　（丙）項目：清點物資後做作帳冊，核對此帳冊後有無錯誤之情形。此項目的處罰依據爲錯誤物資數所值錢數。此外，錯誤數如超出法律規定，亦按其所值錢數處罰。

　　（丁）項目：此項目爲不當銷帳而銷了帳的情形，亦按其所值錢數處罰。

　　以上爲盤倉具體項目，以下對盤倉後責任的追查、處罰的原則、盈虧與損耗的處理，歸納分析如下：

　　責任的追查分二種，一種爲職務疏失但無造成物資損耗；另一種爲職務疏失又造成物資損耗。二者的差別在於犯前一種疏失的官吏，只受貲罰而不令賠償，〔註157〕且由〈表四〉至〈表五〉可知，貲罰數是按情節輕重有貲二甲、貲一甲等處罰，疏失較輕者亦可免罪或只受斥責。惟一例外的是（丁）項目中，不當銷帳而銷了帳，其數額所值錢數過660錢即需賠償。

　　處罰的原則亦有二種，第一種爲官吏自負其過失而受處罰，如《效律》：

　　　　同官而各有主殹（也），各坐其所主。官嗇夫免，縣令令人效其官，
　　　　官嗇夫坐效以貲，大嗇夫及丞除。縣令免，新嗇夫自效殹（也），故
　　　　嗇夫及丞皆不得除。〔註158〕

意謂同一官府任職而分工不同，按其所負責事務承擔責任。官嗇夫免職時，如縣嗇夫已派人核驗，則縣令、丞可免罪。反之，則有罪。如果自己發現錯誤，可減輕其罪。〔註159〕此項原則比較特殊的是有時間限制，亦即有法律責任追溯期。〔註160〕

　　第二種爲連坐法，據《效律》：

　　　　計用律不審而贏、不備，以效贏、不備之律貲之，而勿令償。官嗇
　　　　夫貲二甲，令、丞貲一甲；官嗇夫貲一甲，令、丞貲一盾。其吏主
　　　　者坐以貲、訐如官嗇夫。其它冗吏、令史掾計者，及都倉、庫、田、
　　　　亭嗇夫坐其離官屬於鄉者，如令、丞。

〔註157〕《秦律十八種・效律》，簡五〇，頁75：「計用律不審而贏、不備，以效贏、不備之律貲之，而勿令償。」

〔註158〕《效律》，簡十七～十八，頁72。

〔註159〕《效律》，簡六〇，頁76：「誤自重殹（也），減罪一等。」

〔註160〕《效律》，簡十九～二一，頁72：實官佐、史被免、徙，官嗇夫必與去者效代者。節（即）官嗇夫免而效不備，代者與居坐之。故吏弗效，新吏居之未盈歲，去者與居吏坐之，新吏弗坐；其盈歲，雖弗效，新吏與居吏坐之，去者弗坐。它如律。

因會計不合法律規定而有出入的情形，負責該事務的最高官長「官嗇夫」需受連帶處份，與該事務實際主要負責人「吏主者」同罪；而縣令、丞亦然，只是連帶處罰較輕。其它群吏、令史掾參與該事務的官吏及都倉、庫、田、苑嗇夫承擔下面屬於鄉的分支機構的罪責，皆與令、丞同罪。

　　盈虧與損耗的處理。盤倉後，如物資不足，需記錄所稱量物資的數量。〔註161〕不足之數如不到原十分之一者，則需補足原數；不足數超過十分之一以上，則先全部發放，再依法處理不足數之問題。〔註162〕其具體處理之法，據《金布律》：

> 縣、都官坐效、計以負賞（償）者，已論，嗇夫即以其直（值）錢分負其官長及冗吏，而人與參辨券，以效少內，少內以收責之。其入贏者，亦官與辨券，入之。其責（債）毋敢隃（逾）歲，隃（逾）歲而弗入及不如令者，皆以律論之。〔註163〕

《金布律》為關於貨幣、財物方面的法律。「參辨券」，即分作三份的木券，為財物債務交割的憑據。〔註164〕少內，為官府管理錢財的機構，此處「兼指縣與都官的少內。」〔註165〕此律大意為各縣、都官在點驗物資或計帳時有罪而應賠償時，經判處後，有關官府嗇夫即將應賠償錢數分攤給其官長與群吏，發給每人一份木券，以便向少內繳納，少內憑券收取。如有盈餘應上繳的，亦比照辦理。欠債不得超過當年，如超過當年而不繳納或不按法令規定繳納，皆依法論處。

第三節　倉儲物資管理

　　秦倉貯存物資除了糧草外，尚有度量衡器具、雞、犬、木頭和草墊……等等各種糧倉事務所需物資。物資管理包括物資之分類、整理、保管，並不只侷限在物資，亦包括人對物資的管理。本節討論主要有以下二點：

〔註161〕《效律》，簡一一，頁71：「縣料而不備者，欽書其縣料毆（也）之數。」
〔註162〕《秦律十八種·效律》，簡一六七，頁58：「度禾、芻稾而不備十分一以下，令復其故數；過十分以上，先索以稟人，而以律論其不備。」
〔註163〕《秦律十八種·金布律》，簡八○～八一，頁39。
〔註164〕胡平生師，〈木簡券書破別形式述略〉，《簡牘學研究》第二輯，1998年3月，頁45。另中國文物研究所、湖北省文物考古研究所編，《龍崗秦簡》，編號11的簡文，頁75：「□于禁苑中者，吏與參辨券□」是為出入禁苑的憑證。
〔註165〕裘錫圭，〈嗇夫初探〉，《古代文史研究新探》，頁495。

一、實行分類、分時、分倉（室）貯藏、發放與核算

糧倉貯存物資各異，用途亦廣泛，如混雜貯於糧倉，必不利於調度物資與掌握數量，故分類、分時、分倉（室）貯藏、發放與核算之法即應運而生。本文第二章第四節已證秦倉採分類、分時、分倉（室）貯藏，以下論述秦倉糧食的發放與核算亦採其法。如以「萬石一積而比黎之為戶」之分室貯藏，發放時給「主稟者各一戶以氣（餼）」，需「餘之索而更為發戶」，亦即需將糧食出盡再開另一倉門。秦倉此種採一倉一室出盡為原則之法，不僅可以隨時精確地掌握糧食數量，且如出現不足數的情形時，亦可分清相關責任以處理問題。〔註166〕

秦倉物資核算亦採分類、分時、分倉（室）之法，如「稻後禾孰（熟），計稻後年。已獲上數，別粲、穤（糯）秅（黏）稻。別粲穤（糯）之裏（釀），歲異積之，勿增積，以給客，到十月牒書數，上內史。」其大意為收穫後上報產量時，要將黏與不黏的稻區別開來，要把用以釀酒的秈稻和糯稻區別開來，每年單獨貯藏且不要增積，可同時看出秦倉貯糧之分類、分時、分倉（室）之貯藏、發放與核算之規定。糧食分時貯藏、分類核算的辦法，可以區分「舊管」與「新收」之數，亦即秦倉已有明確分別新糧與陳糧的種類與數額之法。秦國糧倉的此項辦法，以往被認為是從唐代才有的「新的管理辦法。」〔註167〕

從牲畜價錢之計算，亦可看出糧倉所貯物資採取分類核算之法，如：

> 畜雞離倉。用犬者，畜犬期足。豬、雞之息子不用者，買（賣）之，別計其錢。〔註168〕

糧倉所畜養多餘而不用的小雞、豬則可販售，賣之所得錢應單獨計帳。為何要單獨計帳，有二種可能性：一為計帳畜牲之種類既不同，價錢當亦各異，〔註169〕故計帳時須分開計帳；另一種可能是各縣官府的金錢為該縣少

〔註166〕《秦律十八種・倉律》，簡三一～三二，頁27：「□□□□□不備，令其故吏與新吏雜先索）出之。其故吏弗欲，勿強。其毋（無）故吏者，令有秩之吏、令史主，與倉□雜出之，索（索）而論不備。雜者勿更；更之而不備，令令、丞與賞（償）不備。」

〔註167〕劉偉，〈中國古代糧食倉儲管理制度與農業發展銀行庫存監管制度之比較〉，頁60～64。

〔註168〕《秦律十八種・倉律》，簡六三，頁35。

〔註169〕《睡簡》中畜牲物價的探討，可參堀毅，〈秦漢物價攷〉（收錄於《秦漢法制史論攷》，北京：法律出版社，1988年8月第1版），頁268～307。

內掌管，〔註170〕這些單獨計帳的錢需繳入少內。〔註171〕

　　此外，糧倉所貯之度量衡器具，需「計其官，毋叚（假）百姓」；木頭與草墊需用來「荐蓋」，勿移作它用。基本上，從秦律對糧倉度量衡、木頭、草墊等物資的特殊規定，這些物資推估均採取分類貯藏、核算的辦法。

二、糧倉物資的防護與監督

　　糧倉之建築結構本身，即具有防潮、防濕、通風、防鼠雀、防蟲、防盜與防火諸功能（詳第二章第三節），且秦亦以法律規定對糧倉物資的防護。另秦官府亦採取監督之法保護糧倉物資並減少物資損耗，上述地方糧倉事務屬各縣行政事務，故縣令、丞等縣廷行政人員亦需參與糧倉事務，如上述〈倉儲管理與封隄制度〉。除此之外，縣廷行政人員平時亦監督糧倉事務，如《法律答問》：

　　　　空倉中有薦，薦下有稼一石以上，廷行事貲一甲，令史監者一盾。

令史爲縣令的屬吏，協助縣令、丞處理縣務。〔註172〕糧草出盡時，用以墊糧草之草墊下如有糧食一石以上，依例罰倉管人員一甲，而負責監管之令史亦罰一盾。可知糧倉貯糧平時有令史監管，且由「令史監者一盾」來看，亦有對令史監督之「監者」，可見對糧倉物資防護的重視。

　　對糧倉物資的監督，亦表現在糧倉負責人離職時，需由縣府派出人員代理，不能直接由糧倉之官佐、史代理。如《置吏律》：

　　　　官嗇夫節（即）不存，令君子毋（無）害者若令史守官，毋令官佐、

　　　　史守。〔註173〕

《置吏律》爲關於任用官吏的法律。此律大意爲官嗇夫離職時，毋令其佐、

〔註170〕《法律答問》，簡三二，頁101：『「府中公金錢私叚用之，與盜同法。」可（何）謂「府中」？唯縣少內爲「府中」，其它不爲。』

〔註171〕《秦律十八種・金布律》，簡六四～六五，頁35：「官府受錢者，千錢一畚，以丞、令印印。不盈千者，亦封印之。錢善不善，雜實之。出錢，獻封丞、令，乃發用之。百姓市用錢，美惡雜之，勿敢異。」又羅開玉，〈秦國"少內"考〉，《西北大學學報》，1981年第3期，頁83指出「官府即府中。」

〔註172〕編年紀有令史，掌管文書。據《史記・項羽本紀》索隱引漢儀注曰：「令吏曰令史，丞吏曰丞史。」詳參李明曉，〈《睡虎地秦墓竹簡》詞語札記——兼談《漢語大詞典》《漢語大字典》釋義之不足〉，《簡帛語言文字研究》第一輯，頁399～412，2002年11月。

〔註173〕《秦律十八種・置吏律》，簡一六一，頁56。

史代理，要令辦事不出差錯的有爵之人或令史代理。倉嗇夫爲官嗇夫之一種，秦律規定官嗇夫離職時，不得由其佐、史代理，應由縣廷派其它單位的人代理，此舉具有監督之意。又《倉律》：

> 其毋（無）故吏者，令有秩之吏、令史主，與倉□雜出之，索（索）
> 而論不備。雜者勿更；更之而不備，令令、丞與賞（償）不備。

由律文文意推估，「故吏」應指倉嗇夫，「倉□」應指其屬吏。此律規定糧倉負責人離職時，則令有秩的吏與令史主管，和糧倉屬吏（倉□）參與出倉。共同出倉的人勿更換，如更換出現不足數的情形，縣令、丞需與出倉者一同賠償。此舉爲防止倉吏舞弊，故縣廷派其它屬吏參與出倉，亦有監督倉吏之意。

以上論述縣令、丞與其屬吏監督糧倉事務，與「中央政府監督地方行政之監察制度」不同，〔註174〕此種監督爲同級官府、不同單位之監督。採取此種監督方式，是因糧倉官職務相同、利益一致，互相監督是不可以的，〔註175〕故需由縣廷另派官吏監督糧倉事務，以防止弊端發生。〔註176〕

〔註174〕 秦漢中央對地方之監察詳參嚴耕望，前引書，第九章〈監察〉，頁269～315；安作璋、熊鐵基，《秦漢官制史稿》（濟南：齊魯書社，1985年6月第1版），上冊第一編第三節〈御史大夫〉，頁47～69。

〔註175〕 《商君書》（蔣禮鴻《商君書錐指》本），（北京：中華書局，1996年9月第1版第2次印刷），卷五〈禁使第二十四〉，頁134：「吏雖眾，（事）同體一也。（事）同體一者，相（監）不可。」" （ ）" 之字，據蔣禮鴻校注意見補出。

〔註176〕 按秦倉之此種監督方式，有可能爲丞、監制，據《商君書》，卷五〈禁使第二十四〉，頁133：「今恃多官眾吏，官立丞監。夫置丞立監者，且以禁人之爲利也；而丞監亦欲爲利，則以何相禁？故恃丞監而治者，僅存之治也。」蔣禮鴻注曰：「丞監之詳，今不得聞。」秦之丞、監制已不詳，或許與本文所述「同級官府、不同單位之監督」類似。

第四章　秦倉之間的糧草儲運

第一節　秦倉倉址的選擇

一、地勢高亢之地～穀物防潮

　　爲避免穀物受潮導致腐敗不可食，除了運用糧倉建築結構之防潮設計（詳見第二章第三節）外，倉址之選擇亦是不可或缺之要素。秦倉建置在地勢高亢之處以防潮，以兵家必爭之敖倉爲例，據《史記‧項羽本紀》：

　　　　漢軍滎陽（漢河南郡，故秦三川郡），即築甬道屬之河，以取敖倉粟。

　　　　漢之三年，項王數侵奪漢甬道，漢王食乏，恐，請和。〔註1〕

楚漢相爭時，劉邦屯駐滎陽，軍需來自敖倉。敖倉其地，據裴駰：

　　　　瓚曰：敖，地名，在滎陽西北，山上臨河有大倉。〔註2〕

又張守節云：

　　　　敖倉在今鄭州滎陽縣西十五里，石門之東，北臨汴水，南帶三皇山。

　　　　秦始皇置倉於敖山上，故名之敖倉也。〔註3〕

敖倉在滎陽縣之敖，其爲地名又爲山名，倉址在敖山上、瀕臨黃河處。另據荊三林等人以實地考察等方法，又進一步考證出敖倉故址在今滎陽縣西北之馬溝村和牛口峪一帶，並論述置敖倉於此之優越地理位置：

〔註1〕　《史記》，卷七〈項羽本紀第七〉，葉二十五。
〔註2〕　《史記》，卷七〈項羽本紀第七〉，葉二十五下。
〔註3〕　《史記》，卷七〈項羽本紀第七〉，葉二十五下。

> 敖倉所在的地形恰像一把圈椅，在臨河的廣武山上，西從老寨疙瘩
> 慢慢向南彎曲，凹進約有二里，又逐漸向北伸出，正好把馬溝、牛
> 口峪擋在裡面。秦在其中置倉，四周易守難攻，又可防河水侵襲，
> 再加上便利的交通，位置選的真是恰到好處。〔註4〕

敖倉倉址選在敖山，雨水容易排除，既有易守難攻之優點，又可防河水侵襲、避免水氣浸蝕穀物；再加上瀕臨黃河，交通便利，往來運輸非常方便。

秦倉址選在高亢之處以保護糧食之作法，在洛陽戰國糧倉亦可見到。其遺址在今洛陽市、洛河以北不遠，周山逶邐東延的餘坡盡頭，地當東周王城南城牆的北邊，漢河南縣城南城牆中段南邊一帶。據洛陽博物館勘探指出：

> 這裡（洛陽戰國糧倉遺址）地勢較高，土質堅實，緩坡東下，雨水
> 容易流泄；南距洛河很近，漕運也很方便。這樣的地理環境，很適
> 宜建造地下糧倉。〔註5〕

洛陽戰國糧倉遺址除漕運便利、地勢較高的優點外，另一項即「緩坡東下」。坡面較緩意味著其地與鄰近地區比較相對平坦，所謂倉址選在地勢高亢之處，並非倉址需選在地勢高峻之山間，相反的，倉址需選在地勢高亢且適宜建倉亦或貯運便利之地。如西漢武帝時修建之倉庫遺址，據洛陽市第二文物工作隊對位於黃河南岸的漢函谷關倉庫建築遺址之考古調查與發掘指出：

> 漢函谷關倉庫建築遺址位於新安縣倉頭鄉鹽安村，處於黃河南岸的
> 二級階地上，與黃河直線距離約 600、標高 185 米。……此處水流
> 較為平緩，河邊適宜建造碼頭倉庫。遺址周圍群山環抱，中部為較
> 開闊的小盆地。……從遠處看，主體建築（漢函谷關倉庫）居於該
> 山谷盆地的最大一塊平原上，二級階地既可避免水患，又距河岸不
> 遠，便於運輸。〔註6〕

漢函谷關倉庫遺址雖非秦倉，但此時去秦未遠，糧倉倉址選擇之概念當是沿襲秦。遺址周圍群山環抱，屬地勢高亢之地，可避免水患與防止水氣侵襲穀物，確是良好的置倉地點；且位居離河岸不遠的山谷間盆地平原上，同時考慮到了建倉與運輸的便利性。

〔註4〕 荊三林等，〈敖倉故址考〉，頁 24。

〔註5〕 洛陽博物館，〈洛陽戰國糧倉試掘紀略〉，頁 55。

〔註6〕 洛陽市第二文物工作隊，〈黃河小浪底鹽東村漢函谷關倉庫建築遺址發掘簡
　　　 報〉，《文物》，2000 年第 10 期，頁 12～25。

　　敖倉、洛陽戰國糧倉等倉址均處地勢高亢之地，史籍雖未說明戰國秦漢時期對倉址之選擇是否有一定的準則，不過從糧倉遺址的實地探勘即可證明，糧倉穀物防潮不只是糧倉建築本身之貯糧、防潮技術，其倉址之所在地亦納入考量。〔註7〕

二、糧食產區～就地貯穀與發放便利

　　秦倉之設立與糧食生產是分不開的，農家所獲糧食皆在固定季節，所謂春耕、夏耘、秋收、冬藏，如無貯藏糧食，則農家何以為繼？故以篾蓆作囤，或以磚灰砌屋，或如挖地儲糧，其目的均在「防止糧食潮霉變質，兼以防鼠竊鳥啄，此為糧倉之起源。」〔註8〕《睡簡》中有《倉律》，為秦頒佈關於糧草倉之法律，然《倉律》亦有關於農業生產之法律條文，足證糧倉與糧食生產密不可分，故糧倉必建在各縣的糧食生產區。據《睡簡‧倉律》：

> 種：稻、麻畝用二斗大半斗，禾、麥畝一斗，黍、荅畝大半斗，叔
> （菽）畝半斗。利田疇，其有不盡此數者，可殹（也）。其有本者，
> 稱議種之。

> 縣遺麥以為種用者，殼禾以臧（藏）之。〔註9〕

糧倉收存了用來耕作之稻、麻、麥……等穀物之種籽，並規定播種時各種穀物每畝所需的數量。《倉律》另有穀物加工各種精粗米換算比率與「隸臣田者」每月稟取數量的規定，亦可證明不但糧倉與糧食生產關係密切，且糧倉還是農業糧食生產的一個環節。

　　秦於全國各縣皆置糧倉，遠離縣治所之鄉野亦置倉，《睡簡‧效律》：「入禾，萬【石一積而】比黎之為戶，……是縣入之，縣嗇夫若丞及倉、鄉相雜以封印之，而遣倉嗇夫及離邑倉佐主稟者各一戶，以氣『餼』人。」〔註10〕

〔註7〕糧倉建在地勢高亢之地以防潮，秦律不見此項法律規定，可能與《睡簡‧倉律》並非首尾完整之律法有關。據銀雀山漢墓竹簡整理小組，《銀雀山漢墓竹簡》〔壹〕（北京：文物出版社，1985年9月第1版），〈守法守令十三篇‧庫法〉，簡八四五，頁134：「庫器處臧（藏）必高燥濕通。」〈守法守令十三篇〉據銀雀山漢墓竹簡整理小組認其為戰國時代的作品，此雖為〈庫法〉，但亦可證明其時注重貯藏物資需處高燥之處已被納入法律規範之中。

〔註8〕曲直生，《中國糧倉制度概論》，第一章〈糧倉對公私經濟之重要性〉，頁1～3。

〔註9〕《秦律十八種‧倉律》，簡三八～四〇，頁29。

〔註10〕《秦律十八種‧效律》，簡一六八～一六九，頁58。

「是縣入之」乃縣屬糧倉入禾之情況，縣屬糧倉散佈在縣治所與鄉野之中，「離邑倉佐」意指離邑倉倉佐，離邑倉為縣散置在鄉的糧倉，是相對於設置在「都邑」之倉：

> 禾、芻稾積索（索）出日，上贏不備縣廷。出之未索（索）而已備者，言縣廷，廷令長吏雜封其廥，與出之，輒上數廷；其少，欲一縣之，可殹（也）。廥才（在）都邑，當□□□□□□□□者與雜出之。〔註11〕

秦律在此律文後段特別加上「廥在都邑」的規定，不但證明了廥在都邑與離邑在糧草輸入的規定不同，亦說明《睡簡》中有關縣屬糧倉不一定設在縣治所，而是散在各鄉之離邑倉。在各鄉廣置糧倉，主要考量當是農田收成後，就近運輸糧草至糧倉。

此外，從《田律》、《倉律》律文皆有農田生產與糧草倉之法律規定，亦可證秦糧倉與農業生產之關係密切。上述論及《倉律》不但有糧草倉的法律規定，亦有農田生產之法律；而規定農田生產的《田律》，亦有關於糧草倉的法律規定：

> 入頃芻稾，以其受田之數，無墾不墾，頃入芻三石、稾二石。

> 禾、芻稾徹（撤）木、薦，輒上石數縣廷。勿用，復以薦蓋。〔註12〕

農民以所受田畝之數繳納芻稾，不論其開墾與否，每頃繳納芻三石、稾二石。撤除糧倉用來墊蓋糧草的木頭和草墊，向縣廷報告糧草石數後，木頭和草墊勿移作它用，需再用以墊蓋糧草。《倉律》、《田律》之所以同時制定農田生產與糧草倉的法律條文，考慮的主要因素即是糧倉設置與農田生產關係密切此一特性。

置倉於糧食產區，有就近貯穀與發放便利的特點。張弓據《睡簡》有關地方糧倉的律文，指出秦地方糧倉的特點：

> ①它設置在鄉里之間，一萬石為"一積"；②它屬於縣廷的貯積……③它的職任是向本縣官吏人等供應"廩給"；④從該倉取廩人員的名籍須每年向都城的太倉申報。——縣屬官倉，以給廩為職，向太倉負責，這正是唐朝的正倉也具有的特點。……這種倉沒有設在縣城而是分散置於鄉里，是為了就地貯穀與發放的便利。〔註13〕

〔註11〕《秦律十八種·倉律》，簡二九～三○，頁27。
〔註12〕《秦律十八種·田律》，簡九～十，頁21。
〔註13〕張弓，《唐朝倉廩制度初探》，第一章〈正倉〉，頁2。

除了張弓所述「縣屬官倉沒有設在縣城」的觀點以外，筆者皆贊同其觀點，尤其指出「縣屬官倉散置於鄉里是爲了就地貯穀與發放的便利」的觀點是很有見地的。〔註14〕

三、政治中心與軍事要衝之地～政治運作與軍事需求

《睡簡‧倉律》：「入禾倉，萬石一積而比黎之爲戶……櫟陽二萬石一積，咸陽十萬一積，其出入禾、增積如律令。」〔註15〕入禾倉，「是縣入之」的縣倉爲萬石一積，而櫟陽、咸陽各二萬石、十萬石一積，顯示了作爲秦不同時期政治中心的都城所貯糧倉的規模與縣倉有別，主要是供應京師與百官用度。秦至遲在都雍城時，已有在都城貯糧的傳統，秦穆公十三年（647B.C.），晉旱向秦請粟，秦以船漕車轉輸糧自雍相望至晉國都絳；〔註16〕又穆公三十四年，穆公示戎王使者由余宮室、積聚，由余發出驚嘆：「使鬼爲之，則勞神矣。使人爲之，亦苦民矣。」〔註17〕可見雍城所貯糧食之鉅。

雍、櫟陽與咸陽分別作爲秦不同時期的國都，積聚糧食除就地供應京師與百官用度外，另一用途亦可用作軍餉。秦建都於雍、櫟陽或咸陽，不但形成政治、經濟、文化中心，亦是軍事中心。秦都雍，爲的是國益廣大，使後代子孫得飲馬於龍門之河，奠定萬世之基。〔註18〕爲收復河西地，秦獻公都櫟陽；咸陽位置優越，據河山之固，東向以制諸侯的地理位置，更有十萬石一積的糧倉。此外，處軍事要衝設倉的尚有敖倉、陳留倉等，敖倉處「天下咽喉」，〔註19〕陳留倉則處「天下之據衝也，兵之會地也」，〔註20〕二倉皆爲兵家必爭之地。

〔註14〕 蔡萬進，〈從雲夢秦簡看秦國糧倉的建築與設置〉，頁114亦指出：「戰國時代，秦國地方機構主要是縣，秦國政府在全國各地普遍設置由各縣主管、業務上直接受中央內史、太倉指導的糧食機構——實官（糧倉），當是爲了就地貯穀和發放的便利。」

〔註15〕 《秦律十八種‧倉律》，簡二一～二六，頁25。

〔註16〕 晉旱，來請粟，《史記‧秦本紀》誤載爲秦穆公12年，詳參王雲度，《秦史編年》，頁14。

〔註17〕 《史記》，卷五〈秦本紀第五〉，葉十六上。

〔註18〕 尚志儒，《秦物質文化史》（陝西省考古研究所秦漢研究室編，西安：三秦出版社，1994年6月第1版），第三章〈都邑〉：『《史記》卷五〈秦本紀第五〉正義：「卜居雍之後，國益廣大，後代子孫得東飲馬於龍門之河。」足見雍城非同尋常，它是秦國發展史上的一座里程埤。』

〔註19〕 《史記》，卷一百二十六〈滑稽列傳第六十六〉，葉十二上。

〔註20〕 《史記》，卷九十七〈酈生陸賈列傳第三十七〉，葉十二下～葉十三上。

以上述秦倉倉址選擇有地勢高亢之地、糧食產區、政治中心與軍事要衝之地，然其首要條件需運輸方便。糧倉設置不外供糧草輸入以貯備、糧草輸出以應用，如運輸路線愈長則糧草所耗愈高。《漢書‧食貨志》：「千里負擔餽饟，卒十餘鍾致一石。」〔註21〕可見長途運輸耗糧至鉅，故孫子云：「國之貧於師者，遠輸」，〔註22〕遠輸乃兵家之所忌，為避免長途運輸造成人、物力的損耗與百姓積怨，〔註23〕倉址之選擇必在交通便利之地。

第二節　秦倉糧草運輸主要方式與路線

秦立國前已有重視交通的傳統，秦之立國亦與襄公以兵送周平王徙都洛邑此一交通活動有關。秦人祭祀天地時獻物用車馬或車馬模型，可從另一個側面反映秦傳統觀念中對於交通的重視。《睡簡‧日書》亦反映出秦主要作為陸運工具的車輛已較為普及。此外，秦很早就利用渭河從事水上運輸，如輸粟於晉之「泛舟之役」，這是史籍所載規模空前的運輸活動。戰國時期，秦以水通糧，使秦軍可獲得兵員、物資的補充，因而軍力強盛，百戰百勝。正是由於秦歷來注重交通建設，使秦的國勢逐漸強大，與列國爭雄，卒滅六國，統一天下。〔註24〕

設倉貯糧，運糧必以糧倉為基點，運糧路線大體上乃以糧倉間之運輸為主。秦穆公以「船漕車轉」輸粟於晉，《史記‧平準書》：「轉漕山東粟，以給中都官。」索隱曰：「車運曰轉，水運曰漕。」〔註25〕「轉漕」體現了秦時運輸糧草的方式與工具，〔註26〕即以車、船利用水陸路運輸糧草。秦

〔註21〕《漢書》，卷二十四〈食貨志卷第四下〉，葉六上。

〔註22〕《孫子》（靖嘉堂藏宋本武經七書），（收入於孫子集成之一，濟南：齊魯書社，1993年4月第1版），卷上〈作戰第二〉，葉二上。

〔註23〕漢‧賈誼撰，《新書》（閻振益、鍾夏校注本），（北京：中華書局，2000年7月第1版），卷第三〈屬遠〉，116頁：「輸將起海上而來，一錢之賤耳，十錢之費，弗輕能致也。上之所得者甚少，而民毒苦之甚深，故陳勝一動而天下不振。」

〔註24〕此段俱參王子今，《秦漢交通史稿》（北京：中共中央黨校出版社，1994年7月第1版），序章〈秦漢時期交通發展的歷史基礎〉，頁17～24。

〔註25〕《史記》，卷三十〈平準書第八〉，葉二上。

〔註26〕王子今，《秦漢交通史稿》，第5章〈秦漢內河航運〉，頁157：「秦漢時期以糧食為主的物資運輸稱作"轉漕"。」需要注意的是，秦時糧食為主的水陸運輸尚有「漕轉」、「漕輓」等詞，「轉漕」並非秦漢時期以糧食為主的物資運輸之特定名詞。

糧草運輸的發達，即體現在運輸工具的進步與糧路的密集，以下分別論述：

一、秦倉糧草運輸方式與工具

（一）陸運與運輸工具

車是秦最主要的陸路交通運輛工具，亦是主要運輸糧草的工具。從驅動車輛所役使的動力，區分秦車可分爲三大類，即馬車、牛車和輦車。〔註27〕馬、牛車顧名思義爲使用獸力運行的車，輦車則爲人力推挽的車。由於馬多爲軍事征戰所需，〔註28〕故秦運輸糧草主要以牛車與輦車爲主。輦車輸送糧草，不過亦可用以載人，王學理認爲輦車爲高級乘車：

> 輦車是秦漢宮庭中，皇帝、后妃們代步的工具，適用於短距離，小
> 範圍，因而專辟有“輦道”。……因爲輦車有衡無軛，只能採用雙
> 手托衡，置於胸前兩人推引的方式，車體輕小，民間時或有用。像
> 卓王孫遷蜀時，夫妻就推輦而行。〔註29〕

筆者贊同秦之輦車爲皇帝、后妃們代步的工具，不過這只是輦車的用途之一，絕非惟一用途。如卓氏自趙地遷蜀，卓氏夫婦推輦而行，其輦車就非高級乘車。〔註30〕「輦車」之「輦」，據《說文》：「輦，輓車也。從車㚘，㚘在車歬引之也。」又：「輓，引車也。」段玉裁注：「謂人輓以行之車也。」此種以人力輓之以行之車，應都是人力推引的輦車。

秦以輦車運糧非常普遍，據《淮南子·覽冥訓》：

> 晚世之時，七國異族，諸侯制法，各殊習俗，縱橫間之，舉兵而相
> 角。……是故質壯輕足者爲甲卒千里之外，家老羸弱悽愴於內，廝
> 徒馬圉，軵車奉饟，道路遼遠，霜雪亙集，短褐不完，人羸車獘，
> 泥塗至膝，相攜於道，奮首於路，身枕格而死。〔註31〕

「軵車奉饟」之「軵」，高誘注爲「推」；「身枕格而死」之「格」，王念孫云：

〔註27〕 詳參王學理，《咸陽帝都記》（西安：三秦出版社，1999年8月第1版），第六章〈以首都爲中心的道路交通網〉，頁375。

〔註28〕 《戰國策》，卷二十六〈韓一·張儀爲秦連橫說韓王章〉，頁813：「秦馬之良，戎兵之眾，探前趹後，蹄間三尋者，不可勝數也。」

〔註29〕 王學理，《咸陽帝都記》，第六章〈以首都爲中心的道路交通網〉，頁375～376

〔註30〕 《史記》，卷一百二十九〈貨殖列傳第六十九〉，葉十七上。

〔註31〕 《淮南子》，卷六〈覽冥訓〉，頁492～495。又對此文的釋讀，俱參何寧注釋，文中不另一一註出。

「格與輅同，謂輓車之橫木也。」《淮南子·兵畧訓》：「二世皇帝……發閭左之戍，收太半之賦，百姓之隨逮肆刑挽輅首路死者。」〔註32〕高誘注「輅，輓輦橫木也。」何寧注：「挽當作枕，形近而謁。《覽冥訓》：『奮首於路，身枕格而死』，……與此『枕輅首路』，文異而義盡同。」故輓車即輦車，戰國以來兵戎不斷，百姓推輦運糧以奉軍用，道路遼遠因困頓而身枕輓（輦）車之橫木而死。

　　此外，秦另以牛車運輸糧草。秦對於官有牛車有嚴密繁多的規定，據《睡簡·金布律》：

> 傳車、大車輪，葆繕參邪，可毆（也）。韋革、紅器相補繕。取不可葆繕者，乃糞之。〔註33〕

牛車亦稱大車，據秦簡整理小組引《易·大有》：「大車以載。」正義：「大車，謂牛車也。」此律規定傳車和牛車的車輪，可修理其歪斜不正處。皮革或織物製造的物品，壞了可互相修補。已經不能修理者，才能加以處理。又《睡簡·司空律》：

> 官府叚（假）公車牛者□□□叚（假）人所。或私用公車牛，及叚（假）人食牛不善，牛觢（觢）；不攻閒車，車空失，大車軸綏（繫）；及不芥（介）車，車蕃（藩）蓋強折列（裂），其主車牛者及吏、官長皆有罪。
>
> 官長及吏以公車牛稟其月食及公牛乘馬之稟，可毆（也）。官有金錢者自爲買脂、膠，毋（無）金錢者乃月爲言脂、膠，期躔。爲鐵攻（工），以攻公大車。〔註34〕

第一條律大意爲私用官有牛車或借用官有牛車使牛廋了或牛車損壞，主管牛車的人和領用的吏、官長皆有罪。第二條律文大意爲官吏可借用官有牛車運送自己的口糧和飼料，不過須注意修繕官有牛車。此外，秦對官牛非常重視，如重視官牛繁殖、規定飼料的供給、官牛需有檔案記錄、有嚴格的評比獎懲制度、以及牛馬死亡注銷戶口與賠償等許多嚴格的法律與措

〔註32〕《淮南子》，卷十五〈兵畧訓〉，頁1062。
〔註33〕《秦律十八種·金布律》，簡八九，頁41。
〔註34〕《秦律十八種·司空律》，簡一二六～一二九，頁49～50。

施。〔註35〕秦政府之所以重視官牛，主要原因除了以牛耕田外，不外乎以牛車輸送糧草。〔註36〕

　　秦時牛車的進步，可從雙轅車的出現得知。中國古代的車是由單轅向雙轅發展的，單轅車須駕二頭或四頭牲畜，雙轅車只須駕一馬或一牛。雙轅車普遍採用胸帶式繫駕法，承力部位在馬的胸前，使軛變成一個支點，只起支撐衡、轅的作用，於是較早期軛靷式繫駕法更爲簡便實用，實現了繫駕方式的重大進步。雙轅車的使用價值和社會意義在於：駕車的牲畜居兩轅之中，較之單轅車兩側的牲畜偏力拽引更能均衡地發揮力量。相比之下，畜力能高效能地用於拽引上；裝載不太重的貨物，繫駕一頭牲畜，節省了畜力。〔註37〕它與殷周以來的單轅車相比，無疑是一種很大的進步。據考古資料顯示，秦自戰國起已使用雙轅車，如陝西鳳翔八旗屯秦墓 BM103 出土牛車模型，泥質灰陶車輪置在牛的身後左右兩側，它們之間有車轅、軸、輿等木質朽痕，且車轅爲兩根，爲目前發現最早的雙轅牛車模型。〔註38〕另甘肅平涼廟莊戰國秦墓發現二輛雙轅車，秦安上袁家亦發掘出秦代駕一馬之軺車，可說明秦至遲在戰國時已普遍使用雙轅車。〔註39〕

（二）水運與運輸工具

　　秦之糧草陸路運輸以車運爲「轉運」，水路運輸以船則爲「漕運」，似乎兩不相屬。《說文》：「漕，水轉穀也，从水曹聲，一曰人之所乘及船也。」段玉裁注曰：

〔註35〕呼林貴，〈秦的養牛業〉，《農業考古》，1986 年第 2 期，頁 275。

〔註36〕《史記》，卷五十五〈留侯世家第二十五〉，葉七下：「（漢三年，張良曰）『：今陛下能放牛不復輸積乎？』（劉邦）曰：『未能也。』」可見其時以牛車運輸糧草的重要性。又《商君書》，卷五〈弱民第二十〉，頁 126：「背法而治，此任重道遠而無馬牛。」秦任法而治，將背法而治比喻任重道遠而無馬牛，可見對以牛運輸之重視。

〔註37〕此段雙轅車之論述，俱參王開主編，《陝西古代道路交通史》（北京：人民交通出版社，1989 年 8 月第 1 版），第二章〈秦代馳道、直道的修建和道路系統的形成〉，頁 70～71。

〔註38〕吳鎮烽、尚志儒，〈陝西鳳翔八旗屯秦國墓葬發掘簡報〉，頁 74～75。據發掘簡報指出，四十座墓葬據器物的組合與器形，年代可分爲春秋早期至戰國晚期共六期，BM103 以陶囷和牛車模型作爲隨葬品，爲前所未有，推測爲戰國早期墓，故雙轅車的出現應估計爲戰國時期。

〔註39〕魏懷珩，〈甘肅平涼廟莊的兩座戰國墓〉，《考古與文物》，1982 年第 5 期，頁 21～33 轉 76。

乘下疑奪車字，蓋車亦得稱漕，或云及蓋誤字。按史記索隱作：一云
車運曰轉，水運曰漕，十字當從之。〔註40〕

段玉裁釋漕，偏向「水運曰漕」，意即漕乃指水路運輸。從許慎「水轉穀也」之意推知，似乎亦單指水路運輸。然漕運之目的，不外乎運糧貯存，或供軍旅，或供軍餉，水路運糧必輔以陸運，故車亦得稱漕，漕運爲水陸運輸。

漕運作爲一項制度，是經長時間慢慢蘊涵才得以完善。漕運的奠定始於秦穆公，據《左傳·僖公十三年》：

冬，晉荐饑，使乞糴于秦。……秦於是乎輸粟于晉，自雍及絳相繼，命之曰「汎舟之役」。〔註41〕

晉連續饑荒，秦糴粟於晉，以船漕車轉，自雍（今陝西鳳翔縣）及絳（今山西翼城縣）連綿不絕。杜預集解：「從渭水運入河、汾。」此次秦輸粟於晉，乃秦以國家爲首，組織大規模運糧的漕運，此爲中國漕運之始也。〔註42〕

秦國雖地處內陸，不過很早即注重水運交通，上述泛舟之役可證。尤其是戰國時期，爲伐楚、巴蜀等江水縱橫之國家，秦更建立了水軍。秦水軍已有輕舟、舫船、樓船等戰船，在滅六國後，秦水軍更加強大，應是整編楚水軍的結

〔註40〕 漢·許慎撰、清·段玉裁注，《說文解字注》，第十一篇上二〈水部·漕〉，葉四十二上。

〔註41〕 《左傳》，（北京：北京大學出版社，1999年12月第1版，據阮元《十三經注疏》校刻本點校），卷第十三〈僖六年，僖十四年〉，頁368。

〔註42〕 《古今圖書集成》（臺北：鼎文書局，民國66年4月初版），經濟彙編食貨典第一百七十三卷〈漕運部總論一〉，第六九〇冊之〇八頁：「秦欲攻匈奴，運糧使天下飛芻輓粟起于黃腄琅琊負海之郡轉輸北河……臣按前此未有漕運之名也。」其將漕運之始定爲秦代，可惜的是並未解釋秦統一前已有「水通糧」的歷史事實。據吳琦，〈“漕運”辨義〉，《中國農史》，1996年第4期，頁65～66指出「漕運具有三個層面的意義，一指字詞本義，即「水轉穀」；二指原始意義，即封建社會朝廷通過水道轉運官糧等物資的一種形式，漕運主要運往京師，以滿足京城宮庭、官兵及百姓的用糧需求；三爲社會意義，漕運與政治、經濟、軍事、文化、社會生活等各個領域都有密切的聯繫，具有廣泛的社會功能。」秦漢時的漕運專爲政治、軍事服務，並不具有廣泛的社會功能，然漕運作爲一種制度，是經秦至清不斷發展、完善，我們不能以後世漕運制度之內涵來論定前代，據王子今，《秦漢交通史稿》，頁161評“泛舟之役”：「這是關於政府組織河渭水運的第一次明確的記載。」本文以爲，春秋戰國時期的秦國，其漕運雖然未如後世漕運具有廣泛的社會意義，但與統一後的秦朝一樣，是以政府通過國家力量利用水道運輸，故漕運應始於春秋秦穆公時期。

果。〔註43〕秦使用舫船與樓船運糧，《說文》：「舫，船也。」據《史記‧張儀列傳》：「秦西有巴蜀，萬船積粟，起于汶山，循江而下，至郢三千餘里。舫船載卒，一舫載五十人，與三月之糧，下水而浮，一日行三百餘里。」〔註44〕可知舫船可載五十人與三月之糧。秦水軍又稱樓船之士，〔註45〕樓船即在船的甲板上加了一層或幾層樓，這種有甲板的樓船，不但航行較爲安全，且更能適應運輸和作戰的需求。〔註46〕

秦以船運糧並不只限於軍事用途，一般百姓可向官府借公船，據里耶秦簡：

> 廿六年八月庚戌朔丙子，司空守樛（樛）敢言：前日言竟（竟）陵盜
> （蕩）陰狼叚（假）遷陵公船一，袤三丈三尺，名曰柂（？），以求
> 故荊績瓦，未歸船。……爲責（債）〔註47〕

竟陵縣蕩陰鄉鄉民狼向遷陵縣借長三丈三尺之公船，以求故荊績瓦。官府既有公船借與百姓使用，推估平時即以公船運輸官糧。

二、秦倉之間糧草主要運輸路線

從《睡簡》律文與上述對秦倉倉址之論述，秦於全國各地廣置糧倉，已斷無可疑，惟目前確知的秦倉，只有敖倉、陳留倉、霸上倉、櫟陽倉、咸陽倉、琅邪倉、黃倉、睡倉、北河倉、督道倉、成都倉、宛倉等十二個，分別散置於關中、中原、東部沿海、巴蜀與北方邊境等地區，馬非百據這些糧倉所在地，將之分爲四組：

> 其一，陳留倉、敖倉、霸上倉、櫟陽倉、咸陽倉爲一組；其二，琅邪
> 倉、黃睡倉、北河倉、督道倉爲一組；其三，成都倉爲一組；其四，
> 宛倉爲一組。第一組顯與漢人轉漕山東粟以給中都官之事相同。蓋陳
> 留地瀕鴻溝，乃江淮運道之所必經。敖倉位居滎陽西北山上，臨河，
> 正由鴻溝轉入黃河之處。霸上、櫟陽則由黃河上運到達咸陽之終點

〔註43〕王關成，〈秦國水師〉，《秦陵秦俑研究動態》，2001年第1期，頁34轉37。

〔註44〕《史記》，卷七十〈張儀列傳第十〉，葉十下～葉十一上。

〔註45〕《史記》，卷百一十二〈平津侯主父列傳第五十二〉，葉十：「又使尉佗、屠睢將樓船之士，南攻百越，使監祿鑿渠運糧，深入越。」

〔註46〕上海交通大學"造船史話"組，〈秦漢時期的船舶〉，《文物》，1977年第4期，頁19～20。

〔註47〕湖南省文物考古研究所、湘西土家族苗族自治州文物處，〈湘西里耶秦代簡牘選釋〉，頁11。

也。第二組則專爲北方軍事而設。蓋北河……乃蒙恬防守邊之兵站總部所在地。督道雖不知所在,然據《史記》注既曰「邊縣」,則亦當在北方。而琅邪、黃腄、則海運之起點與終點也。爲内地運往邊地糧食的貯藏地;第三組在今之四川成都。此倉之建置,當在始皇以前。而建置之動機,應亦以軍事爲前提。……其後白起攻楚,而張若亦由長江東下,伐取巫笮及江南爲黔中郡。其所需軍食,必皆出自成都倉,殆無可疑也。至第四組之宛倉,宛爲南陽首縣。《史記‧貨殖傳》言:「南陽西通武關鄖關,東南受漢江淮漢。」……然則宛倉者,亦京師漕運之一路矣。〔註48〕

馬非百認爲各組糧倉之設置,莫不以京師漕運與軍事爲前提。其從糧倉功用的角度出發,突破糧倉所在地的地域界線,探討以糧倉功用爲主軸的運糧路線,這是非常精闢的見解。〔註49〕不過,馬非百從糧倉設置點,進而論述以糧倉設置點連成的運輸線,惜未能全面探討以這些運輸線構成的網絡系統。本文即立基於前人的研究,以點、線、面的方式,論述秦倉之間的主要運輸路線與網絡。

(一)以政治、軍事為二大中心的運糧網絡

咸陽自秦孝公十三年(349B.C.)爲秦之國都後,〔註50〕已成爲秦之政治、軍事中心。自統一後,破除六國時所設置的種種交通障礙,〔註51〕已發展成以

〔註48〕馬非百,《秦集史》,〈積貯表〉,頁947。

〔註49〕如蔡萬進認爲:「這四組糧倉大致反映了秦國糧食運輸的路線、方向和方式,對復原、研究秦國糧食運輸經濟,也提供了重要性的方向指導。因此,可以說,這些糧倉是有秦一代糧倉之典型代表,有必要深入細致地分析研究。」詳參《秦國糧食經濟研究》,第五章〈糧食運輸〉,頁98;又蔡萬進,〈秦國糧食運輸政策探略〉,頁70。

〔註50〕王雲度,《秦史編年》,頁52據《史記‧秦本紀》認爲秦孝公徙都咸陽的時間,爲孝公十二年。然據《史記》卷六〈秦始皇本紀第六〉,葉四十九下～五十上:「孝公享國二十四年。葬弟圉。生惠文王。其十三年,始都咸陽。」張守節正義曰:『本紀云:「十二年作咸陽,築冀闕」,是十三年始都之。』又王學理,《咸陽帝都記》,第一章〈秦都咸陽在社會改革中興起〉,頁39～40認爲:「(孝公)十二年開始動工築冀闕宮廷,建設新都。十三年就正式把國都遷到了咸陽。」今從張守節與王學理之說,孝公正式徙都爲十三年。

〔註51〕《史記》,卷六〈秦始皇本紀第六〉,葉二十下～二十一上:「三十二年,始皇之碣石,使燕人盧生求羨門、高誓。刻碣石門。壞城郭,決通隄防。其辭曰:……皇帝奮威,德并諸侯,初一泰平。墮壞城郭,決通川防,夷去險阻。地勢既定,黎庶無繇,天下咸撫。」

咸陽爲中心的道路交通網。〔註52〕地處關中的咸陽，雖膏壤沃野千里，然所生產與貯存糧草，除供應天子、龐大的官僚機構外，尚需負擔原有居民與兵士的費用。至秦朝末年，已因「當食者多，度不足」。〔註53〕咸陽因位處政治、軍事中心，且地理位置優越，故天下之糧草皆匯集於此。〔註54〕此外，諸如敖倉、陳留倉……等倉所在的滎陽‧陳留……等地，地理位置亦屬優越，這些兵家必爭之地，同樣吸納各方糧草。秦向六國動兵或治理其地時，必就近以這些糧倉爲中心，沿途置倉貯糧以省轉輸。如此一來，即形成各倉之間的運輸線，並聯結成運輸網。爲方便說明問題，茲以咸陽爲基點，逐步探討咸陽倉與各倉之間的運輸線，並據之繪製〈圖五：秦倉之間糧草運輸路線示意圖〉以明其運輸網絡：

〔註52〕王學理，《咸陽帝都記》，第六章〈以首都爲中心的道路交通網〉，頁 337～387。
〔註53〕《史記》，卷六〈秦始皇本紀第六〉，葉三十四上。
〔註54〕《史記》，卷五十五〈留侯世家第二十五〉，葉九下～十上：「夫關中左殽函，右隴蜀，沃野千里，南有巴蜀之饒，北有胡苑之利，阻三面而守，獨以一面東制諸侯。諸侯安定，河渭漕挽天下，西給京師；諸侯有變，順流而下，足以委輸。此所謂金城千里，天府之國也。」

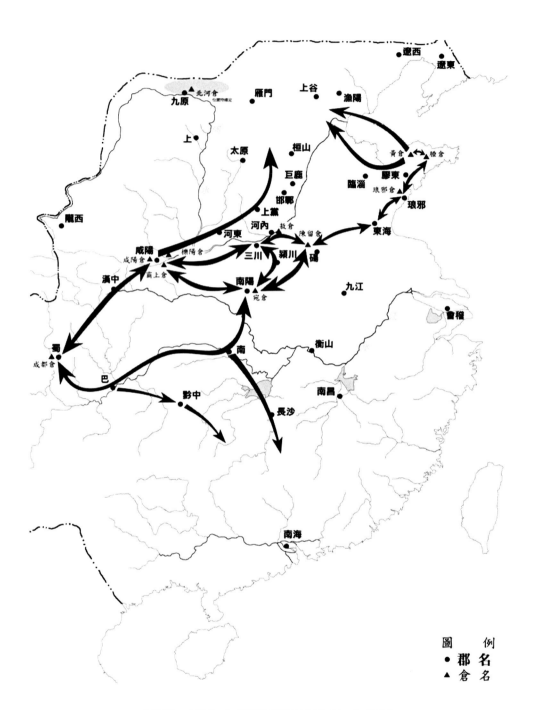

圖五：秦倉之間糧草運輸路線示意圖

咸陽往關東的東西幹線主要有三條，爲晉南豫北、豫西、商洛——南陽通道，〔註 55〕分置建臨晉關、函谷關、武關三關防。〔註 56〕晉南豫北通道的路線，由咸陽出發，東北走向，過涇河，可達櫟陽。向東過沮水，經下邽，過洛水，經臨晉，束抵黃河，渡蒲津，達蒲阪，至河東、上黨郡，北達燕趙地區。早在春秋時期，秦與晉的戰爭與交往，即廣泛運用此道，如穆公時船漕車轉輸粟於晉，在水運不便的地區，必利用此路。戰國時與魏、趙等國的攻防，亦充份利用此道。〔註 57〕此條路線已知的糧倉爲咸陽倉、櫟陽倉，行經此道，必利用此二倉與其它郡縣諸倉以省轉輸。

咸陽往關東第二條主要幹線爲豫西通道，由咸陽渡過灞水，經芷陽、麗邑、華陰，〔註 58〕在潼關進入豫西丘陵山地，沿黃河南岸經函谷、陝城抵達崤山，之後沿澗河河谷而行，經陝石、澠池、新安抵達洛陽。〔註 59〕

〔註 55〕 宋杰，《先秦戰略地理研究》（北京：首都師範大學出版社，1999 年 7 月第 1 版），頁 205～206。秦咸陽往關東地區的主要幹線，途經山嶺、關津、都邑等地，目前學界討論涉及這些路線時，因敍述的區段不同，所以這三條主要幹線命名亦各異。如王學理，《咸陽帝都記》，第六章〈以首都爲中心的道路交通網〉，頁 353～358 稱咸陽——櫟陽——蒲津大道、咸陽——函谷關間的馳道、咸陽——武關道；王子今，《秦漢交通史稿》，第 1 章〈秦漢交通道路建設〉，頁 28～54 稱之爲邯鄲廣陽道、三川東海道、南陽南郡道。又咸陽往關東三條主要幹道，沿途所經具體地名、路線，諸家所論詳略不一，本文基本上同意宋杰先生的論述，然間參各家，如非必要，不再一一引註諸家出處。

〔註 56〕 漢・賈誼撰，《新書》，卷第三〈壹通〉，頁 113：「所爲建武關、函谷、臨晉關者，大抵爲備山東諸侯也。天子之制在陛下，今大諸侯多其力，因建關而備之，若秦時之備六國也。」

〔註 57〕 王學理，《咸陽帝都記》，第六章〈以首都爲中心的道路交通網〉，頁 344。

〔註 58〕 華陰，據《漢書》，卷二十八上〈地理志第八上〉，葉 11 上：「華陰，故陰晉，秦惠文王五年更名寧秦，高帝八年更名華陰。」似乎在漢初始更寧秦爲華陰，然據馬非白，前引書，頁 567 引《史記・秦始皇本紀》：「秋，使者從關東夜過華陰平舒道」，據此，則始皇時寧秦已更名爲華陰矣。

〔註 59〕 宋杰，《先秦戰略地理研究》，頁 205 指出，豫西通道抵崤山後，此分南北二路，北路即上所述沿澗河河谷之路，南路則沿雁嶺關河、永昌河谷臨路東南行，再沿洛河北岸達宜陽，東行至洛陽盆地。豫西通道自崤山雖分南北二路，然一般皆走北路，據辛德勇，〈崤山古道瑣證〉（收入《古代交通與地理文獻研究》，北京：中華書局，1996 年 7 月第 1 版），頁 17～45 指出崤山有南北二陵，其中北陵側臨大道，東、西二崤即位於北道上，當時一般都走此道。又秦穆公時千里襲鄭，晉人及姜戎敗秦師於殽，即是崤陵北道。

過洛陽，經鞏、成皋，即可抵達滎陽。自滎陽向東，可直達東海濱，與沿渤海、黃海海濱的并海道、晉南豫北通道相連。〔註60〕豫西通道爲先秦至秦漢時東、西方聯繫的主要交通幹線，此幹線與并海道連接的糧倉，自咸陽倉起，依序有霸上倉、敖倉、陳留倉、琅邪倉、腄倉、黃倉、北河倉等倉，以下分別敘述：

霸上倉位於霸上，即灞水東岸，指秦芷陽縣、在今臨潼縣韓峪鄉一帶。〔註61〕其中灞橋爲橫絕灞水的唯一橋梁，縮轂東方三路，其中往武關、函谷關的路線均交會於此，交通地位十分重要。〔註62〕霸上地瀕咸陽，作爲首都的防禦前線，軍事地位極爲重要，藏有眾多糧食。〔註63〕

敖倉，位於滎陽西北敖山上，處水陸交通中心，加上貯糧甚多，爲兵家必爭之地。至楚漢戰爭時，已積貯甚多，足以左右天下局勢：

> 漢三年秋，項羽擊漢，拔滎陽，漢兵遁保鞏、洛。楚人聞淮陰侯破趙，彭越數反梁地，則分兵救之。淮陰方東擊齊，漢王數困滎陽、成皋，計欲捐成皋以東，屯鞏、洛以拒楚。酈生因曰：「臣聞知天之天者，王事可成；不知天之天者，王事不可成。王者以民人爲天，而民人以食爲天。夫敖倉，天下轉輸久矣，臣聞其下迺有藏粟甚多，楚人拔滎陽，不堅守敖倉，迺引而東，令適卒分守成皋，此乃天所以資漢也。方今楚易取而漢反卻，自奪其便，臣竊以爲過矣。且兩雄不俱立，楚漢久相持不決，百姓騷動，海內搖蕩，農夫釋耒，工女下機，天下之心未有所定也。願足下急復進兵，收取滎陽，據敖倉之粟，塞成皋之險，杜大行之道，距蜚狐之口，守白馬之津，以

〔註60〕王子今，《秦漢交通史稿》，第1章〈秦漢交通道路建設〉，頁28～31。
〔註61〕石隙生，〈"霸上"在何處〉，《文博》，1999年第2期，頁32～34。霸上並非專指固定之地，霸上意指霸水之側，正因如此，故歷來對霸上的位置說法不一，有關這方面的討論，可參王學理，《咸陽帝都記》，第三章〈"渭水貫都"的規模〉，頁201；辛德勇，〈論霸上的位置及其交通地位〉、〈再論霸上的位置〉、〈三論霸上的位置〉，《古代交通與地理文獻研究》，頁46～80。
〔註62〕辛德勇，〈論霸上的位置及其交通地位〉，《古代交通與地理文獻研究》，頁49～51。
〔註63〕《史記》，卷八〈高祖本紀第八〉，葉十五上～十六下：『漢元年十月，沛公兵遂先諸侯至霸上……秦人大喜，爭持牛羊酒食獻饗軍士，沛公又讓，不受，曰：「倉粟多，非乏，不欲費人。」』

示諸侯效實形制之勢，則天下知所歸矣。〔註64〕

滎陽之敖倉，之所以成為奪取天下不可或缺之要素，一為其所藏糧草；另一即所處地位之重要。據《史記‧河渠書》：

> 滎陽下引河東南為鴻溝，以通宋、鄭、陳、蔡、曹、衛，與濟、汝、淮、泗會。于楚，西方則通渠漢水、雲夢之野，東方則通鴻溝江淮之間。於吳，則通渠三江、五湖。於齊，則通菑濟之間。於蜀，蜀守冰鑿離碓，辟沫水之害，穿二江成都之中。此渠皆可行舟，有餘則用溉浸，百姓饗其利。〔註65〕

最早開鑿鴻溝的乃梁惠成王，〔註66〕自鴻溝開通後，與濟、汝、淮、泗四條大川會合，溝通宋、鄭、陳、蔡、曹、衛等國，而敖倉正位於鴻溝轉入黃河處，交通極為便利。於敖置倉，可減少因黃河漕運不能全年通航而造成人力、物力的浪費。〔註67〕鴻溝水系交通的便利，在魏定都安邑及大梁時期，已發生巨大效用。〔註68〕所謂「天下轉輸久矣」，意味著秦莊襄王元年取滎陽後

〔註64〕 《史記》，卷九十七〈酈生陸賈列傳第三十七〉，葉二下～三下。

〔註65〕 《史記》，卷二十九〈河渠書第七〉，葉二。

〔註66〕 楊寬，《戰國史料編年輯證》（上海：上海人民出版社，2001年11月第1版），卷六〈周顯王八年（公元前三六一年）至十五年（公元三五四年）〉，頁285～286：「梁惠成王十年入河水於甫田，又為大溝而引甫水。……此為魏徙都大梁之後，在大梁周圍興修水利，先在黃河與田澤之間開鑿運河，引黃河之水流入圃田，又從圃田開大溝以利航運與灌溉。此後，梁惠王三十一年又從大梁北郭開大溝，以引圃田水。此乃鴻溝最早開鑿之一段。」

〔註67〕 宋杰，〈敖倉在秦漢時代的興衰〉，《北京師範學院學報》，1989年第3期，頁95：「滎陽以西，自孟津至三門，砥砫，兩岸峽谷聳立，水面狹窄，河流湍急，又有暗礁淺灘，是漕船航行的危險地段……各條水道的漕船如果同時大量駛進，會造成擁擠堵塞，容易造成事故。其次，黃河各季節的流量差距很大，對漕運亦有影響。冬季河面結冰，不能行船。春夏之季為枯水期……而盛夏秋初，黃河中游又多降暴雨、陰雨，不時出現較大的洪峰，即所謂"伏秋大汛"。汛期水勢洶湧，"兩涘渚崖之間，不辨牛馬"，難以逆流而上。遇到上述情況，濟水、鴻溝諸渠的漕船無法入河行駛，如果靠岸等待又曠日費時，浪費人力、物力。在滎陽修築敖倉，可以將不能西運的漕船卸下糧食，貯存入倉，或者轉為陸運，或者等待能夠通航時再行裝船，不致造成黃河、汴渠航道內船隻的積壓堵塞。後人提到這種"行來已久"的轉運辦法時，說它的益處在於"水通利則隨近運轉，不通利即且納在倉，不滯遠船，不生隱盜。"」

〔註68〕 《戰國策》，卷二十二〈魏一‧張儀為秦連橫說魏王章〉，頁687：「粟糧漕庾，不下十萬。」

（249B.C.），鑑於滎陽對魏國的運輸作用，秦可能在此後不久即已修建敖倉，〔註69〕從當時最富庶的關東農業區轉輸糧食。〔註70〕

陳留倉位秦碭郡陳留縣，據《酈生陸賈列傳》：

> （沛公）迺延而坐之，問所以取天下者。酈生曰：「夫足下欲成大功，不如止陳留。陳留者，天下之據衝也，兵之會地也，積粟數千萬石，城守甚堅。臣素善其令，願為足下說之。不聽臣，臣請為足下殺之，而下陳留。足下將陳留之眾，據陳留之城，而食其積粟，招天下之從兵；從兵已成，足下橫行天下，莫能有害足下者矣。」沛公曰：「敬聞命矣。」……沛公舍陳留南城門上，因其庫兵，食積粟，留出入三月，從兵以萬數，遂入破秦。〔註71〕

陳留處天下之據衝、兵之會地，且積粟數千萬石，劉邦據之得以招天下之兵，橫行天下，遂入破秦。陳留之所以重要，乃因其四通五達，交通無險阻，且地瀕鴻溝，敖倉所貯糧草，其中一部份應來自於東面可受江淮糧食的陳留倉。

琅邪、腄、黃、北河四倉，據《史記‧平津侯主父列傳》：

> 秦皇帝不聽，遂使蒙恬將兵而攻胡，卻地千里，以河為境。……又使天下飛芻輓粟，起於黃、腄、琅邪負海之郡，轉輸北河，率三十鐘而致一石。〔註72〕

琅邪倉位琅邪郡之琅邪縣，黃、腄位膠東郡之黃縣、腄縣，〔註73〕北河倉

〔註69〕薛瑞澤，〈先秦至北朝河洛地區的漕運與倉儲〉，《洛陽工學院學報》，2000年第3期，頁28。

〔註70〕葛劍雄，〈論秦漢統一的地理基礎〉，《秦漢史論叢》第六輯，1994年12月，頁143：「當時的主要財富是在關東，由於首都設在關中，朝廷每年要從關東輸入糧食、絲織品……商人也要將商品從關東販往關中，但這些都只是財富的徵調和流通，與生產是兩回事。」關東地區為當時最富庶地區，財富集中至關中，為各地財富匯集所至。又關東農業區的概念，據史念海，《中國歷史人口地理與歷史經濟地理》（臺北：臺灣學生書局，民國80年11月初版），第貳章〈歷史經濟地理〉，頁126～129：「關東農業區域，故概略以水系分佈地區為主即富庶的關東農業地區，大概西起濟水、鴻溝和黃河分流之處，而東至東海之濱。北邊達到現在山東北部，西南至於現在的河南東部，就是原來鴻溝系統中汳水、睢水以及浪湯渠流經的區域。」

〔註71〕《史記》，卷九十七〈酈生陸賈列傳第三十七〉，葉十二下～十三下。

〔註72〕《漢書》，卷六十四〈嚴朱吾丘主父徐嚴終王賈傳第三十四上〉，葉十七下～十八上。

〔註73〕黃、腄二縣，原屬琅邪郡，秦始皇統一六國後，分琅邪郡置膠東郡，治即墨。詳參曹爾琴，〈論秦郡及其分佈〉，《秦文化論叢》第四輯，1996年6月，頁451。

位於陰山山脈下之北河地區。〔註74〕秦始皇三十二年，爲鞏固北方，乃「使
將軍蒙恬發兵三十萬人北擊胡，略取河南地。」次年，又「西北斥逐匈奴。
自榆中並河以東，屬之陰山，以爲三十四縣，城河山爲塞。又使蒙恬渡河
取高闕、陶山、北假中，築亭障以逐戎人。徙謫，實之初縣。」〔註75〕蒙
恬發兵三十萬人，其糧食的消耗量十分驚人，再加上大規模移民，秦不得
不自黃、腄、琅邪負海之郡轉輸糧草。黃、腄兩倉位山東半島之北部，可
從海運渡渤海進入黃河，再以水陸運輸形式轉輸至北河；琅邪倉位其南部，
可南下沿并海道連豫西通道至海濱之路，再沿線進入河南北部，溯黃河西
上。不論走哪條路線，皆距北河倉十分遙遠，估計皆應透過水陸運轉輸糧
草至北河地區。〔註76〕

〔註74〕 馬非百，《秦集史》，頁579指出：「北河應爲一縣，其地當在無定河上。昭王時，
　　　　榆中九原尚屬於趙，不得謂爲黃河也。故《本紀》特言上郡北河，明謂北河屬於
　　　　上郡也。」案：無定河爲西河（黃河）支流，謂北河在無定河上特定一縣，並無
　　　　充分證據，姑且不論。據《史記》卷一百十〈匈奴列傳第五十〉，葉六：「後秦滅
　　　　六國，而始皇帝使蒙恬將十萬之眾北擊胡，悉收河南地。因河爲塞，築四十四縣，
　　　　城臨河，徙適戍以充之。」臨河，地處九原郡之陽山，又據中國歷史大辭典・歷
　　　　史地理卷編纂委員會編，《中國歷史大辭典・歷史地理卷》（上海：上海辭書出版
　　　　社，1997年7月第1版第2次印刷），〈北河〉：「有廣狹二義：（1）黃河自寧夏
　　　　北流過磴口折而東流，西東流向一段南北流向一段而言，彼爲“西河”，此爲“北
　　　　河”，是爲廣義。……所指具體地區則爲北河之東段，即今內蒙古托克托縣一帶
　　　　黃河。（2）黃河自磴口以北分爲南北兩支，北支約當今烏加河，南支約當今黃
　　　　河。……前者稱“北河”，後者稱“南河”，是爲狹義。」綜上所述，北河指廣
　　　　義之北河，位黃河北流過磴口以西之東西向一段地區。
〔註75〕 以上俱見《史記》，卷六〈秦始皇本紀第六〉，葉二十一下～二十二上。
〔註76〕 自黃、腄、琅邪倉運輸糧草至北河地區，採水路或陸路運輸，學界頗有爭議，採
　　　　陸運運輸者，如沈頌金，〈秦代漕運初探〉，頁116：「由於當時邊郡地區水運不
　　　　甚發達，如此龐大的運輸量是靠陸路完成的。」採水運運輸者，如蔡萬進，《秦
　　　　國糧食經濟研究》，第五章〈糧食運輸〉，頁87：「秦爲鞏固北部邊防，曾派蒙恬……
　　　　其軍糧的供給，主要從關東（函谷關以東）運輸，有的遠取了濱海的黃倉、腄倉
　　　　和琅邪倉，使「使天下蜚芻挽粟」，溯黃河西運而“轉輸北河”。說明當時在河
　　　　南北部溯黃河西上的遭運線已經形成。」筆者以爲，此次運輸應採水陸聯運的形
　　　　式，黃、腄二倉位於渤海邊，其附近的之罘、成山與對岸的碣石，皆爲當時著名
　　　　之海港（詳參王子今，《秦漢交通史稿》，第6章〈秦漢近海航運與海外交通，頁
　　　　182～190），由黃、腄二地採海運運糧至黃河入海口是很自然的事，然如認爲可
　　　　從黃、腄二地，採水運直接運糧至北河，皆不以陸運，未免高估流經山東北部諸
　　　　郡之黃河水運，如房仲甫、李二和，《中國水運史》（北京：新華出版社，2003
　　　　年1月第1版），第四章〈中國水運事業發展期的高級階段〉，頁68：「北方的秦
　　　　渠……秦渠又叫北河……爲供應駐軍糧餉……以山東半島黃、腄二港爲後勤基

　　咸陽往關東的第三條主要幹線爲商洛——南陽通道，由咸陽東過灞水，折向東南行，穿過秦嶺、商洛山區，經藍田、商縣、丹鳳等地，在今陝、豫、鄂交界處出武關，往東進入南陽盆地的宛。從宛東行出方城，可進入華北平原的南端，即汝水、潁水流域，北上可到達韓都新鄭；由宛南下可達穰、鄧，進入楚都郢城所在的江漢平原。此條幹線經過的糧倉有咸陽倉、霸上倉、宛倉，其中宛倉所在的南陽盆地的宛，據《史記・高祖本紀》：

> （沛公）略南陽郡，南陽守齮走，保城守宛。沛公引兵過而西。張
> 良諫曰：「沛公雖欲急入關，秦兵尚眾，距險。今不下宛，宛從後擊，
> 彊秦在前，此危道也。」於是沛公乃夜引兵從他道還，更旗幟，黎
> 明，圍宛城三匝。南陽守欲自剄。其舍人陳恢曰：「死未晚也。」乃
> 踰城見沛公，曰：「臣聞足下約，先入咸陽者王之。今足下留守宛。
> 宛，大郡之都也，連城數十，人民眾，積蓄多，吏人自以爲降必死，
> 故皆堅守乘城。今足下盡日止攻，士死傷者必多；引兵去宛，宛必
> 隨足下後：足下前則失咸陽之約，後又有彊宛之患。爲足下計，莫
> 若約降，封其守，因使止守，引其甲卒與之西。〔註77〕

自秦昭王 16 年（291B.C.）攻韓取宛，宛已爲秦所有。〔註78〕宛乃南陽郡之都，交通地位重要，「西通武關、鄖關，東南受漢、江、淮」，並「交通

地，徵調船隻、糧秣，從那裡渡海至今天津，進入黃河，溯流而上運抵北河防地。」其所說的秦渠，並非等於北河，秦是否已開鑿秦渠，並無直接史料依據，如馬非百，《秦始皇傳》（南京：江蘇古籍出版社，1985 年 6 月第 1 版），下冊第四章〈水利資源的開發〉，頁 513 引《甘肅新通志》：「秦渠一曰秦家渠，相傳創始於秦。」即使其說的是北河，北河自九原縣以西即入黃河，出九原郡即直流南下，從渤海灣旁的漁陽、廣陽等郡進入的河道，不可能與北河直接連貫，且沿線河道流量大小不一，河運路線又頗曲折，實不可能皆採水運沿此路運輸。從「率三十鐘而致一石」的運糧消耗量推估，應採陸運；然水運便利之地區，爲大量運輸且防糧食損耗，應採水運，故筆者以爲應採水陸聯運形式。

〔註77〕　《史記》，卷八〈高祖本紀第八〉，葉十三下～十四上。

〔註78〕　秦何時、從何國取宛？史籍記載不一。據《編年紀》：「十六年，攻宛」，記昭王十六年攻宛，與《史記・六國年表、韓世家》符合，然與《史記・秦本紀》：「十五年，大良造白起……攻楚，取宛」之記載不符。黃盛璋，〈雲夢秦簡《編年紀》地理與歷史問題〉（收入於《歷史地理與考古論叢》，濟南：齊魯書社，1982 年 6 月第 1 版），頁 55～57 指出「可由《編年紀》取決，同者正確，異者錯誤。」即秦取宛乃昭王十六年。又據郭小霞，〈韓據有南陽宛地的時間問題〉，《南都學壇》，1997 年第 2 期，頁 118《秦本紀》的昭王十五年"攻楚取宛"之說在年代與國別上都是錯誤的，應作昭王十六年攻韓取宛。」不但認同昭王十六年取宛，且進一步指出秦乃從韓、非自楚取宛。

潁川」，〔註 79〕可至洛陽，不但人口、積蓄多，且盛產鐵製兵器。〔註 80〕張良與陳恢皆知宛之重要性，指劉邦如不下宛而引兵西去，便會陷入「宛從後擊，彊秦在前」之危險局面。

　　咸陽以西的運糧則為與巴蜀地區的交通。從巴蜀地區運往關中咸陽的糧草，應循著自古以來蜀連接周與秦的交通幹線，以「棧道千里」之形式運往關中。〔註 81〕其北段稱褒斜道，在今陝西的關中地區至漢中地區，途中要翻越秦嶺；南段稱石牛道或金牛道，是從漢中地區經四川的廣元而至成都。〔註 82〕巴蜀地區不但物產豐饒，且水陸交通便利，戰國時期秦滅巴蜀，主要考量乃巴蜀地區的資源，〔註 83〕不但可運往關中，〔註 84〕亦可順江而下供應攻楚之軍糧。〔註 85〕戰國時期，秦攻楚主要分兩路進行，一路即上述的商洛─

〔註 79〕《史記》，卷一百二十九〈貨殖列傳第六十九〉，葉十二。

〔註 80〕《荀子》，卷十〈議兵篇第十五〉，頁 282：「宛鉅鐵釶，慘如蜂蠆」。

〔註 81〕《史記》，卷七十九〈范睢蔡澤列傳第十九〉，葉二十一：「棧道千里，通於蜀漢，使天下皆畏秦。」

〔註 82〕羅二虎，《秦漢時代的中國西南》（成都：天地出版社，2000 年 6 月第 1 版），第二章〈道路與交通〉，頁 53。此外，另有陳倉道、儻駱道、子午道、米倉道……等路線交通關中與巴蜀地區。這些路線或因迴遠、或因作為官道開通較晚等因素而較少利用。

〔註 83〕《戰國策》，卷三〈秦一·司馬錯與張儀爭論於秦惠王前章〉，頁 93：『司馬錯曰：「不然。臣聞之，欲富國者務廣其地，欲強兵者務富其民，欲王者務博其德，三資者備，而王隨之矣。今王之地小民貧，故臣願從事於易。夫蜀，西辟之國也，而戎狄之長也，而有桀、紂之亂，以秦攻之，譬如使豺狼逐群羊也。取其地足以廣國也，得其財足以富民，繕兵不傷眾而彼已服矣。故拔一國而天下不以為暴，利盡西海，諸侯不以為貪，是我一舉而名實兩附，而又有禁暴正亂之名。……卒起兵伐蜀，十月取之，遂定蜀。蜀主更號為侯，而使陳莊相蜀。蜀既屬，秦益強富厚輕諸侯。」

〔註 84〕《史記》，卷五十三〈蕭相國世家第二十三〉，葉二上～三下：「漢王引兵東定三秦，何以丞相留收巴蜀，填撫諭告，使給軍食。……夫曹參雖有野戰略地之功，此特一時之事。夫上與楚相距五歲，常失軍亡眾，逃身遁者數矣。然蕭何常從關中遣軍補其處，非上所詔令召，而數萬眾會上之乏絕者數矣。夫漢與楚相守滎陽數年，軍無見糧，蕭何轉漕關中，給食不乏。陛下雖數亡山東，蕭何常全關中以待陛下，此萬世之功也。今雖亡曹參等百數，何缺於漢？漢得之不必待以全。柰何欲以一旦之功而加萬世之功哉！蕭何第一，曹參次。」高祖曰：「善。」』從蕭何轉漕關中給食不乏，為萬世之功，其中部份糧草即來自巴蜀地區。

〔註 85〕晉·常璩，《華陽國志》（劉琳校注本），（成都：巴蜀書社，1984 年 7 月第 1 版），卷三〈蜀志〉，頁 191：『秦惠王方欲謀楚，〔與〕群臣議曰：「夫蜀，西辟之國，戎狄為鄰，不如伐楚。」司馬錯、中尉田真黃曰：「蜀有桀紂之亂。其國富饒，得其布帛金銀，足給軍用。水通於楚。有巴之勁卒，浮大舶船。以東向楚，楚地可得。得蜀則得楚。楚亡，則天下并矣。」惠王曰：「善！」』

一南陽通道，由咸陽出武關，往東經宛南下攻楚；另一路即自巴蜀成都順岷江至僰道入長江，乘船沿江而下伐楚。〔註86〕司馬錯於昭王二十七年攻楚，取楚之黔中郡，其軍糧應來自巴蜀之成都倉。〔註87〕據《後漢書‧隗囂公孫述列傳》：

> 帝使諸將攻隗囂，述遣李育將萬餘人救囂。囂敗，并沒其軍，蜀地聞之恐動。述懼，欲安眾心。成都郭外有秦時舊倉，述改名白帝倉，自王莽以來常空。述即詐使人言白帝倉出穀如山陵，百姓空市里往觀之。述乃大會群臣，問曰：「白帝倉竟出穀乎？」皆對言「無」。
>
> 述曰：「訛言不可信，道隗王破者復如此矣。」〔註88〕

秦時於成都郭外建有糧倉，另《華陽國志‧蜀志》亦記有張儀與張若城成都時曾建有糧倉。〔註89〕秦利用成都倉之積貯，水軍乘船循江而下，大約十日即可達楚境。〔註90〕此條路線自成都倉始，可北上達咸陽倉，再出武關南下宛倉；東向則可達楚都郢，由郢北上亦可至南陽郡之宛倉。

（二）地方性的區域糧草運輸

地方性的區域糧草運輸，主要指田間收穫糧草向縣倉運輸、縣倉向中央運輸以及地方之間的調輸。由上引《睡簡》律文「入頃芻稾，以其受田之數，無墾不墾，頃入芻三石、稾二石」，又《睡簡‧為吏之道》附《魏戶律》：「勿令為戶，勿鼠（予）田宇。」皆表明，秦實行「立戶受田，是庶民的一項權

〔註86〕《戰國策》，卷十四〈楚一‧蘇秦為趙合縱說楚章〉，頁430～431：「大王不從親，秦必起兩軍：一軍出武關，一軍下黔中，若此，則鄢、郢動矣。」注引徐孚遠曰：水陸兩軍也。

〔註87〕《華陽國志》，卷三〈蜀志〉，頁194：「率巴、蜀眾十萬，大舶船萬艘，米六百萬斛，浮江伐楚，取商於之地為黔中郡。」又伐楚之時間，華陽國志載周赧王七年，即308B.C.；然據《史記‧秦本紀》：「秦昭襄王使司馬錯發隴西，因蜀攻楚黔中，拔之」，為昭王27年，即280B.C.。

〔註88〕《後漢書》（清‧王先謙集解、黃山等校補本），（續修四庫全書之272，上海：上海古籍出版社，不著出版年月），卷十三〈隗囂公孫述列傳第三〉，葉十八下～十九上。

〔註89〕《華陽國志》，卷三〈蜀志〉，頁196：「（惠王二十七年）儀與若城成都，周迴十二里，高七丈。郫城，周迴七里，高六丈。臨邛城，周迴六里，高五丈。造作下倉，上皆有屋，而置觀射蘭。」

〔註90〕《史記》，卷七十〈張儀列傳第十〉，葉十下～葉十一上：「秦西有巴蜀，萬船積粟，起於汶山，浮江巳下，至楚三千餘里。舫船載卒，一舫載五十人與三月之食，下水而浮，一日行三百餘里，里數雖多，然而不費牛馬之力，不至十日而拒扞關。」索隱曰：「扞關奁楚之西界。」

力，然而也就因此必須負有爲國家納租服徭役的職事義務。」〔註91〕因此，
農民不論「無墾不墾」，皆需按授田數每頃繳納芻三石、稾二石，由《倉律》：
「入禾稼、芻稾，輒爲廥籍」可知，受田者除芻稾外，尚需繳納一定稅額的
禾稼。秦透過授田制，「強迫受田者開墾荒地繳納地稅」，〔註92〕這些農民生
產的糧草，即送至萬石一積的縣倉集中存放，用以各縣之間糧草調輸，〔註93〕
或運至中央之咸陽、櫟陽諸倉。

　　田間收穫所需繳納之糧草，需由耕者經農田道路運送至糧倉稱量，〔註94〕
然後存放至縣倉。其中，耕者所繳納之糧草，不一定向所屬的縣倉稱量、繳
納，即《睡簡·倉律》：「入芻稾，相輸度，可殹（也）。」〔註95〕田間收穫之
糧草運輸由受田者擔任，〔註96〕那麼縣倉向中央、地方之間的調輸之糧草輸
送是由誰擔任呢？據《效律》：

　　　　上節（即）發委輸，百姓或之縣就（僦）及移輸者，以律論之。〔註97〕
朝廷如徵發運輸的勞役，「百姓」有到縣裡僱車或轉交他人輸送的，應依法

〔註91〕張金光，〈秦戶籍制度考〉，《漢學研究》，1994 年第 1 期，頁 83。
〔註92〕楊寬，〈雲夢秦簡所反映的土地制度和農業政策〉（收錄於《楊寬古史論文選
　　　　集》，上海：上海人民出版社，2003 年 7 月第 1 版），頁 23。
〔註93〕《睡簡》有關糧倉管理的律文，皆是針對各縣制定，地方性的糧草運輸亦是
　　　　以縣爲單位，如《秦律十八種·倉律》，簡四四，頁 30：「宦者、都官吏、都
　　　　官人有事上爲將，令縣貣（貸）之，輒移其稟縣，稟縣以減其稟。已稟者，
　　　　移居縣責之。」中央之官吏爲朝廷至地方辦事，該地的縣先墊發口糧，並即
　　　　用文書告知這些官吏所屬的縣，據以扣除他們的口糧。由此推知，秦糧草輸
　　　　送應以縣爲單位，漢代全國各地的錢糧運輸採以縣爲單位進行（詳參沈頌金，
　　　　〈漢簡所見西北地區的交通運輸及其相關問題〉，《簡牘學研究》第三輯，2002
　　　　年 4 月，頁 221～228），當是沿襲於秦。
〔註94〕王子今，〈秦漢農田道路與農田運輸〉，《中國農史》，1991 年第 3 期，頁 16～22。
〔註95〕此律的「相輸度」，據《睡簡》整理小組譯「可以運來稱量」，又注「一說，
　　　　相輸度指芻、稾可互相折算。」蔡萬進，《秦國糧食經濟研究》，第五章〈糧
　　　　食運輸〉，頁 77～78 據此律認爲「這些“受田”者同時還必須親自用車將田
　　　　租運送到國家設置的糧倉裡。」上述解釋，筆者以爲其意皆未盡，據《秦律
　　　　十八種·金布律》，簡七十～七一，頁 37：「官相輸者，以書告其出計之年」
　　　　條，「相輸」指官府間的彼此運輸，「入芻稾，相輸度」即指耕者所繳納之芻
　　　　稾，不限於向固定之官府稱量、繳納。
〔註96〕由秦律「入芻稾，相輸度」條可知，田間生產糧草由受田者擔任，另據漢代
　　　　此類運輸亦由田間生產者擔任亦可推知，參《漢書》，卷六十六〈公孫劉田王
　　　　揚蔡陳鄭傳第三十六〉，葉二下～三上：「使內郡自省作車，又令耕者自轉。」
　　　　服虔注曰：「詐令內郡自省作車轉輸也。」
〔註97〕《效律》，簡四九，頁 75。

論處。地方性的糧草運輸，除上述由受田者擔任外，秦以法律規定「百姓」
需負擔運輸的勞役，此應包括糧草的輸送。《睡簡》中的「百姓」，其身份
據高敏研究，有時指擁有奴隸、牛馬和家財的「百姓」，有時亦指貧苦農民
的「百姓」，另有些不能確定其身份，可見「百姓」是一個內涵比較龐雜的
概念。〔註98〕此條律文中的百姓，應有餘錢僱車應指擁有家財的百姓，而
一般貧苦農民因無餘財僱車，然不論其指何者，秦律規定皆需要負擔運輸
的勞役。

　　《倉律》有關於刑徒隸臣耕田的規定，由上述耕者需擔負糧草運輸推知，
隸臣一類的刑徒當亦負擔糧草運輸，據《里耶秦簡》：

> 廿七年二月丙子朔庚寅洞庭守禮謂縣嗇夫卒史嘉、叚（假）卒史穀、
> 屬尉，令曰：傳送委輸，必先悉行城旦舂、隸臣妾、居貲、贖責（債），
> 急事不可留，乃興（徭）。今洞庭兵輸內史及巴、南郡、蒼梧，輸甲
> 兵當傳者多節傳之，必先悉行乘城卒、隸臣妾、城旦舂、鬼薪、白
> 粲、居貲、贖責（債）、司寇、隱官、踐更縣者。田時殹（也），不
> 欲興黔首。嘉、穀、尉各謹案所部縣卒、徒隸、居貲、贖債、司寇、
> 隱官、踐更縣者簿，有可令傳甲兵，縣弗令傳之而興黔首，【興黔首】
> 可省少弗省而多興，輒劾移縣，【縣】極以律令具論，當坐者言名史
> 泰守府。〔註99〕

簡文中的年代爲秦始皇時期，〔註100〕爲洞庭守禮致遷陵縣有關傳送委輸規定
之文書。法律規定，傳送委輸必先悉行城旦舂、隸臣妾、居貲、贖債等刑徒
或以勞役抵貲贖債務之人，如不够再徵調一般百姓。徵調百姓勿奪農時，如
「田時殹（也），不欲興黔首」，黔首爲一般百姓，此種注種農田生產的規定
亦適用於居貲者，在播種、治苗期間各二十天。〔註101〕縣傳送委輸，有刑徒、
以勞役抵貲贖債務之人卻不令傳，而令黔首輸送，或令黔首輸送時多興黔首
人數，負責官吏皆有罪，其所屬之縣須立即以律令論處。綜上所述，負責地

〔註98〕高敏，〈《睡虎地秦簡》中幾種稱謂的涵義試析〉，《睡虎地秦簡初探》，頁267
　　　　～269。
〔註99〕湖南省文物考古研究所、湘西土家族苗族自治州文物處，〈湘西里耶秦代簡牘
　　　　選釋〉，頁20～21。
〔註100〕湖南省文物考古研究所、湘西土家族苗族自治州文物處、龍山縣文物管理所，
　　　　〈湖南龍山里耶戰國──秦代古城一號井發掘簡報〉，《文物》，2003年第1
　　　　期，頁5～35。
〔註101〕《秦律十八種‧司空律》：「居貲贖責（債）者歸田農，種時、治苗時各二旬。」

方性糧草輸送者，爲刑徒或以勞役抵貲贖債務之人爲優先徵調，不得已才徵
調一般百姓，並以不違農時爲主，保證了糧草的生產。

第三節　糧倉設置（糧食貯存）與糧食運輸（糧食流通）之關係

　　前已論述農事生產的最後步驟乃設倉貯存，將糧食送至糧倉貯存即糧
食運輸。運輸有輸入、輸出之分，糧食透過運輸轉移模式，由「生產領域
轉移到消費領域所必須經過的通道」，〔註 102〕即糧食流通之意涵。秦之糧
食流通呈現出多次、多樣流通，而非單一的運作模式，農家收穫糧草，一
部分收以自用，另一部份則「以其受田之數，無墾不墾」，運輸就近之縣倉，
此乃第一次的流通。農家自用的糧草投入市場或由政府以各種名目徵收；
縣倉則運輸糧草至中央之太倉或較大的轉運倉，呈現第二次的流通。之後
透過以政治、軍事消費糧食之模式，糧食又再一次流通。糧食流通過程中，
糧倉是不可或缺的，如農民收穫皆秋收時節，如糧倉不夠，糧食便會窒礙
難通、無以貯存，故糧倉設置（糧食貯存）與糧食運輸（糧食流通）之關
係密不可分。

一、從五口之家、治田百畝，分析農家生產糧草之流通情形

　　戰國時期，秦實行授田制，不論土地爲國家所有或農家私有，〔註 103〕皆

〔註 102〕蔡萬進，《秦國糧食經濟研究》，第六章〈糧食貿易〉，頁 110。
〔註 103〕秦之土地爲國家所有或私有，學界看法分歧，相關論著亦夥，贊成土地國有
　　　　者，如楊師群，〈從雲夢秦簡看秦的國有制經濟〉，《史學月刊》，1995 年第 4
　　　　期，頁 42～47：「整部秦簡中非但沒有承認土地私有制的有關法律，甚制連
　　　　私有制的概念亦不存在。……商鞅變法後秦國是土地國有制占據了絕對支配
　　　　的地位。」贊成土地私有制者，如杜正勝，《編户齊民》（臺北：聯經出版事
　　　　業公司，民國 81 年 5 月初版第 2 次印行），第四章〈土地的權屬問題〉，頁
　　　　185：『政府授田，著錄農人名字於田籍，謂之「名田」。這些田地雖來自國家，
　　　　但是既經授予，並不收回；而附上耕者的名字，就變成他們的私有財產了，
　　　　故爾疆我界非常分明。封是田界，這是法令對私有田產的保護，也是對土地
　　　　私有權的最高肯定。』楊文持土地國有觀點；杜文則持農人一經受田，則持
　　　　有土地，可謂土地公、私有的情形均存在。從目前的資料分析，並不能確切
　　　　認定秦之土地皆爲公有或私有，然可以確定的一點是，秦既以實行授田制爲
　　　　主，國家必掌握大量土地，據裘錫圭，〈戰國時代社會性質試探〉（收錄於《古

用法律規定迫使農民戮力本業。〔註104〕自農家收穫糧草之日起，糧食即呈現出多次、多樣化的流通管道，今據《漢書・食貨志》所述一般農民的收支情況，說明糧草流通情形：

> 今一夫挾五口，治田百畮，歲收畮一石半，爲粟百五十石，除十一之稅十五石，餘百三十五石。食，人月一石半，五人終歲爲粟九十石，餘有四十五石。石三十，爲錢千三百五十，除社閭嘗新春秋之祠，用錢三百，餘千五十。衣，人率用錢三百，五人終歲用千五百，不足四百五十。不幸疾病死喪之費，及上賦斂，又未與此。〔註105〕

此雖爲李悝作盡地力之教時，所述魏國一般農戶治田百畮之收支情況，但「大體可代表戰國一般農民的生活」情形。〔註106〕五口之家治田百畮，一般歲收畮一石半，〔註107〕得粟百五十石。根據此農家使用這百五十石的粟之情形，結合秦之糧食政策，我們便可以看出每年農家糧食流通之渠道，主要流向官府和農民自用。以下分別敘之：

農家收穫之糧草，田租以十一之稅爲十五石，芻、稾徵收以五石來算（上述秦律「頃入芻三石、稾二石」），再加上「上賦斂」徵收之糧草數，超過二十石皆需「先實公倉」。〔註108〕這些農家生產流向官府的糧草，需運至全國各

代文史研究新探》，南京：江蘇古籍出版社，2000 年 1 月第 1 版第 2 次印刷），頁 417：指出「在授田制下，土地基本上應該是掌握在國家手裡的。一方面存在大量授田制的史料，另一方面要在可靠的戰國時代文獻裡土地買賣的史料，則相當困難。……我們只能認爲在戰國時代土地買賣雖然已經出現，但還不是常見的現象。」又吳榮曾，〈戰國授田制研究〉，（收錄於《先秦兩漢史研究》，北京：中華書局，1995 年 6 月第 1 版），頁 85～100 亦指出：「戰國末秦的有些地方國家授田制繼續存在，這也正是土地不能普遍買賣的原因所在。……這一田制是一步一步地走向衰亡的，而不像秦廢井田那樣帶有較大的突然性。」綜合以上各家所述，在秦實行授田制下，國家必須握有大量土地；不過，土地私有亦同時慢慢形成。

〔註104〕《史記》，卷六十八〈商鞅列傳第八〉，葉四上：「僇力本業，耕織致粟帛多者復其身；事末利及怠而貧者，舉以爲收孥。」

〔註105〕《漢書》，卷三十四〈食貨志第四上〉，葉六。

〔註106〕孫毓棠，〈戰國時代的農業和農民〉（收錄於《孫毓棠學術論文集》，北京：中華書局，1995 年 3 月第 1 版），頁 21。

〔註107〕高敏，〈秦漢時期的農業〉，《秦漢史探討》，頁 60：指出「單位面積的產量，……隨土地的肥沃程度不同，產量的高低可以相差很大。」這裡畮收一石半，指一般情況。

〔註108〕《商君書》，卷一〈農戰第三〉，頁 22：『百姓曰：「我疾農，先實公倉，收餘以食親。」』

境之縣倉，爲第一次流通。這些糧草以全國縣倉爲中心，可供作各縣之「官吏俸祿、軍糧、刑徒口糧、遺糧爲種、驛傳傳食、牛馬飼料」等用途（詳第五章第一節），爲第二次的糧草流通，或可運送至太倉或大型轉運倉貯存以供政治、軍事用途，是爲第三次的糧草流通。需要注意的是，糧草流通的次數並不固定，端視運至糧倉之次數而定。例如，農家在上繳糧草後，秦又透過「家不積粟，上藏也」〔註109〕、「民有餘糧，使民以粟出官爵」〔註110〕等措施，吸收民間糧草。由此可見，糧草多次流向官府且數目龐大，畢竟官倉所藏皆來自於農民生產所得。〔註111〕

　　農家收穫之糧草，除流向官府外，農家五人食用九十石，餘粟不足四十五石，以每石三十錢計算，爲錢不足千三百五十，皆流入市場，經由市場渠道流通糧草。秦國市場交易的物品，不僅有糧食，而且有各種畜產品、工業品、紡織品……等，這些物品都有一定價格，說明它們已進入交換領域。〔註112〕秦雖經由「商無得糴、農無得糶」、「粟爵粟任」〔註113〕等措施，禁止糧食進入流通領域，但從反面思考，法律的制定，正因「適於時而生，即順應時代需而產生。」〔註114〕商鞅變法，推行農戰、富國強兵政策，禁止糧食貿易的法律愈繁密，正反映出糧食貿易的普遍存在，非以法律明文禁止不可。據《戰國策》：

> 秦王欲見頓弱，……於是頓子曰：「天下有其實而無其名者，有無其實而有其名者，有無其名又無其實者。王知之乎？」王曰：「弗知。」
> 頓子曰：「有其實而無其名者，商人是也。無把銚推耨之勢，而有積粟之實，此有其實而無其名者也。無其實而有其名者，農夫是也。
> 解凍而耕，暴背而耨，無積粟之實，此無其實而有其名者也。〔註115〕

〔註109〕《商君書》，卷二〈說民第五〉，頁39。
〔註110〕《商君書》，卷三〈靳令第十三〉，頁78。
〔註111〕《韓非子》，卷第十七〈詭使第四十五〉：「倉廩之所以實者，耕農之本務也。」
〔註112〕林劍鳴，《秦史》（臺北：五南圖書出版有限公司，民國81年11月初版），第十一章〈封建經濟和文化的迅速發展〉，頁449。
〔註113〕《商君書錐指》，卷一〈墾令第二〉、〈去彊第四〉，頁8、34。其中「商無得糴、農無得糶」，原文作「商無得糶、農無得糴」，蔣禮鴻謂農者必當食其所自耕齧，若令得糴而食，則窳惰而不耕矣。……使農者事末作而有所於食，其所得愈於力耕而事力易，此商君之所疾也，故令無得糴以堙其源爾。今從其說，糴、糶二字互易。
〔註114〕栗勁，《秦律通論》，第二章〈秦律的一般理論基礎〉，頁76～79。
〔註115〕《戰國策》，卷六〈秦四・秦王欲見頓弱章〉，頁199～200。

秦王見頓弱之事，雖「殆連綴彼諸人（茅焦、范雎、尉繚）之事而附會者」，
〔註116〕然所述農夫受商人之剝削，商人與農夫糧食貿易之發達，應爲當時之
實情。〔註117〕《漢書‧食貨志》記載一般農家購買衣物、祭祀與疾病喪葬等
日常用品之情形，在睡虎地秦墓出土的兩封家信亦有所反映：

> 遺黑夫錢，母操夏衣來。今書節（即）到，母視安陸絲布賤，可以
> 爲襌裙襦者，母必爲之，令與錢偕來。其絲布貴。徒〔以〕錢來，
> 黑夫自以布此。

> ……爲惊祠祀，若大發（廢）毀，以惊居反城中故。〔註118〕

此二封信分別爲 M4 出土的 11、6 號木牘之部分內容，黑夫與惊爲人名，爲同
母兄弟。〔註119〕第一封信表明，不論是在安陸或黑夫所在之淮陽，購買布匹
都非常方便；第二封信表明，秦代安陸一帶風俗，民間家一般皆有祀屋，與
《漢書‧地理志》：「楚地家信巫鬼，重淫祀」之記載符合。農民生產糧食除
自給自足外，將剩餘糧食投入市場，以換取其它日常生活必需品，畢竟「一
人之身，百工之所爲備」。〔註120〕此情況已表明，其時的農業生產已離不開市
場，「流通已成爲小農經濟物質再生產的必要環節」。〔註121〕

　　不過，需要指出的是，儘管民間普遍存在糧食貿易，但流入市場的糧食

〔註116〕《戰國策》，卷六〈秦四‧秦王欲見頓弱章〉，頁 199。

〔註117〕參考李劍農，《先秦兩漢經濟史稿》（臺北，華世出版社，民國 70 年 12 月台
　　　　初版），第七章〈商業之發展〉，頁 77～81。又有學者否定秦之糧食進入商品
　　　　流通領域，如張弘、宋慧，〈試論戰國時期的工商管理思想與工商管理政策〉，
　　　　《濟南大學學報》，2002 年第 6 期，頁 30：「嚴控糧食貿易，實行……國家壟
　　　　斷糧食經營的政策。」又劉漢，〈試論秦的國有制經濟〉，《四川三峽學院學報》，
　　　　1998 年第 3 期，頁 59～63：「秦實行糧食統藏統分制，……決無糧食、酒肉、
　　　　鹽、鐵陶冶制品出售，這些都該列入計劃分配物資，不是私人買賣。」否定
　　　　秦市場無糧食流通之學者，其觀點皆據秦以法律予以禁止糧食在民間流通，
　　　　殊不知立法之意，正是杜絕糧食在民間流通之現象，立法愈繁、愈嚴，愈證
　　　　此種現象之頻繁。

〔註118〕《雲夢睡虎地秦墓》編寫組，《雲夢睡虎地秦墓》（北京：文物出版社，1981
　　　　年 9 月第 1 版），第二章〈隨葬器物〉，頁 25～26。。

〔註119〕對此二封家信的解讀，皆參考黃盛璋，〈雲夢秦墓出土的兩封家信與歷史地理
　　　　問題〉（收錄於《歷史地理論集》，北京：人民出版社，1982 年 6 月第 1 版），
　　　　頁 545～555。以下不再一一註出。

〔註120〕呂思勉，〈論祿米之制〉（收錄於《呂思勉遺文集》，上海：華東師範大學出版
　　　　社，1997 年 9 月第 1 版），頁 342。

〔註121〕詳參李根蟠，〈從《管子》看小農經濟與市場〉，《中國經濟史研究》，1995 年
　　　　第 3 期，頁 8～9。

是很少的。秦自商鞅變法後，勵行耕戰政策，〔註122〕又採取一系列重農抑商措施，〔註123〕使「商無得糴，農無得糶」，保證國家戰爭時的糧草來源。故百姓致力農業生產，「先實公倉，收餘以實親，為上忘生而戰，以尊主安國也。」如「國不農，則與諸侯爭權不能自持也。」〔註124〕主張「民畢農則國富」，所謂「富」，無非「粟米珠玉也」，「國富」即「家不積粟，上藏也」，則國家畜積有餘、「倉府兩實，國彊」。秦與六國戰，為達兼併天下之目的，採取上述重農抑商等措施，操控境內之食，使民間糧食流通受到極大限制。

二、國家主導下的糧倉設置（糧食貯存）與糧食運輸（糧食流通）之關係

戰國時期，秦實行耕戰政策，基本上禁止民間擁有多餘的糧食。秦朝末年，社會動亂，由一般行情每石卅錢飛漲至萬錢。糧價的升價在一定程度上也就成了顯示社會生產和勞動者生活狀況，漢初就因戰爭動亂使得民失作業而大饑饉。〔註125〕不過，由於政府吸納一切社會存糧，如敖倉、霸上倉等倉均藏有鉅量糧食，保證政府運作的基礎。〔註126〕秦國吸納民間糧食，貯存於全國境內之糧倉，一方面透過全國各地之縣倉，集中貯糧；另一方面在這些縣倉間調控運輸。全國糧倉設置點與糧倉間之運輸線即形成便利的糧倉運輸網，不但可減少糧食在運輸期間的耗損，亦縮短運糧的時間。

然必須指出的是，此糧食運輸網的結構並不平均，此與秦倉分佈的密集或疏闊有關。有學者認為秦倉遍佈「內地和邊區，確實在全國範圍內建立了完整的戰略儲備體系。」〔註127〕然而，將遍佈於秦全境之糧倉劃歸為戰略儲

〔註122〕《商君書》，卷五〈慎法第二十五〉，頁139：「令民之欲利者非耕不得，避害者非戰不免，境內之民莫不先務耕戰而後得其所樂。故地少粟多，民少兵彊。能行二者於境內，則霸王之道畢矣。」

〔註123〕陳啟天，《商鞅評傳》（臺北：台灣商務印書館，民國75年2月臺6版），第四章〈商鞅的重農主義及田制〉，頁67～72。

〔註124〕《商君書》，卷一〈農戰第三〉，頁24。

〔註125〕李孔懷，《中國經濟通史‧秦漢經濟卷》（林甘泉主編，北京：經濟日報出版社，1999年8月第1版），第十三章〈商品價格〉，頁567。

〔註126〕關於秦糧食國有政策，目前學界研究成果豐碩，詳參蔡萬進，《秦國糧食經濟研究》，第六章〈糧食貿易〉，頁101～117；劉漢，前引文，頁59～64。

〔註127〕霍印章，《秦代軍事史》（北京：軍事科學出版社，1998年10月初版），第四章〈秦代的國防〉，頁102～103。

備糧倉，此乃窄化了秦倉的功用，且據此認爲秦代的糧倉遍佈內地和邊區，更是完全忽略交通、糧食產區……等糧倉倉址的考量因素。秦倉的分佈與秦倉的設置是一體的，在某個區域設倉越多，其糧倉的分佈就越密。上述秦倉設置的首要條件爲運輸的便利，尤其是結合水陸運輸的漕運，「糧倉大多設在水陸交通中心，實行嚴格而有效的管理，保證了秦朝行動時糧草的供應。」〔註128〕故秦倉分佈在交通運輸線較爲密集，而非平均遍佈在全國。秦倉的分佈雖受限於史書記載與考古發掘，但我們不能只滿足於「秦倉遍佈全國」這樣籠統的結論。

國家主導下的糧倉設置與糧食運輸，無非是重視糧食以供國用。在固定路段中設置糧倉，有助於降低運輸成本，且降低的運輸成本，如果大過糧倉的固定與變動成本，在此前提下，糧食的損耗即可減至最低。〔註129〕前述糧倉密集分佈在交通運輸線上，無非是在糧草輸出與輸入下，尋求糧食供給與需求間的平衡。〔註130〕本文據此觀點，將秦糧倉設置與糧食運輸之關係歸納如下：

（一）聚散集中～吸收民間生產糧食輸向縣倉

由《睡簡・田律》可知，此爲秦將散置於全國農田所生產的糧草，集中運輸至縣屬糧倉。蓋縣屬糧倉包括縣邑之倉與分佈於該縣之鄉倉，將農田所生產的糧草就近運輸至縣倉或鄉倉，可減少糧食損耗，亦有利於秦政府運用這些糧草。

（二）集中散運～由縣倉作輻射性散出

各縣集中至縣倉的糧草，除了固定供給該縣之官吏、刑徒的口糧外，尙

〔註128〕沈頌金，〈秦代漕運初探〉，頁114～119轉155。
〔註129〕參考蘇雄義，《物流與運籌管理：觀念、機能與整合》（臺北：華泰文化事業公司，民國89年9月初版），第七章〈倉庫管理〉，頁185。
〔註130〕蘇德明，〈台灣地區公糧倉庫之分布及倉容利用之檢討與研究〉，《農政與農情》114期，民國90年12月，頁63～70：「以臺灣地區公糧委託倉庫爲例，至民國89年12月底計有467家，列管之公糧稻穀倉庫計有2,188棟，倉容量爲183萬5千473公噸，就縣市別分布而言，在棟數方面，以雲林縣、彰化縣、桃園縣、嘉義縣最多；在倉容量方面，同樣以雲林縣28萬7千710公噸爲最多，其次爲台中縣、彰化縣、桃園縣、嘉義縣，上述5縣之倉容量約佔總倉容量58%，此亦反映出稻穀倉庫之地區性分布與稻作面積、公糧庫存量之關係密不可分。」稻作面積多寡即糧食輸入多寡；公糧庫存糧多寡即意味著糧食需求量之多寡。

需供應至該縣爲朝廷辦事人員的口糧、設於該縣之驛站傳食、該縣農田生產所需之種子等。各縣不同地區所使用的糧草，皆需由縣倉集中散運、統一分配。

（三）集中集運～向都邑或邊區運糧

此爲將農田生產之糧草集中運至縣倉後，由縣倉集中運至咸陽倉、櫟陽倉、敖倉等倉以作政治、軍事用途。爲迅速從全國各縣調足糧草，必直接由縣倉採集中集運方式。集中集運是採直運與分段運輸二種方式，直運是指由縣倉直接運輸至目的地，中間不作停留；分段運輸是指由縣倉運輸到達目的地前，在轉運倉稍作停留。如秦自關東運糧至關中地區的咸陽等地，因黃河道多險阻且運輸路程愈長，一旦受阻耽延時日，損耗將不可估計，於是乃有敖倉等轉運倉之設置。秦之糧草直運多用於軍事行動，如「秦皇帝使蒙恬將兵而攻胡，卻地千里，以河爲境。地固澤鹵，不生五穀。然後後天下丁男以守北河。又使天下飛芻輓粟，起於黃腄琅邪負海之郡，轉輸北河。率三十鐘而致一石。」此種運輸因戰時而發，爲求時效中間不作停留，故糧食損耗亦大。

第五章　秦倉的機能、歷史作用與地位

第一節　秦倉的機能～秦王朝運作之基礎

　　糧倉系統的完善與否關係著古代國家統治的經濟基礎，一國之強大，甚至存亡與否端賴其糧倉系統能否提供一國在政治、軍事、經濟上的各種需求。漢初之賈誼深刻認識到貯糧於倉之重要性：

> 禹有十年之蓄，故免九年之水；湯有十年之積，故勝七歲之旱。夫蓄積者，天下之大命也。苟粟多而財有餘，何嚮而不濟？以攻則取，以守則固，以戰則勝，懷柔附遠，何招而不至？管子曰：「倉廩實，知禮節；衣食足，知榮辱。」民非足也，而可治之者，自古及今，未之嘗聞。古人曰：「一夫不耕，或爲之饑；一婦不織，或爲之寒。」生之有時，而用之無節，則物力必屈。古之爲天下者至悉也，故其蓄積足恃。〔註1〕

賈誼認爲夫民不耕織或爲之饑寒，民非足而可治之者，自古及今未之嘗聞，故強調重儲之重要性與必要性，提出「夫蓄積者，天下之大命也」、治天下者，「蓄積足恃。」《管子》亦云：「國之廣狹，壤之肥墝有數，終歲食餘有數。彼守國者，守穀而已矣。」〔註2〕貯糧除了爲治理國家之基礎外，如粟多而財有餘，在軍事上則攻、守、戰皆無往不利，若無粟，則雖有石城十仞，湯池百步，帶甲百萬，亦不能守也。〔註3〕

〔註1〕漢・賈誼撰，《新書》，卷第四〈無蓄〉，頁163。

〔註2〕《管子》（顏昌嶢校釋本），（長沙：嶽麓書社，1996年2月第1版），卷第二十二，〈山至數第七十六〉，頁567。

〔註3〕《漢書》，卷二十四〈食貨志第四上〉，葉十二。

　　秦倉的機能之所以成為秦王朝運作的基礎，除了政治、軍事的重要性之外，亦表現在經濟方面。秦與漢代以後之倉制最大的差異之一，在於它是農業生產過程的一個環節，在國家實行授田制下，為保證糧食來源的基礎，秦倉在農業生產中就肩負著管理與監督作用，並不限於糧食貯藏和分配。〔註4〕以下就具體論述秦倉在政治、軍事與經濟上對秦王朝運作的貢獻：

一、官吏的俸祿、口糧和糧草

　　秦從中央至地方皆設有職官，中央與地方政府組織的各部門，相互則組成一個層級結構。而且不同層級有不同的職權和責任，有不同的俸祿和待遇。〔註5〕秦至遲於商鞅變法時已實行俸祿制，從秦律的相關規定可看出，俸祿按月、以粟發給，其多寡顯示官秩的高低。〔註6〕秦官秩的等級，六百石以上為顯大夫，〔註7〕以此標準衡量，朝廷中的官吏一般皆屬顯大夫。地方官據《漢書·百官公卿表》記載，只有縣令屬顯大夫，其它官吏則為五百石以下官吏。〔註8〕

　　秦官吏除了俸祿外，每月尚有口糧與糧草的領取。據《睡簡》律文：

　　　官長及吏以公車牛稟其月食及公牛乘馬之稟，可殹（也）。

　　　官嗇夫免，復為嗇夫，而坐其故官以貲賞（償）及有它責（債），貧

　　　窶毋（無）以賞（償）者，稍減其秩、月食以賞（償）之。〔註9〕

第一條律文的「官長」即官嗇夫，為主管縣某一類事務的官吏，「吏」為官長的屬吏，應為佐、史等小吏。官長及其吏每月可領取口糧與公牛乘馬之糧草。第二條律文將官嗇夫的秩與月食並提，表明官嗇夫的俸祿與月食是每月一起

〔註4〕　參考蕭正洪，〈秦農業經濟立法探析〉，《陜西師大學報》，1992 年第 4 期，頁58。

〔註5〕　黃留珠，〈秦俑、秦俑學與秦之管理〉（收錄於《秦漢歷史文化論稿》，西安：三秦出版社，2002 年 8 月第 1 版），頁 95。

〔註6〕　何德章執筆，《中國俸祿制度史》（黃惠賢、陳鋒主編，武漢：武漢大學出版社，1996 年 10 月第 1 版），第一章〈從世官世祿到俸給制──先秦俸祿制度概論〉，頁 22～27。

〔註7〕　《法律答問》，簡一九一，頁 139：「可（何）謂"宦者顯大夫？"宦及智（知）於王，及六百石吏以上，皆為「顯大夫」。

〔註8〕　《漢書》，卷十九〈百官公卿表七上〉，葉十六。

〔註9〕　分見《秦律十八種·司空律》，簡一二八，頁 50；《秦律十八種·金布律》，簡八二，頁 39～40。

發放的。〔註10〕從中央到地方龐大官吏的俸祿與口糧、糧草，當是由秦倉所貯糧草供應，以維持官僚體系的運作。

　　目前學界對秦官吏俸祿與口糧的發給有不同看法。有學者認為在《睡簡》中有僅僅領取月食而無秩者，亦有同時領取月食和秩祿的官員。領取月食而無秩者，乃佐、史與官府職役承擔者。〔註11〕觀點的岐異，主要是對「有秩吏」與「月食者」的認知不同所導致。

　　「有秩吏」，據《睡簡》整理小組引王國維《流沙墜簡》考釋：「漢制計秩自百石始，百石以下謂之斗食，至百石則稱有秩矣。」認為有秩之吏指俸祿在百石以上的低級官吏。〔註12〕然據《漢書‧百官公卿表》：「百石以下，有斗食、佐史之秩，是為少吏。」斗食、佐史等百石以下的少吏亦得稱「有秩吏」，有秩吏乃相對於無秩祿而言，在《睡簡》中的「有秩吏」、「有秩之吏」，應包括「令史」、「佐史」等等諸有秩吏。〔註13〕另「月食者」，據《睡簡‧倉律》：

　　　月食者已致稟而公使有傳食，及告歸盡月不來者，止其後朔食，而

　　　以其來日致其食；有秩吏不止。〔註14〕

這裡的「月食者」，按字面解釋，為按月領取口糧的人員，很明顯包括有秩吏。此律大意為月食者如糧食已發給，如因公出差或其它原因停發口糧，在此期間有秩吏則不停發。對有秩吏不停發口糧，當是其為官僚體系的一部分，為維持政府有效運作才對其優待。其它月食者，如「隸臣妾其從事公，隸臣月禾二石」等在官府非有秩的服役人員，即不予優待。

　　綜上所述，斗食、佐史等小吏可同時領取俸祿與口糧、糧草，而在官府從事職役非有秩的月食者則只領取口糧而無俸祿。

〔註10〕徐富昌，《睡虎地秦簡研究》，第四章〈秦簡所見的官吏管理制度〉，頁456。

〔註11〕閻步克，〈從稍食到月俸──戰國秦漢祿秩等級制新探〉（收錄於《樂師與史官：傳統政治文化與政治制史論集》，北京：三聯書店，2001年7月第1版），頁146。另據康大鵬，〈雲夢簡中所見的秦國倉廩制度〉，頁38指出：「觀諸秦簡，秦國中高級官吏只有祿而無口糧。」秦之中高級官吏究竟有無發給口糧，《睡簡》律文並無記載，然據《墨子》，卷一〈七患第五〉，頁25～26：「一穀不收謂之饉，二穀不收謂之旱，三穀不收謂之凶，四穀不收謂之餽，五穀不收謂之饑。歲饉，則仕者大夫以下皆損祿五分之一。旱，則損五分之二。凶，則損五分之三。餽，則損五分之四。饑，則盡無祿稟食而已矣。」據此，則仕者大夫亦有俸祿與口糧。

〔註12〕睡虎地秦墓竹簡整理小組，《睡虎地秦墓竹簡》，頁27。

〔註13〕高敏，〈「有秩」非「嗇夫」辨〉，《睡虎地秦簡初探》，頁210。

〔註14〕《秦律十八種‧倉律》，簡四六，頁31。

二、發放刑徒的口糧

由於法網嚴密苛刻，農民、一般人民與下層官吏，隨時都有可能陷入刑獄而成為刑徒。《睡簡》上出現的刑徒有隸臣、司寇、鬼薪、白粲等，在國家監督下，被迫從事各種勞役。〔註15〕秦國刑徒人數相當多，據《史記‧秦始皇本紀》：「隱宮徒刑者七十餘萬人，乃分作阿房宮，或作麗山。」〔註16〕僅阿房宮和驪山之役使，已達七十餘萬人，其時秦國國內「赭衣塞道，囹圄成市」。刑徒從事官府勞役，其口糧由官府糧倉提供。刑徒口糧分月食與日食二種，刑徒在官府服役，口糧按月發放，應為配合官吏按月核發俸祿與口糧之故。今據《倉律》「隸臣妾其從事公」條律文所規定刑徒的每月口糧標準，製成〈表九：刑徒每月口糧標準表〉：〔註17〕

由表中可看出，隸臣田者比一般從事公的隸臣多出半石糧食，此為秦為保證田間生產者足夠的體力，在農時季節二月至九月增加其口糧。刑徒從事公務發給口糧，如不從事即不發給。刑徒的大小與是否能服勞役，是依據刑徒的身高為準，刑徒如太小未能勞作卻發給口糧，想必是當作官府刑徒的後備軍。〔註18〕

表九：刑徒每月口糧標準表

刑徒 ＼ 口糧	隸臣田者		隸臣		隸妾		小隸臣 小城旦		小隸妾 小舂		嬰兒	
	二月｜九月	十月｜一月	從事公	不從事	從事公	不從事	作者	未能作	作者	未能作	無母者	母冗居公
月（禾）	$2\frac{1}{2}$石	2石	2石		$1\frac{1}{2}$石		$1\frac{1}{2}$石	1石	$1\frac{1}{4}$石	1石	$\frac{1}{2}$石	$\frac{1}{2}$石

〔註15〕 吳榮曾，〈雲夢秦簡所反映的秦代社會階級狀況〉（收錄於中華書局編輯部編，《雲夢秦簡研究》，北京：中華書局，1981 年 7 月第 1 版），頁 109。

〔註16〕《史記》，卷六〈秦始皇本紀第六〉，葉二十四下。

〔註17〕 資料來源引自《秦律十八種‧倉律》，簡四九～五二，頁 32：「隸臣妾其從事公，隸臣月禾二石，隸妾一石半；其不從事，勿稟。小城旦、隸臣作者，月禾一石半石；未能作者，月禾一石。小妾、舂作者，月禾一石二斗半斗；未能作者，月禾一石。嬰兒之毋（無）母者各半石；雖有母而與其母冗居公者，亦稟之，禾月半石。隸臣田者，以二月月稟二石半石，到九月盡而止其半石。舂，月一石半石。隸臣、城旦高不盈六尺五寸，隸妾、舂高不盈六尺二寸，皆為小；高五尺二寸，皆作之。」

〔註18〕 康大鵬，〈雲夢簡中所見的秦國倉廩制度〉，頁 41。

　　《倉律》另有規定刑徒每日領取口糧的律文，〔註19〕今據之製成〈表十：刑徒每日口糧標準表〉：

表十：刑徒每日口糧標準表

勞動強度＼刑徒／餐別	垣（築城）及與之強度相等的勞動（含操土功）						守署（站崗）及與之強度相等的勞動						餓囚（各種刑徒）	刑徒病者
	城旦	隸臣	隸妾	城旦春	白粲	春司寇	城旦	隸臣	隸妾	城旦春	白粲	春司寇		
旦（早）	$\frac{1}{2}$斗	$\frac{1}{3}$斗					$\frac{1}{3}$斗	不詳	以律食之				$\frac{1}{6}$斗	酌情給予
夕（晚）	$\frac{1}{3}$斗	$\frac{1}{3}$斗					$\frac{1}{3}$斗	不詳	以律食之				$\frac{1}{6}$斗	酌情給予

　　由表中可看出，刑徒日食者與按月食者一樣，口糧依姓別與勞動性質而有所差異。從事築城等勞動性較強的刑徒，因工作較需體力，為保證勞役工作的進行，故在早上給予$\frac{1}{2}$斗糧食，晚上休息時則給$\frac{1}{3}$斗；而從事守署等勞動性較弱的刑徒，則早晚皆給予$\frac{1}{3}$斗。城旦春等女性刑徒如不操土攻，則以律食之，想必比操土功者$\frac{1}{3}$斗少，比受饑餓刑罰的刑徒$\frac{1}{6}$斗多。此外，刑徒如生病，應是依病情輕重與勞動與否酌情給予糧食。

　　然而不論是按日或按月領取口糧的刑徒（不包括未能作、嬰兒），皆需實作實領，如作勞動性較輕的勞作而多領口糧，是不被法律所允許的。〔註20〕又秦之刑徒遍置全國各縣，領取口糧皆在所屬的縣領取。如果各官府間相互輸送刑徒，必須寫明已領口糧的年月日，〔註21〕以便繼續發放刑徒口糧，可見秦對刑徒口糧的嚴密監控。

〔註19〕　資料來源引自《秦律十八種‧倉律》，簡五五～六○，頁33～34。
〔註20〕　《秦律十八種‧倉律》，簡五七～五八，頁34：「城旦為安事而益其食，以犯令律論吏主者。減春城旦月不盈之稟。」
〔註21〕　《秦律十八種‧屬邦律》，簡二○一，頁65：「道官相輸隸臣妾、收人，必署其已稟年日月，受衣未受，有妻毋（無）有。受者以律續食衣之。」

三、供應驛站傳食、牛馬糧草

　　《晉書‧刑法志》記載秦有廄置、乘傳、副車、食廚等有關驛傳的法律，傳統史籍亦有郵、傳、驛、置等驛傳機構。一般來說，秦漢時期用車傳送稱作“傳”，步遞稱作“郵”，馬遞則稱作“驛”，爲驛傳設置的中途停駐之站稱作“置”。〔註22〕上述這些驛傳機構，皆包括在“置”的機構內。據甘肅敦煌懸泉漢簡表明，置內分別設有置、傳舍、廚、廄四大管理機構，乃集傳遞郵件、傳達命令、接待賓客爲一體的綜合機構。〔註23〕秦亦設有置的機構，如秦碭郡祈縣之善置，〔註24〕秦置有傳舍、食廚，如《睡簡》有《傳食律》，對因公出差人員供應飯食有嚴密的法律規定。今據《傳食律》律文作〈表十一：出差人員糧草供應標準表〉如下：

表十一：出差人員糧草供應標準表

供應＼人員	主食		副食				飼料	
	粺米	糯米	醬	菜羹	韭蔥	鹽	芻	稾
大夫及官大夫	規定不詳，當按爵級供給							
不更、謀人、宦奄	1斗		$\frac{1}{2}$升	有			$\frac{1}{2}$石	$\frac{1}{2}$石
上造以下到官佐、史、無爵者及卜、史、司御、寺人、府		1斗		有		$\frac{2}{22}$升		
御史、卒人	$\frac{1}{2}$斗		$\frac{1}{4}$升	有	有			
使者之從者		$\frac{1}{2}$斗						
（使者之）僕		$\frac{1}{3}$斗						

〔註22〕王子今，《《郵傳萬里：驛站與郵遞》（長春：長春出版社，2004 年 1 月第 1 版），第 4 部分〈秦漢『大一統』政體的成立和郵驛制度的健全〉，頁 39。

〔註23〕甘肅省文物考古研究所，〈甘肅敦煌漢代懸泉置遺址發掘簡報〉，《文物》，2000 年第 5 期，頁 16～20。

〔註24〕《史記》，卷五十四〈曹相國世家第二十四〉，葉一下：「（曹參）擊秦司馬厇軍碭東，破之，取碭、狐父、祁善置。」

由此表可看出，供應出差人員的傳食，有粺、糲米等主食；有醬、荣羹、韭葱、鹽等副食；亦有供應馬、牛的芻稾。各種傳食的供給，乃按出差人員的官職高低與官爵的等級而定。如分別爲秦爵第四、三級的不更、謀人，享有的傳食就明顯比秦爵第二級上造與無爵者來的優厚，秦爵第五、六爵等的大夫和官大夫，其傳食雖未有明確規定，想必比低　等爵制的不更、謀人更爲優渥。而出差者的隨從與駕車的僕，因無爵、無官職，只能食用 $\frac{1}{3}$ 斗的糲米而已。

秦置底下的傳舍所供應的糧草，大部份來自於各縣的糧倉。如《倉律》有詳細規定驛傳馬匹的餵食，則驛傳消耗的糧草當由在地的縣屬糧倉供給。此外，《倉律》亦有宦者等中央官吏爲朝廷辦事期間，其口糧由縣負責，〔註25〕且各縣尚需將這些糧食數量上報內史。〔註26〕另從敦煌懸泉漢簡：「入粟小石九石六斗……縣（懸）泉廐佐長富受敦煌倉佐曹成。」〔註27〕可知，漢代懸泉置機構的糧食來源爲當地的敦煌郡倉，亦可間接證明傳舍供應的糧草爲當地郡縣糧倉提供。

四、供應軍事後勤所需

糧倉供應軍事後勤的主要物資爲糧草，其在軍事行動上佔有很重要的份量。所謂「兵馬未動，糧草先行」、「軍無輜重則亡，無糧食則亡，無委積則亡。」〔註28〕根據《睡簡》律文，秦國軍人的糧食由國家供應：

> 不當稟軍中而稟者，皆貲二甲，法（廢）；非吏殹（也），戍二歲；徒食、敦（屯）長、僕射弗告，貲戍一歲；令、尉、士吏弗得，貲一甲。・軍人買（賣）稟稟所及過縣，貲戍二歲；同車食、敦（屯）長、僕射弗告，戍一歲；縣司空、司空佐史、士吏將者弗得，貲一甲；邦司空一盾。・軍人稟所、所過縣百姓買其稟，貲二甲，入粟公；吏部弗得，及令、丞貲各一甲。〔註29〕

〔註25〕　《秦律十八種・倉律》，簡四四，頁 30：「宦者、都官吏、都官人有事上爲將，令縣貸（貸）之，輒移其稟縣，稟縣以減其稟。已稟者，移居縣責之。」
〔註26〕　蔡萬進，〈秦國"是縣入之"糧倉社會功用述論〉，頁 282。
〔註27〕　胡平生、張德芳編撰，《敦煌懸泉漢簡釋粹》（上海：上海古籍出版社，2001年 8 月第 1 版），三、〈懸泉置管理與事務類〉，頁 75。
〔註28〕　《孫子》，卷中〈軍爭第二〉，葉三上。
〔註29〕　《秦律雜抄》，簡十一～十五，頁 82。

此律明定不應在軍中領糧而領取，皆貲二甲並永不敘用；一起吃飯的軍人不向上級報告，以及縣令、縣尉、士吏沒有察覺皆有罪。此外，軍人在領糧地與行軍路過的縣賣糧給百姓，軍人與百姓皆有罪，不但糧食要充公，且相關人員與主管皆需負連帶責任。此律揭示秦非常重視軍中糧食，軍糧軍用，確保了供應軍中充足的糧食。

軍中馬匹的糧秣亦用國家供給，上述驛站供應秦爵第四、三級的不更、謀人，就領有芻、藁各半石。馬匹的餵飼標準，據《倉律》：

> 駕傳馬，一食禾，其顧來有（又）一食禾，皆八馬共。其數駕，毋
> 過日一食。駕縣馬勞，有（又）益壼〈壹〉禾之。〔註30〕

每次駕用傳馬，餵飼一次糧食，回程再餵一次，每次皆八匹馬一起餵。如連駕傳馬幾次，每日不得餵飼超過一次，但駕車路遙，馬疲勞了可再加餵一次。

官吏的俸祿與口糧為按月發給，軍人想必亦是如此。馬匹的糧秣採按月發放，根據《睡簡》律文：「乘馬服牛稟，過二月弗稟、弗致者，皆止，勿稟、致。」〔註31〕駕車的馬牛糧秣，過期二個月沒有領取或發放，則截止不再領發，說明牛馬糧秣的發放是採按月領取。不過，有關文獻並沒有秦軍中口糧與糧草發放的相關記載，軍中人員與馬匹每月領取多少口糧與糧草，只能以上述各級官吏與隨從領取糧食的相關標準去推估了。〔註32〕

五、參與農業生產

糧食多寡關係著國家的存亡，在秦普遍實行授田制下，政府無可避免地廣泛參與農業生產。《田律》為農田生產的律文，有一連串保護農業生產的相關規定，反映秦對農業生產的重視。值得注意的是，《田律》不僅有農業生產的規定，同時對糧草貯藏亦然；另分析《倉律》律文，亦同時有農業生產與糧草貯藏的規定。說明農業生產與糧食貯藏密不可分，所謂「春耕、夏耘、秋收、冬藏」，就是指糧倉為農業生產的一個環節。《田律》有關糧倉的規定，如「入頃芻藁，以其受田之數」，入芻藁之所自然為糧倉。又如《田律》：「禾、芻藁徹（撤）木、薦，輒上石數縣廷。勿用，復以薦蓋。」〔註33〕當禾、芻

〔註30〕《秦律十八種‧倉律》，簡四七，頁31。
〔註31〕《秦律十八種‧田律》，簡一一，頁22。
〔註32〕徐富昌，《睡虎地秦簡研究》，第四篇第四章〈秦國軍事的供給制度〉，頁600～603。
〔註33〕《秦律十八種‧田律》，簡一○，頁21。

稟從糧倉移空的時候，糧倉所用木材與草墊不能移作它用，要再用來墊蓋糧草，這些都是農業生產與糧倉關係密切的證明。

秦倉參與農業生產的最有力證明，為糧倉負責種子收藏與分發：

> 種：稻、麻畝用二斗大半斗，禾、麥畝一斗，黍、荅畝大半斗，叔（菽）畝半斗。利田疇，其有不盡此數者，可段（也）。其有本者，稱議種之。〔註34〕

此為《倉律》對當時各種主要糧食每畝播種時所需的數量，不同品種的糧食每畝播種的數量亦不同。如果田畝肥沃，每畝所用種子糧數不到上述規定是可以的；田中如已有作物，則每畝可酌情使用種子數量。《倉律》對糧倉所貯種子分發的彈性規定，除了「符合各地區農田土地等則劃分以及種植的實際情況，體現出秦律靈活巧妙彈性運用的特質」外，〔註35〕亦說明了糧倉在農業生產的重要性。

秦倉參與農業生產的另一證明，為負責糧食的加工。糧食加工是農產品加工中最主要的組成部分，是從生產轉入消費的重要環節，乃農業生產過程的繼續且是不可分割的一部分。〔註36〕秦採取「家不積粟，上藏」的糧食政策，各縣萬石一積的糧食需要加工後，才能提供各種主食與副食品給龐大的官僚食用，這些主、副食品的加工事務，正是由秦倉所負責，據《睡簡·倉律》：

> 禾黍一石為粟一石六斗大半斗，舂之為糲（糲）米一石；糲（糲）米一石為鑿（繫）米九斗；九【斗】為毀（毇）米八斗。〔註37〕

此律為有關穀物出糧率的律文，$16\frac{2}{3}$ 斗的粟可舂成糲米一石（10斗）或舂成更精的鑿米九斗；或為毇米八斗。上述《倉律》有舂、小舂、城旦舂、白粲等刑徒領取口糧的規定，由其刑徒名稱「舂」、「白粲」可知其勞作與糧食加工有關。〔註38〕

〔註34〕《秦律十八種·倉律》，簡三八～三九，頁29。

〔註35〕吳福助，〈秦律「重刑主義」下的彈性法規探討〉，《東海中文學報》第十三期，民國90年7月，頁9。

〔註36〕胡曉建，〈中國傳統糧食加工工具的沿革及特點〉，《中國歷史博物館館刊》，1994年第1期，頁10。

〔註37〕《秦律十八種·倉律》，簡四一，頁29。

〔註38〕漢·衛宏，《漢舊儀》，（百部叢書集成之四二，台北：藝文印書館，不著出版年月，據清·孫星衍校刊平津館叢書本影印），卷下〈中宮及號位〉，葉九下：「鬼薪者，男當為祠祀鬼神伐山之薪蒸也；女為白粲者，以為祠祀擇米也，皆作三歲。」

　　秦國糧食加工主要有二種，一種是主食加工，將粟脫殼成粒狀的糯米、粳米等；另一種是副食品的加工，將小麥等穀物去殼研磨成粉狀。舂所使用的工具爲杵臼，《說文》：「舂，搗粟也。」杵呈圓柱狀，臼的中央呈凹窩狀，在臼的中央盛放粟，配合杵利用搗的衝擊力以加工去殼。杵臼主要是舂米，不過在圓磨沒有發明前，杵臼亦有搗粉的功能。〔註39〕副食品加工工具爲石磨，由於石磨比杵臼更快速地將麥、豆等農作物快速磨成粉，石磨的發明與使用，促進了由粒食到粉食的巨大進步，是中國飲食史上的一件大事。〔註40〕秦使用杵臼與石磨，得到了考古出土實物的證明，秦始皇陵附近出土石杵一件；〔註41〕另在陝西臨潼出土石磨二件。〔註42〕其中，秦的石磨形狀呈現規整圓形，中間略鼓，並雕鑿出數周棗形磨槽，石磨轉軸已普遍採用了鐵質轉軸，這些結構上的合理設計，使秦代的石磨具備了較高的工作效率和較長的使用壽命，已能滿足秦的糧食加工需求。〔註43〕

　　秦的糧食加工產品主要有米、酒、醬、麵四種，其使用原料皆是秦官倉所藏的禾、稻、麥……等穀物。〔註44〕這些加工食品因費工費時，得之不易，主要供應出差時位階較高的官吏或用以賞賜，平時刑徒或一般吏員很難得食用到。以米爲例，一般吏員與刑徒的口糧皆發給粟，且有賞賜的米，只能向官府領取穀物（《倉律》：「有米委賜，稟禾稼公」）。惟有在官吏出差時，秦倉才供給各種加工食品，如上述驛站供給出差官吏與隨從之各種主、副食品。以酒製品來說，《倉律》規定秦官倉所貯藏用以釀酒的秈稻和糯稻，每年要單獨貯藏且不能增積，並用來供給賓客。〔註45〕基層官吏經考核評比，成績優

〔註39〕　胡志祥，〈先秦主食加工方法探析〉，《中原文物》，1990 年第 2 期，頁 76～77。

〔註40〕　梁中效，〈試論我國古代糧食加工業的形成〉，《中國農史》，1992 年第 1 期，頁 76～77。

〔註41〕　陝西省臨潼縣文化館，〈文博簡訊・秦始皇陵附近新發現的文物〉，《文物》，1973 年第 5 期，頁 66。

〔註42〕　分見陝西省文物管理委員會，〈秦都櫟陽遺址初步勘探記〉，《文物》，1966 年第 1 期，頁 10～17；秦俑坑考古隊，〈臨潼鄭莊秦石料加工場遺址調查簡報〉，《考古與文物》，1981 年第 1 期，頁 42。

〔註43〕　魏京武、張穎嵐，〈秦始皇陵園考古發現中的農業信息──論秦代關中農業社會經濟〉，頁 375。

〔註44〕　蔡萬進，《秦國糧食經濟研究》，第七章〈糧食加工〉，頁 119。

〔註45〕　《秦律十八種・倉律》，簡三五～三六，頁 28：「稻後禾孰（熟），計稻後年。已獲上數，別粲、穤（糯）秥（黏）稻。別粲穤（糯）之襄（釀），歲異積之，勿增積，以給客，到十月牒書數，上內史。」

秀者，可獲得酒的賞賜。〔註46〕不過，《田律》規定居住在農村的百姓不准賣酒，田嗇夫及部佐均須嚴加禁止，違反法令者有罪。〔註47〕秦禁止百姓賣酒，主要原因當然是重糧政策的影響，禁止賣酒或將酒價提高，〔註48〕皆是爲促使人人致力本業、以保證糧食來源之故。

六、器物生產功用

戰國時期府、庫、倉、廩不只作爲儲藏器物之所，亦是造器之所。出土的楚鼎、燕國的鐵范、韓國的兵器……等冶鑄器物，其上或刻有倉，或刻廩，或刻庫，表明這些器物皆分屬倉、廩、庫所附設的冶鐵作坊所製作，作坊皆有完整的工技人員與冶鑄設備。〔註49〕考察戰國糧倉遺址，戰國時期的倉，的確設有冶鑄等手工業作坊。如洛陽戰國糧倉遺址，其出土遺物中有銅料、鉛料和混雜在內的煉渣、木炭等，可知附近設有鑄造作坊。另從大量手工業工具、非金屬半成品等遺物，可見糧倉遺址附近有設冶鑄等各種手工業作坊區。〔註50〕又韓國新鄭的倉城遺址，出土內徑 1 米多的榕爐、風管、烘窯等，可證其倉址設有冶鐵作坊。〔註51〕

秦與戰國其它諸國一樣，糧倉亦有器物生產功能。最有力的證明，爲秦之敖倉遺址亦發現眾多陶窯遺址，有火門、火道和通風口，〔註52〕應爲燒製磚瓦的作坊區。另咸陽市博物館藏有「二年寺工壺」一件，器身刻有銘文，據王輝考釋如下：

〔註46〕《秦律十八種·廄苑律》，簡十三～十四，頁 22：「以四月、七月、十月、正月膚田牛。卒歲，以正月大課之，最，賜田嗇夫壺酉（酒）束脯，爲旱〈皁〉者除一更，賜牛長日三旬；殿者，誶田嗇夫，罰冗皁者二月。其以牛田，牛減絜，治（笞）主者寸十。有（又）里課之，最者，賜田典日旬殿，治（笞）卅。」

〔註47〕《秦律十八種·田律》，簡十二，頁 22：「百姓居田舍者毋敢酤鹽（酤）酉（酒），田嗇夫、部佐謹禁御之，有不從令者有罪。」

〔註48〕《商君書》，卷一〈墾令第二〉，頁 12：「貴酒肉之價，重其租，令十位其樸。」

〔註49〕黃盛璋，〈新鄭出土戰國兵器中的一些問題〉，《歷史地理與考古論叢》，頁 154～156；江立新，〈先秦武庫試探〉，《江西師範大學學報》，1987 年第 1 期，頁 54～60。

〔註50〕洛陽博物館，〈洛陽戰國糧倉試掘紀略〉，頁 64。

〔註51〕劉東亞，〈河南新鄭倉城發現戰國鐵鑄泥范〉，《考古》，1962 年第 3 期，頁 165。

〔註52〕荊三林等，〈敖倉故址考〉，頁 25。

二年寺工

師初，丞拑

稟（廩）人荅

三斗

北寢（腹部刻銘）

茜府（圈足刻銘）〔註53〕

寺工師爲寺工工師的省文，秦之寺工可能與《睡簡》中的工室類似，爲管理手工業的機構。寺工有工師、丞、工。工師爲寺工之長，丞爲其副首，再底下爲各種身份的工。其中之廩人，爲一般糧倉收藏出納管理人員（詳本文第三章），王輝指出之所以要刻上廩人的名字，在於說明壺之容量曾經過廩人校驗、核准，具有標準器的性質。然據《睡簡‧工律》：「縣及工室聽官爲正衡石贏〈贏〉（纍）、斗用（桶）、升，毋過歲壺〈壹〉。有工者勿爲正。叚（假）試即正。」〔註54〕得知校正度量衡器乃官府之工匠負責，並非由廩人校驗。按秦「物勒工名」的制度，此處此所以要刻上廩人之名字，很可能此壺之製造可能是在倉所屬的冶鑄作坊製造，故刻上廩人之名以示負責。

目前學界已普遍認同秦之武庫具有生產和修理武器的職能，〔註55〕然對於秦倉是否具有器物生產職能卻幾乎沒有討論。值得注意的是，西漢倉器如平都量、高廟鼎等，度量明確，爲糧倉所設的手工業作坊所製作。這說明《漢書‧律曆志》：「夫量者，……職在太倉。」很有可能是承襲秦制。〔註56〕

以上論述了秦倉的機能，主要爲供應官吏的俸祿、口糧和糧草、發放刑徒的口糧、供應驛站傳食與牛馬糧草、供應軍事後勤所需、參與農業生產、器物生產功用等，囊括了政治、軍事與經濟等領域，爲維持秦王朝運作提供了堅實的基礎。不過，因秦倉是勵行耕戰政策的產物，故其缺乏類似周與漢

〔註53〕 王輝，〈二年寺工壺、雍工敀壺銘文新釋〉，《人文雜誌》，1987 年第 3 期，頁82～84。銘文均依王輝解釋，文中不一一註出。

〔註54〕 《秦律十八種‧工律》，簡一九四，頁 63。

〔註55〕 如吳榮曾，〈秦的官府手工業〉，《雲夢秦簡研究》，頁 42；黃今言，〈秦漢時期的武器生產及其管理制度〉（收錄於《秦漢經濟史論考》，北京：中國社會科學出版社，2000 年 8 月第 1 版），頁 395。

〔註56〕 邵鴻，〈西漢倉制考〉，《秦漢史論叢》第七輯，1999 年 5 月，頁 204。

之後的置倉救荒活民的制度（詳參附錄二：秦無置倉救荒活民考），這也是秦統一天下後旋即滅亡的重要原因之一。

第二節　秦倉的歷史作用～倉政的得失與借鑑

　　本文分別從秦倉建築的形式與結構、秦倉的管理、秦倉之間的糧草儲運與秦倉的機能等方面，詳細探討秦國糧倉制度。今總結秦倉制的利弊得失，歸納值得借鑑之處如下：

一、糧倉事務立法規範～以法治倉的管理原則

　　自商鞅變法改制，通過法律推行農戰政策以強秦，基本上確立了比較嚴格的法制。之後歷經幾代君主的努力，使秦不僅有比較完善的刑律，而且也逐步制定並頒行一系列的行政法規與經濟法規，使各級官吏和百姓都能有法可依、有章可循，形成了法治傳統。〔註57〕其中《睡簡》中的《倉律》、《效律》、《田律》、《內史雜》……等有關倉儲管理的法律規定，為秦的倉儲管理提供了一系列必須遵行的行為準則，體現了秦以法治倉的管理原則。

　　秦律在糧倉的人、事與物資的管理上，都有具體而詳細的規定。如在人事行政管理上，除了規定中央與地方糧倉行政管理機構與官吏的職掌外，糧倉官吏的選拔、考核與獎懲皆以法律條文呈現；在倉儲事務管理上，有嚴格的糧草出、入倉制度，舉凡糧草出、入、增積、核驗均需依法辦事，如《倉律》有「其出入禾、增積如律令」、「其出入、增積及效如禾」的律文。本文第三章第二節有論述倉儲管理與封隄、盤倉制度，以盤倉制度為例，其盤倉的具體項目、有關人員責任的追查、物資盈虧與損耗的處理，皆有明確詳盡的規定；在糧倉物資管理上，秦律對於糧倉物資的分類、分時、分倉（室）貯藏、發放與核算之法，以及防護與監督之法皆有具體規定。前者可隨時掌握物資與數量，有利於物資的調度與利用；後者乃對糧倉物資的保護。

　　秦除了立法規範糧倉事務外，在《法律答問》有還有所謂的「廷行事」，如「實官戶關不致，容指若抉，廷行事貲一甲。」、「空倉中有薦，薦下有稼一石以上，廷行事貲一甲，令史監者一盾。」「廷行事」即判案成例，可依其作為判案的依據。此反映出執法者根據以往判處的成例審理案件，已成為一

種制度。這種制度表明，雖主張法治的秦王朝亦不讓其被法律所束縛，當法律中沒有明文規定，或雖有規定，但有某種需要時，執法者可以不依規定，而以判例辦案，這就大大有利於統治者對人民的控制。〔註58〕

　　秦以法律形式規範倉儲事務，主要是保障秦在政治、軍事、經濟方面的各種需求，且分析其條文，對有關人員的處罰亦屬嚴苛。然而，不可否認的是，秦依法治倉的管理原則，在促進農業生產、保障糧食貯備方面確有其成效，同時倉儲人員亦在法令嚴明的基礎上，責任分明，各司其職而不徇私枉法，其中合理的成份，對於今日的糧倉管理當有可資借鑑之處。

二、重視糧倉建築的自然、地理與人文條件，以確保糧食品質、減少損耗

　　重視自然、地理與人文條件，為秦倉建築的特色。秦國故地位處北方，氣候較乾，由於黃土層很厚，且地下水位低，適於窖穴此一糧倉形式。秦佔領楚地以後，氣候潮溼，需將倉建築離地數尺以隔濕氣，藉以流通空氣，從而發展出干欄式倉或將倉建在高大台基上。可見糧倉的形制是配合著地域、氣候等自然、地理條件的制約，因地制宜，因材制用，而有著各種不同風格與形式的建築。此外，糧倉建在地勢高亢之地，有防潮、易守難攻、運輸便利、適宜建倉等優點，糧倉位址之選擇與當地地理條件關係密切。

　　秦倉建築之人文條件，主要為建築結構之完備。秦倉建築結構的主要組成部分為倉頂、倉身、倉底，而糧倉每個細部組成構件又有其功能，例如高台、門窗、木材、草墊等糧倉結構或構件，對於防潮、防濕、通風、防蟲、鼠、鳥雀等利於貯糧的建築功能，都可達到良好的效果。此外，秦國的居室建築格局，糧倉不與居室相連，亦減少了糧倉失火與糧食被人畜所排放污水所污染的機會。糧食受潮與鼠、害蟲等皆會破壞糧食品質，尤以糧食受潮為甚。秦對於確保糧食品質、減少損耗有嚴密的法律規定，如秦律對於糧倉漏水以致糧食敗壞，負責糧倉事務的官吏需受責罰；倉中有鼠洞二個以下，糧倉人員就會被申斥，三個以上則罰一盾；入倉與開倉時，如發現糧堆上有小蟲，應加以重新堆積，不要使穀物敗壞。秦嚴密的法律規定，結合完善之糧倉建築結構，確保了全國各地糧倉貯糧與良好品質。

〔註58〕睡虎地秦墓竹簡整理小組，前引書，頁93。

　　秦倉此項優點，對今日公糧倉儲實有所借益。如今日公糧倉庫在不同時期（分別為稻米增產、稻米產銷平衡、稻米供需平衡時期）的糧食政策下，倉庫之興建講求速效，不注重整體規劃及結構設計；或造成倉庫不足或散置的情況；或為提高營運效率、提昇儲穀品質而遷建、改建倉庫等缺點。改建或遷建倉庫，需面臨到經費、土地地目變更與倉庫報廢諸問題。〔註59〕假使政府在建置公糧倉庫時能做整體的規劃，重視自然、地理與人文條件，除了能提昇辦公效率，亦可省下大筆公帑。

三、健全糧倉體制，糧倉事務兼顧專責劃一與分權負責

　　本文第三章曾論述秦倉行政管理機構是附屬在秦行政體制下的一環，雖有其自身的運作組織，但也與其它行政組織存在著某種聯繫，並不是一個獨立完整的系統。其特色表現在中央行政管理機構除職掌糧倉事務外，尚負責其它職務；而秦倉地方行政管理機構，只負責糧倉事務，並未有其它事務的職掌。此外，地方糧倉事務屬各縣行政事務，需受縣令、丞等官吏監督外，非秦倉地方行政管理機構亦得參與。由以上可知，秦並無專屬、獨立的倉儲機構，且糧倉事務分散於各個部門，這就形成了糧倉事務分散於各個部門。針對上述情形，秦律有「同官而各有主殹（也），各坐其所主」的分職專責之規定，配合秦倉之監督管理，雖無專門、獨立的倉儲機構，糧倉調節效能亦未能充份發揮，〔註60〕然對於保護糧倉物資，卻不失為一有效辦法。

　　需要說明的是，秦倉事務雖分散於各個部門，未能由一專門、獨立之倉儲機構統籌，但這並無損於倉儲事務的推行。事實上，糧倉事務如能專責劃一，設一專門、獨立機構統籌，固然有助於糧倉糧食調節；然而各縣所生產的糧草、糧倉貯糧，皆極具地方性，亦即由各縣地方行政管理機構密切掌握，如另設糧倉管理機構管理，則有疊床架屋之弊。故糧倉事務的劃分，專責劃一與分權負責各有利弊，本文以為，較好的辦法是二者兼顧，亦即糧倉事務適合全國調配者，由中央之倉儲機構管理；糧倉事務具有較強地方性質者，由地方行政機構辦理，並由中央派員監督管理。〔註61〕

〔註59〕詳參葉惠美，〈公糧倉儲管理之檢討與改進〉，《農政與農情》，民國84年11月號，頁29～31；陳文德，〈公糧倉儲現況之檢討與展望〉，《稻米倉儲加工作業技術手用第二輯——稻米倉儲》，頁107～118。

〔註60〕參考華松年，《糧食管理論》，第四篇〈倉儲管理〉，頁104。

〔註61〕參考曲直生，《中國糧倉制度概論》，附錄二〈糧倉法規之研討〉，頁63～64。

四、國家主導糧食流通，輔以市場經濟調節

秦吸納民間糧食，實行「商無得糴、農無得糶」等政策，基本上禁止了糧食在民間市場之流通。國家主導下的糧倉設置與糧食運輸，無非是重視糧食以供國用，在全國糧倉形成的運輸網下，由國家統一集中貯糧、運送、分配，雖降低糧食損耗、保障了國家在政治與軍事各方面的需求，然卻會限制農業的發展。糧食是關係國計民生的戰略物資，合理流通，穩定糧價，對農業經濟的發展和農村的穩定有著重大深遠的意義。〔註62〕由國家壟斷糧食流通，限制市場此一糧食流通渠道，將農業與商業完全區隔開來，只會降低農民生產意願，限制農業的發展。

糧食流通的基本原則應該是有利於糧食生產者的積極性，提高勞動生產率與糧食流通率。規模化、市場化則有利於提高流通效率，降低流通成本，增強糧食生產的競爭力。〔註63〕秦國實行糧食國有政策，採統藏統分制，確實在兼併六國時發揮巨大效用。但長期限制市場經濟，只會阻礙農業生產，秦統一天下後旋即滅亡，就是未能及時將糧食政策由戰時向和平建設時期轉換，依然限制糧食在市場流通，以致經濟凋敝，社會危機四伏，最終導致滅亡。〔註64〕

五、糧倉貯糧公私倉廩皆滿～國富與民富並重

秦對糧食生產與貯備非常重視，如「善為國者，倉廩雖滿，不偷於農。」善於治理國家者，倉廩雖滿，仍致力於農業生產，認為「民畢農，則國富」、「富國以農」，主張農業生產為富國之道，「富國者彊」，即「國好生粟於境內，則金粟兩生，倉府兩實，國彊。」由《睡簡》可看出，秦於咸陽、櫟陽等都邑，分別存有十萬石一積、二萬石一積的糧草，以及各縣有萬石一積的糧草，非常重視國家貯糧。規定人民「入頃芻稾，以其受田之數，無墾不墾，頃入芻三石、稾二石」，實行「家不積粟，上藏」、「先實公倉」之國富政策，如民有餘糧，則以「粟爵粟任」、「使民以食出爵」之方式，將糧食收歸國有。之所以採國富而不採民富政策，因「民貧則力富，民富則淫，淫則有蝨。故民富而不用，則使

〔註62〕劉太樣，〈秦漢時期的農業和農村經濟管理措施〉，《史學月刊》，2000 年第 5 期，頁 19～25。

〔註63〕參考黃雪琴，〈糧食銀行：重構中國糧食流通體制新框架〉，《江海學刊》，2001 年第 6 期，頁 21～25。

〔註64〕參考蔡萬進，《秦國糧食經濟研究》，第十章〈秦國糧食經濟政策的得失與借鑒〉，頁 162。

民以食出官爵，官爵必以其力，則農不偷。農不偷，六蝨無萌。故國富而貧治，曰重富，重富者彊。」〔註65〕秦國政府認為民富則不為朝廷所用，故使民以糧受爵，如此才能國富，「國富則兵強，而霸王之業成矣。」〔註66〕

秦之「先實公倉」的國富政策，在維繫國家運作與統一戰爭方面，可以說是成功了。然將糧食收歸國有，導致民間糧食不足，使百姓不能「收餘以食親」，便會造成社會動亂。如《管子・牧民》：「倉廩食而知禮節，衣食足則知榮辱。」即闡述了民富與保障社會秩序的關係。漢代賈誼認為：「民不足而可治者，自古至今，未之嘗聞」、「饑寒切於民之肌膚，欲其亡為奸邪，不可得也。」因此，要使社會安定而民不為「奸邪」，就必須發展農業，使民有足够糧食，從而「可以為富而安天下。」〔註67〕由以上得知，國富可以強國，民富能安定社會秩序，二者缺一不可。自戰國末期始，法家「藏富於國」與儒家「藏富於民」的思想即有逐步融合的跡象，〔註68〕然秦之統治者，未能重視此潮流，甚至於災荒時，仍採「使民以食出爵」的方式，吸納民間存糧以供國用，〔註69〕不但未能藏富於民，亦無救荒活民之措施，「嚮使二世有庸主之行而任忠賢，……發倉廩，散財幣，以賑孤獨窮困之士；輕賦少事，以佐百姓之急……雖有狡害之民，無離上之心，則不軌之臣無以飾其智，而暴亂之奸彌矣。」〔註70〕秦二世不行此術，重以無道，故秦立國短短十幾年即亡國。

〔註65〕 《商君書》，卷五〈弱民第二十〉，頁122。

〔註66〕 《韓非子》，卷第十八〈六反第四十六〉，頁417。

〔註67〕 詳參高敏，〈秦漢時期的重農思想蠡測〉，《秦漢史論稿》，頁137～138。

〔註68〕 高敏，〈秦漢時期的重農思想蠡測〉，頁142～143：「成書於戰國時期融合了諸家思想的《管子》，便提出了『府不積貨』而『藏於民』的思想，認為『凡治國之道，必先富民，民富則易治也，民貧則難治也。』從儒家脫胎而來的荀況，也主張『裕民』、『富民』，認為『不富無以養民情』，『故王者富民』，『裕民則民富』。由此可見，法家『藏富於國』思想同儒家的『藏富於民』思想，到戰國末期有逐步趨於融合的跡象。」

〔註69〕 《史記》，卷六〈秦始皇本紀第六〉，葉二上：「（四年）十月庚寅，蝗蟲從東方來，蔽天。百姓內粟千石，拜爵一級。」秦此次納粟拜爵，鄧雲特，《中國救荒史》，附錄〈中國歷代救荒大事表〉，頁495將之列入救荒事件；又蔡萬進，〈試論春秋戰國時期秦國的賑災〉，頁127：「納粟拜爵，是鼓勵農業生產發展的措施之一，其本義不在於荒政。……（令百姓納粟一千石，拜爵一級）這是秦國粟爵制度在荒政方面的特別應用，屬個別特殊事例，非"粟爵"之原旨。」上述學者皆認為此次納粟拜爵為秦國救荒之事例。然觀《史記》此次天災，並無納粟之糧用作救災之記載，本文以為正因當年蝗災導致官倉糧食稅收減少，才使民以食出爵，吸納社會存糧以供國用。

〔註70〕 漢・賈誼撰，《新書》，卷第一〈過秦下〉，頁14～15。

綜上所述，秦採以法治倉的管理原則、重視糧倉建築的自然、地理與人文條件等，在戰爭頻仍的戰國時期，秦倉制確實為王朝運作提供了政治、軍事、經濟各方的需求。然不可否認的是，秦在統一六國後，其倉制未能導向注重糧食市場流通、藏富於民與救荒活民等方向，反而將糧食掌握在國家手中，知積貯以強國，卻不知積貯所以亡、難之從中發也，最終喪失人心，走向滅亡。〔註71〕

第三節　秦倉的歷史地位～後世倉制對秦倉之繼承與發展

學界論述中國歷代（或隋唐以後）倉制，皆依倉穀來源區分為正倉、太倉、轉運倉、常平倉、軍倉、義倉、社倉……等倉制，由於除了太倉之外，其它倉名皆為漢以後始現，故本文並不以此分法探討秦倉制。然這並不意味著除了太倉，其它倉制皆為後世始創，如本文曾述在《睡簡》中所見秦於各縣設置的糧倉，實為唐代正倉之濫觴；位於滎陽之敖倉，亦有轉漕關東向關中輸糧之事實。再者，秦自始皇統一天下後，利用中央集權力量劃一了度量衡、貨幣、車軌……等制度，對後世的影響擴及政治、經濟、思想、文化等方面，所謂"百代皆行秦政事"，〔註72〕此當亦包括倉儲制度。歷朝歷代的倉儲制度，無非是在前代的基礎上有所繼承與發展，然秦滅亡至今已二千多年，全面論述此期間秦倉制的影響，恐非本小節篇幅所能容納。故本文探討秦倉制的歷史地位，主要從現代（台灣地區為主）糧倉對秦倉制中有所繼承與發展的部份，今擇要論述如下：

一、糧倉建築形式與名稱

現代糧倉建築形式有平倉、筒倉二種，貯存穀物的高度小於穀倉寬度者屬於平倉，反之則屬筒倉。〔註73〕平倉、筒倉之命名原則即依建築形式命名，平倉為方形，筒倉為圓形，方形與圓形之糧倉建築形式，可說自秦以後歷代

〔註71〕《荀子》，卷五〈王制篇第九〉，頁153：「故王者富民，霸者富士，僅存之國富大夫，亡國富筐篋，實府庫。筐篋已富，府庫已實，而百姓貧，夫是之謂上溢而下漏，入不可以守，出不可以戰，則傾覆滅亡可立而待也。」
〔註72〕樊志民，《秦農業歷史研究》（西安：三秦出版社，1997年9月第1版），第十章〈秦農業發展的歷史思辯與地位評價〉，243頁。
〔註73〕此段現代糧倉建築形式與倉名，詳參盧福明，〈稻穀儲存管理技術〉，《稻米倉儲加工作業技術手用第二輯——稻米倉儲》，頁27～39。

皆無變更，惟一不同的乃挖地貯糧形式的窖，其貯存穀物的職能已不被重視。

秦倉命名原則多樣化，如倉、囷以建築形式命名；廥爲飼料倉，以貯藏糧草命名；庾爲水漕倉，以其功能命名。現代糧倉亦然，如上述之平倉、筒倉即以建築形式命名；穀倉、玉米倉庫以貯藏糧食種類命名；碼頭倉庫即以功能作區分。所不同者，現代糧倉因建築材料多樣化，在平倉、筒倉下，依建築材料又可細分爲土塊倉、木造倉、力霸倉、鋼筋水泥倉、鋼板圓筒倉……等多種。

二、糧倉建築結構與貯糧技術

現代糧倉建築結構在管理上需注意以下諸點：

1. 倉庫屋頂應緊密完好，不得漏水，並應裝設天花板，以防止潮濕。

2. 倉庫底層如係泥土地，應有離地面二尺的地板設備，以防潮濕。

3. 注意通風設備：倉庫若爲散裝收儲，每九平方公尺應設通風筒一支……其堆積高度不得超過牆壁高度四分之三，以利空氣流通，確保品質。

4. 倉庫牆壁如爲土牆者，其四周應加設間隔牆壁之木板。〔註74〕

5. 倉庫管理人員應經常巡視，並嚴防竊盜、火警、破壞及注意其他安全措施。違反前項規定致發生損害時，糧食倉庫應負賠償責任。〔註75〕

6. 倉庫四周應建築圍牆；且牆壁應加塗防水浸濕材料。〔註76〕

7. 倉庫管理人員應經常巡視，並嚴防竊盜、火警、破壞及注意其他安全措施。違反前項規定致發生損害時，糧食倉庫應負賠償責任。〔註77〕

8. 委託倉庫對收儲之公糧稻米，應隨時防範潮濕、發燒、鳥害、鼠害、蟲害、火災、盜竊等情事，如發生損失或品質不合格時，應由委託倉庫負損賠償同類型、數量之合格新期米穀，或以當時政府計劃收購公糧稻穀價格折算賠償現金。〔註78〕

〔註74〕以上四點引自盧福明，〈稻穀儲存管理技術〉，《稻米倉儲加工作業技術手用第二輯——稻米倉儲》，頁31。

〔註75〕行政院農業委員會會編，《《糧食倉庫管理辦法》》（《農業法規彙編》，台北：行政院農業委員會，民國88年7月發行），頁135～139。以下引用此辦法，不再一一註出。

〔註76〕全國法規資料庫：http：//law.moj.gov.tw，《公糧稻米委託倉庫管理要點》第五點；《糧食倉庫管理辦法》第6條。

〔註77〕《糧食倉庫管理辦法》第27條。

〔註78〕《公糧稻米委託倉庫管理要點》第22點。

總觀以上八點現代糧倉注意事項,在秦時已相當重視。如第 1 項屋頂防漏方面,秦屋頂用筒瓦可比板瓦更能防止雨水下漏,且將屋頂設計成微微向上反曲,可避免雨水沖毀台基附近地面。另針對因倉漏而使糧食受損,特別有處罰與賠償之規定,〔註 79〕可見其重視糧倉防漏之一般。現代糧倉在倉頂與倉內糧食間加上天花板之設計,在屋頂防漏上,又比秦倉更進一步。

第 2 點之糧倉底部離地面二尺有木板設備以防潮,秦倉底部則以木頭與草墊解決防潮問題。另外西漢京師倉一號建築遺址,採取架空地板之設計,地板離地面有 86 厘米之空間,不但可防潮且利通風,此與現代糧倉底層之設計完全相同。

第 4、6 點糧倉牆壁之設計上,秦除加高糧倉牆垣外,還以草拌泥塗抹在壁面,且經過二次處理。現代糧倉並未說明是否有二次處理,但四周需建圍牆且需加塗防水浸濕材料則與秦倉同。當然,塗抹之防浸濕的材料當不一樣。

總之,現代糧倉重視防潮、防漏、通風、防鼠雀、防蟲、防火與防盜等功能,這些與糧倉建築結構有關之貯糧觀點,可以說在秦時已建立,只是因現代科學進步,在某些貯糧技術之器材使用上確實比秦倉有所發展與進步。

三、糧倉量衡器具的貯藏與校正

穀物出、入倉與核驗時均需計算數量,而稱量的工具則有量器與衡器工具,為方便推行糧倉事務,量衡器皆存放至糧倉。秦律規定,各縣糧倉機構皆需存放量衡器具,而現代糧倉亦規定糧食倉庫應置備衡量器具與其他倉儲有關之必要設備。〔註80〕

校正,指「以度量衡標準器比較測定度量衡器器差之行為。」〔註 81〕秦在商鞅變法時,平斗桶權衡丈尺,對度量衡制度進行了一次改革。出土的商鞅方升,就是秦孝公十八年(334B.C.)商鞅任大良造時鑄造的法定標準器。

〔註79〕 《秦律十八種・效律》,簡一六四~一六六,頁 57:「倉扁(漏)殄(朽)禾粟,及積禾粟而敗之,其不可飤(食)者不盈百石以下,誶官嗇夫;百石以上到千石,貲官嗇夫一甲;過千石以上,貲官嗇夫二甲;令官嗇夫、冗吏共賞(償)敗禾粟。禾粟雖敗而尚可飤(食)殹(也),程之,以其耗(耗)石數論負之。」

〔註80〕 《糧食倉庫管理辦法》第 8 條。

〔註81〕 全國法規資料庫:http://law.moj.gov.tw,《度量衡法》第 2 條。

自此之後，秦非常重視度量衡器的統一，標準器皆由國家頒發，其上都有皇帝頒佈的詔文。〔註 82〕從《睡簡》律文可看出，秦亦非常重視度量衡器具的校正，特別是糧倉所貯放的量衡器具：

> 縣及工室聽官為正衡石羸〈嬴〉（纍）、斗用（桶）·升，毋過歲壺〈壹〉。
>
> 有工者勿為正。叚（假）試即正。〔註 83〕
>
> 有實官縣料者，各有衡石羸（纍）、斗甬（桶），期效。計其官，毋叚
>
> （假）百姓。不用者，正之如用者。〔註 84〕

以上規定反映幾點，首先秦已有專門的校正度量衡之機構，負責校正縣及工室之量衡器；第二，量衡器每年至少需校正一次，並特別規定糧倉之量衡器不准借予百姓使用，且即使不使用亦需如同使用時一樣校正準確。秦對各種量衡器亦規定誤差標準，且如超過此標準的相關人員需受處罰。（詳見本文第三章第二節〈表一〉）

秦倉嚴密的量衡器規定，其精神完全由現代糧倉所繼承。據《公糧稻米委託倉庫管理要點》第 15 點規定：

> 委託倉庫收儲撥付公糧稻米，其重量及容量之計算，應採用公制，
>
> 其量器、衡器以經度量衡檢定機關檢定合格者為限，並應依度量衡
>
> 器檢定檢查辦法之規定辦理檢查校正。

此管理要點首先反映出糧食倉庫稻米之重量與容量之計算，需採用公制；其二，有專門的度量衡檢定機關；第三，有專門的度量衡檢定法規。秦與現代糧倉皆重視度量衡的統一、準確，有專門的校正機構，所不同者，現代糧倉有專門的度量衡檢定法規。

四、糧倉倉址之選擇

秦倉倉址之選擇有地勢高亢之地、糧食產區、政治中心與軍事要衝等條件，最重要的為交通方便以利運輸。現代糧倉倉址亦需具備糧食產區、地點適中、交通便利、地勢高亢無淹水之虞，且內外環境無危害公糧稻米收儲之

〔註 82〕 尚志儒，《秦物質文化史》（收錄於陝西省考古研究所秦漢研究室編，西安市：三秦出版社，1994 年 6 月第 1 版），第三章〈都邑〉，頁 126～127。

〔註 83〕 《秦律十八種·工律》，簡一○○，頁 43。

〔註 84〕 《秦律十八種·內史雜》，簡一九四，頁 63。

安全與衛生。〔註85〕可見古今重視糧倉倉址之選擇條件皆同，不過在貫徹執行方面，現代糧倉爲配合不同時期之糧食政策，興建糧倉講求速效，忽略糧倉倉址之選擇，以致於缺乏整體規劃，影響糧倉事務推行與貯糧品質。（此部分詳參本章第二節）

五、糧倉事務立法規範

　　秦之《倉律》是目前已知中國最早針對糧倉事務訂定的法律，倉儲法律的產生，將倉儲工作推進到一個新的境界。秦以法治倉之特點對往後歷朝歷代產生了深遠的影響，各朝代大多針對倉儲事務制定專門的糧倉法律、法規和制度。〔註86〕當代糧倉亦沿襲自秦以來的以法治倉特點，除制定專門的糧倉法規外，尚有各種糧倉行政命令。以下就以秦律與當代法規、行政命令中，針對較具體而明顯的糧倉事務規定製成下頁〈表十二：秦與臺灣當代糧倉法規比較表〉，除明其異同，亦可說明當代糧倉對秦倉有所繼承與發展。

〔註85〕《公糧稻米委託倉庫管理要點》第四點；另台灣地區糧倉多建在糧食產區，據蘇德明，〈台灣地區公糧倉庫之分布及倉容利用之檢討與研究〉，民國90年12月，頁63～70。

〔註86〕吳忠起，〈秦漢倉儲思想綜述〉，頁26。

表十二　秦與臺灣當代糧倉法規比較表

凡例：

1. 目前出土《睡簡》中的法律條文，並非秦法律的全部，故此表並不能完全說明當代糧倉對秦倉之繼承與發展，此為本表之侷限。又秦處帝制時代，與民主國家體制不同，故本表項目僅就較為明確、具體之糧倉事務加以比較。

2. 當代糧倉法規規定之糧倉事務，秦律無相應之規定而經由筆者依其它史料考訂者，皆在〈備考〉一欄註出，詳細考證詳參本文各章節。

3. 秦律出處詳本文各章節，不一一註出。

	秦	現　代	備　考
分類、分時、分倉之貯藏辦法	《倉律》：稻後禾孰（熟），計稻後年。已穫上數，別粲、糯（糯）秔（黏）稻。別粲、糯（糯）之襄（釀），歲異積之，勿增積，以給客，到十月牒書數，上內史。《倉律》縣遺麥以為種用者，殼禾以臧（藏）之。	《糧食倉庫管理辦法》第19條：糧食進倉應按品種、年期、等級分倉保管，在堆積時應注意通風、防濕、防熱及便於檢查與搬運。《公糧稻米委託倉庫管理要點》第19點：委託倉庫收儲公糧稻米，應按年期、等級、類型、型態與自營糧食、受託糧食等分別保管，並插立標示板。	1.同：皆有分類、分時、分倉之貯藏規定。2.異：現代糧倉另有自營糧食與受託糧食分別保管之規定,此因現代糧倉有一大部分乃政府委託民間經營，故有此規定。
糧倉建築底部設計	《田律》：禾、芻藁徹（撤）木、薦，輒上石數縣廷。勿用，復以薦蓋。	《糧食倉庫管理辦法》第6條：倉底應堅實乾燥或舖設木板。	1.同：倉底之設計皆用木（頭）板防潮。2.異：秦倉底部有用草墊。
糧食加工	《倉律》：禾黍一石為粟一石六斗大半斗，舂之為糲米一石；糲米一石為鑿（糳）米九斗；九【斗】為毀（糲）米八斗。	《公糧稻米委託倉庫管理要點》第四點：委託倉庫，應具備加工及集塵設備。《糧食管理法》第八條：公糧經收、保管、加工及撥付，得由委託倉庫辦理。	1.同：糧倉皆存放糧食加工工具、皆具有糧食加工功能。2.秦之糧食加工工具為傳統之舂、石磨；現代糧倉穀物加工工具則為機械。

	秦	現　代	備　考
糧倉防蟲、防鼠	《法律答問》：倉鼠穴幾可（何）而當論及評？廷行事鼠穴三以上貲一盾，二以下評。鼷穴三當一鼠穴；《倉律》：長吏相雜以入禾倉及發，見屢之粟積，義積之，勿令敗。	《糧食倉庫管理辦法》第 44 條：倉儲糧食之病蟲害及鼠患之防除，應以事先防阻為原則，對進倉長期儲存之糧食，並須特別注意防治倉內害蟲繁殖滋長、倉內應放置除鼠藥餌或其他殺鼠設備。〔註 87〕	1.同：皆有防鼠、防蟲之規定，由「勿令敗」可知，秦與現代糧倉防蟲、防鼠皆以事先防阻為原則。 2.異：除鼠之法不同。
糧倉防火與相關規定	《內史雜》：善宿衛，閉門輒靡其旁火，慎守唯敬（儆）。有不從令而亡、有敗、失火，官吏有重罪，大嗇夫、丞任之。	《糧食倉庫管理辦法》第 27 條：倉庫管理人員應經常巡視，並嚴防竊盜、火警、破壞及注意其他安全措施。違反前項規定致發生損害時，糧食倉庫應負賠償責任。	1.同：皆有糧倉人員守衛、防火及規定有關人員賠償責任。 2.異：如糧食受損，秦之大嗇夫、丞需負連帶賠償責任；現代糧倉則由受損糧食之倉庫負責。
有關糧倉垣牆相關規定	《內史雜》：有實官高其垣牆。它垣屬焉者，獨高其置刍廥及倉茅蓋者。	《糧食倉庫管理辦法》第 6 條：倉庫四周應建築圍牆；《公糧稻米委託倉庫管理要點》第五點：委託倉庫收儲公糧稻米之庫房，應具備：牆壁加塗防水浸濕材料。	1.同：糧倉周圍需建牆垣，且需塗抹防水浸濕材料。 2.異：塗抹防水浸濕材料不同；又秦倉之垣牆需加高。
偽造印章	《法律答問》：「僑（矯）丞令」可（何）殹（也）？為有秩偽寫其印為大嗇夫。」、「盜封嗇夫可（何）論？廷行事以偽寫印。」	《公糧稻米檢驗章戳使用及管理須知》第十一點：檢驗章戳如有偽刻冒用情事，糧管處應依法究辦。	1.同：偽刻冒用印章皆有罪。 2.秦倉儲管理與封隄制度，詳參本文第三章第二節。
糧倉貯存量衡器具及校正	《內史雜》：有實官縣料者，各有衡石羸（累）、斗甬（桶）……不用者，正之如用者。」《工律》：縣及工室聽官為正衡石羸	《糧食倉庫管理辦法》第 8 條：糧食倉庫應置備衡量器具、檢驗器材、處理用具及其他倉儲有關之必要設備。	1.同：糧倉皆備量衡器具、有專門的校正機構、皆有量衡之標準器。 2.異：秦未有專為度量衡檢定訂定之法規。

〔註 87〕相關規定另有《糧食倉庫管理辦法》第 19 條：倉儲糧食如有發霉、潮濕、發熱及蟲害等情事，應即分別輕重依照左列規定處理：翻倉、曝晒、除蟲。

	秦	現　代	備　考
	〈贏〉（〓）、斗用（桶）、升，毋過歲壺〈壹〉。有工者勿爲正。	《公糧稻米委託倉庫管理要點》第 15 點：委託倉庫收儲撥付公糧稻米，其重量及容量之計算，應採用公制，其量器、衡器以經度量衡檢定機關檢定合格者爲限，並應依度量衡器檢定檢查辦法之規定辦理檢查校正。〔註88〕	
盤倉(糧食核驗) 時間	《效律》：倉嗇夫及佐、史，其有免去者，新倉嗇夫、新佐、史主廥者，必以廥籍度之。其有所疑，謁縣嗇夫，縣嗇夫令人復度及與雜出之。禾贏，入之；而以律論不備者。（此僅列臨時盤倉之律文，其它律文詳參本文第三章第二節、二〈倉儲管理與盤倉制度。）	《糧食倉庫管理辦法》第 25 條：糧食管理機關對倉儲糧食應定期派員清查，必要時得隨時實施抽查。《糧食倉庫管理辦法》第 35 條：糧倉核驗時間：定期檢驗、糧食交接時、糧食在儲存中發現異或有損壞之可能時。〔註89〕	1.同：盤倉時間皆有定期、臨時二種；其中秦臨時盤倉之情形有新舊官吏交接與穀物出入時數額不符二種情況，皆與現代糧倉類似。2.異：現代糧倉明確規定盤倉時間，秦則需由律文相關規定推知。
糧倉簿籍相關規定	《倉律》：「縣上食者籍及它費大（太）倉，與計偕。都官以計時雠食者籍。」、「而書入禾增積者之名事邑里於廥籍」、「至計而上廥籍內史。」	《公糧稻米委託倉庫管理要點》第 27、28 點：委託倉庫應設置經管公糧稻米登記簿，按日登載經收、保管、加工、撥付之各項公糧稻米及其數量，並於每年結束後	1.同：糧食出入倉皆需登記糧倉簿籍；且皆需上交上級機構查核。2.由於秦與現代國家體制不同，此項二者有諸多差異並不能在同一標準下比較。

〔註88〕相關規定另有《糧食倉庫管理辦法》第 9 條：糧食倉庫所用之衡量器具，須經度量衡檢定機關檢定，糧食管理機關並應隨時檢查校正。

〔註89〕相關規定另有《公糧稻米委託倉庫管理要點》第 30 點：糧管處對委託倉庫承辦公糧稻米業務有關之帳表憑證等，應隨時派員查核；《農倉業法》第 19 條：主管機關對於農倉之受寄物、帳簿、業務情形及財產狀況，每年至少應檢查二次，於必要時得隨時檢查之；《農倉業法》第 20 條：農倉或聯合農倉每半年應編造倉單表冊，詳列受寄物之種類、數量、品質及保管情形，報請主管機關備案，並應於年度終了後，編造資產負債表、損益計算表及財產目錄，報請主管機關審核，轉請行政院農業委員會及內政部備案。

	秦	現　代	備　考
		數量，並於每旬結束後二日內填報收撥糧食各項報表，送糧管處查核；糧管處應設置經營公糧稻米登記簿，依據委託倉庫列報收撥糧食各項報表，核實登載，並於每旬結束後五日內填報收撥糧各項報表，經本會查核。〔註90〕	
盤倉具體項目與結果之處理	《效律》：數而贏、不備，直（值）百一十錢以到二百廿錢，誶官嗇夫；過二百廿錢以到千一百錢，貲嗇夫一盾；過千一百錢以到二千二百錢，貲官嗇夫一甲；過二千二百錢以上，貲官嗇夫二甲。 《效律》：「縣料而不備其見（現）數五分一以上，直（值）其賈（價），其貲、誶如數者然。十分一以到不盈五分一，直（值）過二百廿錢以到千一百錢，誶官嗇夫；過千一百錢以到二千二百錢，貲官嗇夫一盾；過二千二百錢以上，貲官	《稽查公糧委託倉庫注意事項》第九點之（一）公糧部份：盈虧百分比超過百分之五以上者，依下列規定辦理：（1）發生盈餘者，應查明原因，並報請糧管處核辦。（2）發生虧短者，應查明原因，……於十日內購置同類型、型態、等級、數量之合格新期米穀償還。（3）略。 《公糧稻米委託倉庫管理要點》第32點：委託倉庫保管之公糧稻米，除遭受不可抗力之天然災害外，其因經收不實、保管不善，致品質未達規定驗收標準者，糧管處應依下	1.同：糧倉盤倉不論盈虧皆需處理；現代糧倉發生虧短需賠償，而秦則判以不同程度之處罰，不需賠償。 2.異：秦倉發生虧短百分一以上、虧短價值達一定金額以上即需處罰；現代糧倉則規定盈虧達百分五以上才需處理。

〔註90〕 相關規定另有《糧食倉庫管理辦法》第16條：糧食倉庫經收、保管、加工及撥付各項糧食，應設置登記簿，按日據實登記，並於每旬終了之次日，列報糧食管理機關。每一庫房糧食進倉、出倉、庫存數量，應設置登記卡，由倉庫管理人員逐日登記；《糧食倉庫管理辦法》第17條：糧食管理機關對各項糧食收撥、存倉數量，應按旬彙報中央糧食主管機關核備。

〔註91〕 相關規定另有《糧食倉庫管理辦法》第23條：糧食倉庫因驗收不實、保管不善等情事，以致倉儲糧食發生損失或品質不合格時，應查明責任，責令賠償，並予議處。

	秦	現　代	備　考
	嗇夫一甲。百分一以到不盈十分一，直（值）過千一百錢以到二千二百錢，貲官嗇夫，過二千二百錢以上，貲官嗇夫一盾。」 　　盤倉結果之處理詳參本文第三章第二節、二〈倉儲管理與盤倉制度。	列規定處理：（一）應即派員前往勘查，經查驗屬實後，通佑委託倉庫山具切結書，於二十日內負責賠償同類型、數量之合格新期米穀，或以當時政府計劃收購公糧稻穀價格折算賠償現金。 　　（二）驗收稻穀如有擅自變更驗收標準違法圖利者，應即移送司法機關偵辦。〔註91〕	

第六章　結　論

　　糧倉制度是秦經濟制度中重要的一個環節，不論在農業、漕運、租賦徭役……等方面皆具有關鍵性的地位。糧倉的機能亦提供秦在政治、軍事、經濟上的各種需求，以維持秦王朝運作的基礎。然而在中國倉制史上，秦是被忽略的一個時代，以致於秦倉制在中國倉制史中並未獲得它應有的評價。在此動機下，本文對秦倉制作了一番徹底、系統的考察，並獲得主要論點如下：

　　一、秦倉貯糧建築有倉、囷、窖、窌、廩、庾共八種名稱（含窔、竇），其中倉可泛指糧食儲藏之地，同時又是國家貯糧機構的總名；且可單指方形的糧倉建築，同時又包含所有的建築形式的糧倉。傳統上對倉命名的依據有以建築形式、貯糧糧食、糧倉用途來命名，歷來說法不一。本文指出秦倉名形成混亂之原因，最主要是倉之廣義與狹義的混用，另有貯糧建築形式之不同、同一地區有二種以上的貯糧建築以及貯藏糧食的多樣性等因素。

　　二、「以囷隨葬」喪葬習俗觀念雖在春秋時期已有，然並未在秦國社會各階層中流行。戰國晚期及秦代墓只發現幾件陶囷，剛好可說明此時以囷隨葬風氣尚在形成，戰國末年秦國在征伐六國的戰爭中，促進秦國與六國間的文化交流，秦國統一天下雖短短十五年即滅亡，然而秦國的喪葬文化卻深殖在漢代的疆域，此種以囷隨葬之風在漢代全國各地皆有出土，且隨著地域氣候、社會經濟條件等因素的不同而有著不同的面貌，其影響一直持續到南北朝時期。

　　三、重視自然、地理與人文條件，為秦倉建築的特色。秦倉的形制是配合著地域、氣候等自然、地理條件的制約，因地制宜，因材制用，而有著各種不同風格與形式的建築。此外，糧倉建在地勢高亢之地，有防潮、易守難

攻、運輸便利、適宜建倉等優點，糧倉位址之選擇與當地地理條件關係密切。秦倉建築之人文條件，主要為建築結構之完備，其主要組成部分為倉頂、倉身、倉底，而糧倉每個細部組成構件又有其功能，例如高台、門窗、木材、草墊等糧倉結構或構件，對於防潮、防濕、通風、防蟲、鼠、鳥雀等利於貯糧的建築功能，都可達到良好的效果。此外，秦國的居室建築格局，糧倉不與居室相連，亦減少了糧倉失火與糧食被人畜所排放污水所污染的機會。

四、糧倉穀物形態因體積大小、保存期限不一，對糧倉的容量與糧食貯藏有一定的影響。秦倉糧食貯糧形態，基本上有連槀之全禾、粟、糙米、精米這四種，本文根據穀物形態的保存期限與所佔倉容、稱量工具與糧食發給情形、穀物糧食的計算方式三項原因，認為秦倉糧食貯糧形態以粟為主，其它三種形態為輔。連槀之全禾只貯藏在廥以及保存作為播種用的種子；而糙米、精米則是官府出差為朝廷辦事時，由驛傳供應的穀物形態。

五、糧倉管理並非針對糧食、物品的管理，而是以人為中心，對人、事、物、財訂定有條理有系統的辦法，使倉儲事務的進行有軌可循，而不致越軌而行。在此原則下，不論是糧倉人員的選拔、考核、獎懲等人事行政管理，或是封隄與盤倉等倉儲事務管理，或是倉儲物資的管理，都能依法行政、依法管理。

六、秦倉行政管理機構是附屬在秦行政體制下的一環，雖有其自身的運作組織，但也與其它行政組織存在著某種聯繫，並不是一個獨立完整的系統。秦倉行政管理機構的特色，表現在中央行政管理機構除職掌糧倉事務外，尚負責其它職務；而秦倉地方行政管理機構，只負責糧倉事務，並未有其它事務的職掌。明顯地，秦國糧倉行政管理機構與秦政治體制是緊密結合的，二者之行政事務並不能明顯區分，所以在行政官吏的權責上，秦律特別制定「同官而各有主殹（也），各坐其所主」，分職專責的規定。

七、倉儲事務管理主要輔以封隄與盤倉制度，封與隄互相配合運用，可達到以防奸萌之目的；盤倉之目的在於核對糧倉物資與簿籍的核對，可防止糧倉物資損失。倉儲物資管理則實行分類、分時、分倉（室）貯藏、發放與核算之法，有利於秦統治者隨時調度物資與掌握數量；此外，秦亦採取監督之法保護糧倉物資，以減少物資損耗。

八、秦在全國廣設糧倉，以糧倉為基點連成運輸線，並在全國交錯成運糧網絡系統。此系統由兩部分組成，其一以政治、軍事為二大中心的運糧網

絡；其二為地方性的區域糧草運輸。秦糧倉設置（糧食貯存）與糧食運輸（糧食流通）之關係，本文歸納有（一）聚散集中～吸收民間生產糧食輸向縣倉；（二）集中散運～由縣倉作輻射性散出；（三）集中集運～向都邑或邊區運糧。

九、秦倉的機能，主要為供應官吏的俸祿、口糧和糧草，發放刑徒的口糧、供應驛站傳食與牛馬糧草、供應軍事後勤所需、參與農業生產、器物生產功用等，囊括了政治、軍事與經濟等領域，為維持秦王朝運作提供了堅實的基礎。不過，因秦倉是勵行耕戰政策的產物，故其缺乏類似周與漢之後的置倉救荒活民的制度，這也是秦統一天下後旋即滅亡的重要原因之一。

十、在全面考察秦倉制後，明其利弊之得失，並歸納值得借鑑之處有（一）糧倉事務立法規範～以法治倉的管理原則；（二）重視糧倉建築的自然、地理與人文條件，以確保糧食品質、減少損耗；（三）健全糧倉體制，糧倉事務兼顧專責劃一與分權負責；（四）國家主導糧食流通，需輔以市場經濟調節；（五）糧倉貯糧需公私倉廩皆滿～國富與民富並重。

十一、秦倉的歷史地位，表現在其諸多特點為後世倉制所繼承與發展，可以說具有開創性的歷史地位。例如現代糧倉的建築形式與名稱、建築結構與貯糧技術、量衡器具貯藏與校正、糧倉倉址之選擇、糧倉事務立法規範……等方面，皆在秦奠定之基礎下，歷經各朝的發展，才有今日糧倉制度的規模，特別是秦以法治倉的原則，更是日後中國二千多年來糧倉管理的定律。

附　錄

附錄一：秦於郡置倉然無郡一級倉之設立

　　秦國在各地有縣、鄉糧倉行政管理機構的設置，那麼有沒有郡一級倉機構的設置呢？《睡簡・置吏律》有論及郡級地方行政制度之設：

> 縣、都官、十二郡免除吏及佐、群官屬，以十二月朔日免除，盡三
>
> 月而止之。其有死亡及故有缺者，爲補之，毋須時。〔註1〕

《置吏律》爲關於任用官吏的法律。秦惠文君十年（328B.C.），魏納上郡十五縣，秦置郡始於此，秦有十二郡之設至遲應在秦莊襄王元年至三年之間，〔註2〕秦既設郡置守、領縣治民，爲維持龐大官僚系統之運作，必就地置郡倉以省遠輸。據《後漢書・隗囂公孫述列傳》記蜀郡成都郭外有秦時舊倉，《華陽國志・蜀志》亦載成都有秦倉。杜葆仁據之認爲秦有蜀郡郡倉的設置，〔註3〕盧鷹則進一步提出郡是秦最高的地方行政機構，每一郡的郡治所在地或其附近均設置有國家倉廩，並認爲「秦在統一前後建立了龐大的倉廩系統，自上而下形成了一套完整的倉政管理系統。」〔註4〕實際上，郡倉有二層涵義，一爲設置於郡的倉，僅作爲穀物貯存；另一爲受郡級機構管轄的倉，是爲郡級官府貯藏機構，兩者意義是不相同的。秦雖在統一前已設郡，並在統一後全

〔註1〕　《秦律十八種・置吏律》，簡一五七～一五八，頁56。
〔註2〕　王輝，〈秦史三題〉，《陝西歷史博物館館刊》第六輯，1999年6月，頁17～
　　　　 18。
〔註3〕　杜葆仁，〈我國糧倉的起源和發展〉，頁302。
〔註4〕　盧鷹，〈秦倉政研究〉，頁79。

面實施以郡轄縣之制，然新佔領的土地雖設郡管理，但以軍事方面意義爲重，經濟事務仍以中央爲主，此從西漢時期郡國諸倉等經濟管理機構是仍直屬於中央管轄可看出，據《後漢書・續百官志》：

> 郡國鹽官、鐵官本屬司農，中興皆屬郡縣。又有廩犧令，六百石，掌祭祀犧牲鴈鶩之屬。及雒陽市長、滎陽敖倉官，中興皆屬河南尹。
> 〔註5〕

西漢郡國的鹽官、鐵官等經濟機構在西漢時直屬中央，至東漢時才劃歸地方，此爲一般通則。嚴耕望論西漢郡國倉官：

> 西漢郡國倉官置長丞，屬大司農，見百官表。……據續百官志，滎陽敖倉官，西漢屬大司農，中興則改屬河南尹。其他諸倉之隸屬當亦作同樣之改變。〔註6〕

郡一級鹽、鐵、倉官等經濟機構，乃從秦到東漢期間逐步地建立。《睡簡》律文的倉儲行政管理機構多見縣級糧倉與中央之往來，是因秦當時郡一級行政機構與經濟管理機構尚未健全之緣故。杜葆仁等學者認爲秦建立了郡一級倉，乃將郡倉的二種含義混淆，僅在郡設倉儲穀與在郡設郡一級倉儲管理機構是完全不同的。本文認爲秦有在郡設置糧倉貯存，如琅琊郡之琅琊倉、南陽郡之宛倉和蜀郡之成都倉，但絕無設置郡一級官府貯藏機構。〔註7〕

附錄二：秦無置倉救荒活民考

秦自穆公時期即已注重糧食貯備，至遲在戰國時期於全國各地皆普遍設有萬石一積的糧倉。然而，不可否認的是，春秋戰國時期的秦國，是一個自然災害經常發生的國家，其發生的災害種類，基本上包括了中國古代社會的災害類型，即水、旱、風、潦、蝗等。〔註8〕據學者統計，《史記・

〔註5〕《後漢書》（清・王先謙集解、黃山等校補本），（續修四庫全書之273，上海：上海古籍出版社，不著出版年月），卷二十六〈百官志三第二十六〉，葉二。

〔註6〕嚴耕望，《中國地方行政制度史甲部——秦漢地方行政制度》，頁189。

〔註7〕蔡萬進據《睡簡》秦律並未規定或允許在縣倉、太倉設置郡一級糧倉，並認爲其時郡的地位與建置尚未健全，提出秦統一前尚無郡一級糧倉。詳參蔡萬進，《秦國糧食經濟研究》，頁25～26。但其認爲秦在統一前未在郡設倉貯糧，則爲本文所不能認同。秦兼併六國的過程中，領土不斷擴大，如不在新郡設倉儲糧，那麼糧草的運輸必不利於軍事行動。

〔註8〕蔡萬進，〈試論春秋戰國時期秦國的賑災〉，頁126。

六國年表》所記有關災異的記錄，自秦厲共公七年（469B.C.）到秦始皇帝三十六年（211B.C.）259 年間，重要災異即有 22 例，遠較周王朝和其他六國密集。其中災異發生的密集程度，爲春秋時期偶有記戴，戰國時期逐漸增多，尤其是秦始皇時期多達 14 例。〔註9〕從秦災異頻仍，然卻無開倉賑民之記載，此一現象顯示，秦倉是勵行耕戰的產物，其作用並不包括救荒活民。

目前學界討論秦倉與救荒活民之關係，皆認爲秦有置倉救荒活民之制，然主要依據惟有秦穆公輸粟於晉，以及《呂氏春秋》所記：「命有司發倉廩，賜貧窮，振乏絕」二事，以下分別辨之：

> 冬，晉荐饑，使乞糴于秦。秦伯謂子桑：「與諸乎？」對曰：「重施而報，君將何求？重施而不報，其民必攜；攜而討焉，無眾，必敗。」謂百里：「與諸乎？」對曰：「天災流行，國家代有。救災、恤鄰，道也。行道，有福。」丕鄭之子豹在秦，請伐晉。秦伯曰：「其君是惡，其民何罪？」秦於是乎輸粟于晉，自雍及絳相繼，命之曰“汎舟之役”。

蔡萬進據秦輸粟於晉事認爲：

> 查有秦一代史料，未嘗聞有開倉賑糧之舉。正如上文所述，秦國每遇到饑饉災荒之年，秦政府或“請粟”鄰國，或“納粟拜爵”，或“馳苑囿”、“發五苑之草著蔬菜橡果以活民。”龐大的國家倉儲根本無有賑災之功用，更無專爲恤民而設的積貯制度。……究其原因有二：一是秦自建國至統一，戰爭連年不斷。當時政府的主要活動是如何聚集人力、物力取得戰爭的勝利，擴張疆域，因而對於賑災並不十分重視。……二是國君統治指導思想的作用。秦國在孝公以前，基本上繼承周文化。秦穆公……顯然深受敬天保民思想的影響，故能重視民情。其能送粟於晉以解鄰國饑荒，那麼秦國的災荒無疑也要救濟。秦自孝公以後，主要採取法家思想施政，嚴刑峻法，橫征暴斂，對災害漠然處之。〔註10〕

〔註9〕 詳參賀潤坤，〈從雲夢秦簡《日書》看秦民間的災變與救災〉，《江漢考古》，1994 年第 2 期，頁 50～53 轉 49；王子今，〈秦史的災異記錄〉（收錄於《秦俑秦文化研究——秦俑學第五屆學術討論會論文集》，西安：陝西人民出版社，2000 年 8 月第 1 版），頁 252～262。

〔註10〕 蔡萬進，〈試論春秋戰國時期秦國的賑災〉，頁 128 轉 140。

蔡萬進指出「查有秦一代史料，未嘗聞有開倉賑糧之舉」之說，本文是贊同此觀點的。不過，蔡文同時又指出秦穆公有救荒之舉，孝公以後才對災害漠然處之，其說顯然有矛盾之處，想必是囿於前人的說法。〔註11〕秦輸粟於晉並非是恤災之例，而是晉「乞糴」於秦，並非是無償的給予。西周春秋時期，諸侯國間有一種受災「告糴」的制度，所謂「國有饑饉，卿出告糴，古之制也。」（國語・魯語上）接受「告糴」的國家，則有救助義務，是當時各國的約定。〔註12〕所謂「天災流行，國家代有，救災恤鄰，道也」實際上是在農業生產不穩定的各地之間的一種特殊的相互依存的經濟聯繫，亦帶有強烈的政治外交氣息，並非抱持著悲天憫人的心態，〔註13〕甚至是一種戰略考量。〔註14〕可見秦兩度輸粟於晉，並不能當作秦有置倉救荒活民之舉。

康大鵬據《呂氏春秋》所記云：

> 秦簡中這方面（糧倉貯糧救荒賑災）的材料有關。《呂氏春秋》的"十二紀"多載秦國的一些古老傳統，其於"仲春之月"云："命有司發倉廩，賜貧窮，振乏絕。"即季春時節，青黃不接，故國家頒糧賑饑。〔註15〕

按《呂氏春秋》是一部對諸子百家思想進行全面整合匯集的著作，呂不韋編撰之目的是想為秦統一後提供完備的指導思想。〔註16〕然書成不久，呂不韋即獲罪自殺，此書之思想並未成為秦統治者的指導思想。相反的，秦自孝公主採法家思想施政，法家的救貧觀點，「以刑賞法制為治國救飢的標準，反對仁政、慈惠、兼愛的救飢濟貧思想，……真正的濟貧途徑是什麼？他們認為民眾專心於農戰開墾、發展生產就不會飢餓貧寒，若有飢餓貧寒現象，則是

〔註11〕按蔡萬進認為秦穆公有救荒於秦的說法，乃引自賀潤坤，〈從雲夢秦簡《日書》看秦民間的災變與救災〉，頁50。

〔註12〕鄭壽彭，《中國古代的治道》（臺北：臺灣商務印書館，民國73年2月3版），第四章〈救荒之道〉，頁46。

〔註13〕詳參李根蟠，〈從《管子》看小農經濟與市場〉，《中國經濟史研究》，1995年第3期，頁15。

〔註14〕樊志民，《秦農業歷史研究》，第二章〈初秦對周、戎農牧文化的繼承與發展〉，頁41。

〔註15〕康大鵬，〈雲夢簡中所見的秦國倉廩制度〉，頁41～42。

〔註16〕周桂鈿，《秦漢思想史》（石家莊：河北人民出版社，2000年1月第1版），頁16～40。

他們懈怠的結果。」〔註17〕有功受賞的思想自商鞅變法以來即已形成，〔註18〕此亦表現在秦之積貯之制，如「發困倉而賜貧窮者，是賞無功也。」〔註19〕又在昭王時，秦大饑，應侯請發五苑之草蔬菜橡果棗栗以活民，昭王明白揭示「吾秦法使民有功而受賞，有罪而受誅。今發五苑之蔬果者，使民有功與無功俱賞也。夫使民有功與無功俱賞者，此亂之道也。」〔註20〕故由法家治國救饑的標準來看，秦確無置倉救荒活民之舉。

〔註17〕陳采勤、朱曉紅，〈論先秦諸子的抗災賑濟措施〉，《史學月刊》，2000 年第 3
　　　　期，頁 94。
〔註18〕《韓非子》，卷第四〈姦劫弒臣第十四〉，頁 101：「古秦之俗，君臣廢法而服
　　　　私，是以國亂兵弱而主卑。商君說秦孝公以變法易俗而明公道，賞告姦，困
　　　　末作而利本事。當此之時，秦民習故俗之有罪可以得免、無功可以得尊顯也，
　　　　故輕犯新法。於是犯之者其誅重而必，告之者其賞厚而信，故姦莫不得而被
　　　　刑者眾，民疾怨而眾過日聞。孝公不聽，遂行商君之法，民後知有罪之必誅，
　　　　而私姦者眾也，故民莫犯，其刑無所加。是以國治而兵強，地廣而主尊。」
〔註19〕《韓非子》，卷第十五〈難二第三十七〉，頁 361。
〔註20〕《韓非子》，卷第十四〈外儲說右下第三十五〉，頁 337。

參考書目

壹、史料

一般史料

1. 漢・桓寬著、王利器校注，《鹽鐵論校注》，一〇卷，新編諸子集成，北京：中華書局，1992 年 7 月第 1 版。

2. 漢・毛亨傳、鄭玄箋、唐・孔穎達疏，二〇卷，《毛詩正義》，北京：北京大學出版社，1999 年 12 月第 1 版，據阮元《十三經注疏》校刻本點校。

3. 漢・王充撰、黃暉校釋，《論衡校釋》，三〇卷，新編諸子集成，北京：中華書局，1996 年 11 月第 1 版。

4. 漢・司馬遷撰，《史記》，一三〇卷，百衲本，臺北：臺灣商務印書館，民國 84 年 4 月臺 1 版第 7 次印刷。

5. 漢・氾勝之著、萬國鼎輯釋，《氾勝之書輯釋》，北京：農業出版社，1980 年 12 月新 2 版。

6. 漢・班固撰，《漢書》，一〇〇卷，百衲本，臺北：臺灣商務印書館，民國 85 年 12 月臺 1 版第 7 次印刷。

7. 漢・高誘注、陳奇猷校釋，《呂氏春秋》，二六卷，臺北：華正書局，民國 87 年 8 月初版。

8. 漢・劉向撰、向宗魯校證，《說苑校證》，二〇卷，北京：中華書局，2000 年 3 月第 1 版第 3 次印刷。

9. 漢・鄭玄注、唐・孔穎達疏，《禮記正義》，六三卷，據阮元《十三經注疏》刻本點校，北京：北京大學出版社，1999 年 12 月第 1 版。

10. 漢・鄭玄注、唐・賈公彥疏，《周禮注疏》，四二卷，據阮元《十三經注疏》校刻本點校，北京：北京大學出版社，1999 年 12 月第 1 版。

11. 漢‧鄭玄注、唐‧賈公彥疏,《儀禮注疏》,五○卷,據阮元《十三經注疏》校刻本點校據阮元《十三經注疏》校刻本點校,北京:北京大學出版社,1999 年 12 月第 1 版。

12. 漢‧應劭撰、王利器校注,一○卷,《風俗通義校注》,臺北:明文書局,民國 77 年 3 月再版。

13. 唐‧杜祐撰、王文錦等點校,《通典》,二○○卷,北京:中華書局,1996 年 8 月第 1 版第 3 次印刷。

14. 晉‧杜預注、唐‧孔穎達疏,六○卷,《春秋左傳正義》,據阮元《十三經注疏》校刻本點校,北京:北京大學出版社,1999 年 12 月第 1 版。

15. 晉‧常璩撰、劉琳校注,《華陽國志》,十二卷,成都:巴蜀書社,1984 年 7 月第 1 版。

16. 元‧王禎,《農書》,二十二卷,據商務印書館萬有文庫本重印,北京:中華書局,1956 年 10 月第 1 版。

17. 明‧董說撰,《七國考》,一四卷,北京:中華書局,1998 年 11 月第 1 版第 2 次印刷。

18. 清‧王先慎,《韓非子集解》,二○卷,新編諸子集成,北京:中華書局,1998 年 7 月第 1 版。

19. 清‧王先謙,,《荀子集解》,二○卷,新編諸子集成,北京:中華書局,1997 年 10 月 1 版。

20. 清‧孫詒讓,《墨子閒詁》,一五卷,新編諸子集成,北京:中華書局,2001 年 4 月 1 版。

21. 清‧孫楷撰、徐復訂補,《秦會要訂補》,二六卷,北京:中華書局,1998 年 11 月第 1 版第 2 次印刷。

22. 清‧蘇輿,《春秋繁露義證》,十七卷,新編諸子集成,北京:中華書局,2002 年 8 月第 1 版第 3 次印刷。

23. 蔣禮鴻,《商君書錐指》,五卷,新編諸子集成,北京:中華書局,1996 年 9 月第 1 版第 2 次印刷。

24. 閻振益、鐘夏,《新書校注》,新編諸子集成,北京:中華書局,2000 年 7 月第 1 版。

25. 繆文遠,《戰國策新校注》,三三卷,成都:巴蜀書社,1998 年 9 月第 3 版第 3 次印刷。

26. 顏昌嶢,《管子校釋》,二四卷,長沙:嶽麓書社,1996 年 2 月第 1 版。

27. 王蘧常,《秦史》,五三卷,上海:上海古籍出版社,2000 年 12 月第 1 版。

28. 何清谷校注,《三輔黃圖校注》,六卷,古長安叢書,西安:三秦出版社,1998 年 9 月第 1 版第 2 次印刷。

29. 何寧撰,《淮南子集釋》,二一卷,北京:中華書局,1998 年 10 月第 1 版。

金石簡帛資料

1. 中國文物研究所、湖北省文物考古研究所編,《龍崗秦簡》,北京:中華書局,2001 年 8 月第 1 版,180 頁。

2. 王輝,〈二年寺工壺、雍工敃壺銘文新釋〉,《人文雜誌》,1987 年第 3 期,頁 82～84。

3. 周曉陸、路東之編,《秦封泥彙》,西安:三秦出版社,2000 年 5 月第 1 版,461 頁。

4. 袁仲一,《秦代陶文》,西安市:三秦出版社,1987 年 5 月第 1 版,473 頁。

5. 馬王堆漢墓帛書整理小組編,《馬王堆漢墓帛書(參)》(《春秋事語》、《戰國縱橫家書》),北京:文物出版社,1983 年 10 月第 1 版,117 頁。

6. 馬王堆漢墓帛書整理小組編,《馬王堆漢墓帛書——戰國縱橫家書》,北京:文物出版社,1976 年 12 月第 1 版,201 頁。

7. 張家山二四七號漢墓竹簡整理小組,《張家山漢墓竹簡》,北京:文物出版社,2001 年 11 月第 1 版,320 頁。

8. 彭浩,《張家山漢簡《算術書》註釋》,北京:科學出版社,2001 年 7 月第 1 版,150 頁。

9. 湖南省文物考古研究所、湘西土家族苗族自治州文物處,〈湘西里耶秦代簡牘選釋〉,《中國歷史文物》,2003 年第 1 期,頁 8～25。

10. 湖南省文物考古研究所、湘西土家族苗族自治州文物處、龍山縣文物管理所,〈湖南龍山里耶戰國——秦代古城一號井發掘簡報〉,《文物》,2003 年第 1 期,頁 5～35。

11. 睡虎地秦墓竹簡整理小組,《睡虎地秦墓竹簡》,北京:文物出版社,2001 年 12 月第 1 版,406 頁。

12. 劉信芳、梁柱編著,《雲夢龍崗秦簡》,北京:科學出版社,1997 年 7 月 1 版,141 頁。

13. 羅福頤,《秦漢南北朝官印徵存》,北京:文物出版社,1987 年 1 月第 1 版,533 頁。

考古發掘報告、簡報

1.《雲夢睡虎地秦墓》編寫組,《雲夢睡虎地秦墓》,北京:文物出版社,1981 年 9 月第 1 版,302 頁。

2. 中國社會科學院考古研究所武功發掘隊,〈陝西武功縣趙家來東周時期的秦墓〉,《考古》,1996 年第 12 期,頁 44～48。

3. 中國科學院考古研究所，《洛陽燒溝漢墓》，北京：科學出版社，1959 年 12 月 1 版。

4. 中國科學院考古研究所編，《灃西發掘報告：1955～1957 年陝西長安縣灃西鄉考古發掘資料》，北京：文物出版社，1963 年 3 月第 1 版，304 頁。

5. 甘肅省文物工作隊、北京大學考古學系，〈甘肅甘谷毛家坪遺址發掘報告〉，《考古學報》，1987 年第 3 期，頁 359～395。

6. 甘肅省文物考古研究所，〈甘肅敦煌漢代懸泉置遺址發掘簡報〉，《文物》，2000 年第 5 期，頁 4～20。

7. 田亞岐、王保平，〈陝西鳳翔南指揮兩座小型秦墓的清理〉，《考古與文物》，1987 年第 6 期，頁 21～24。

8. 吳鎮烽、尚志儒，〈陝西鳳翔八旗屯秦國墓葬發掘簡報〉，《文物資料叢刊》，1980 年第 3 輯，頁 67～85。

9. 吳鎮烽、尚志儒，〈陝西鳳翔高莊秦墓地發掘簡報〉，《考古與文物》，1981 年 1 期，頁 12～38。

10. 李自智、尚志儒，〈陝西鳳翔西村戰國秦墓發掘簡報〉，《考古與文物》，1986 年第 1 期，頁 9～35。

11. 尚志儒、趙叢蒼，〈陝西鳳翔八旗屯西溝道秦墓發掘簡報〉，《文博》，1986 年第 3 期，頁 1～31。

12. 咸陽市文物考古研究所，〈咸陽任家咀 22 號積砂石椁墓發掘簡報〉，《文物考古論集》，2000 年 6 月第 1 版，頁 208～214。

13. 咸陽市文物考古研究所，〈咸陽任家嘴春秋墓清理簡報〉，《考古與文物》，1993 年第 3 期，頁 40～47 轉 72。

14. 咸陽市博物館，〈咸陽任家嘴殉人秦墓清理簡報〉，《考古與文物》，1986 年第 6 期，頁 23～27。

15. 洛陽市第二文物工作隊，〈黃河小浪底鹽東村漢函谷關倉庫建築遺址發掘簡報〉，《文物》，2000 年第 10 期，頁 12～25。

16. 洛陽博物館，〈洛陽戰國糧倉試掘紀略〉，《文物》，1981 年第 11 期，頁 55～65 轉 50。

17. 秦俑考古隊，〈臨潼上焦村秦墓清理簡報〉，《秦俑研究文集》，1990 年 6 月出版，頁 542～558。

18. 秦俑坑考古隊，〈臨潼鄭莊秦石料加工場遺址調查簡報〉，《考古與文物》，1981 年第 1 期，頁 39～43。

19. 陝西省文物管理委員會，〈秦都櫟陽遺址初步勘探記〉，《文物》，1966 年第 1 期，頁 10～17。

20. 陝西省考古研究所，《西漢京師倉》，北京：文物出版社，1990 年 12 月第 1 版，頁 130。

21. 陝西省考古研究所,〈陝西銅川棗廟秦墓發掘簡報〉,《考古與文物》,1986 年第 2 期,頁 7～17。

22. 陝西省考古研究所,〈陝西寶雞晁峪東周秦墓發掘簡報〉,《考古與文物》,2001 年第 4 期,頁 1～8。

23. 陝西省考古研究所雍城工作站,〈鳳翔鄧家崖秦墓發掘簡報〉,《考古與文物》,1991 年第 2 期,頁 14～19。

24. 陝西省考古研究所編著,《隴縣店子秦墓》,西安:三秦出版社,1998 年 8 月第 1 版,278 頁。

25. 陝西省雍城考古隊,〈一九八一年鳳翔八旗屯墓地發掘簡報〉,《考古與文物》,1986 年第 5 期,頁 23～40。

26. 陝西省雍城考古隊,〈鳳翔馬家莊一號建築群遺址發掘簡報〉,《文物》,1985 年第 2 期,頁 1～29。

27. 陝西省雍城考古隊〈陝西鳳翔春秋秦國凌陰遺址發掘簡報〉,《文物》,1978 年第 3 期,43～45。

28. 馬志軍、孫鐵山,〈咸陽機場陵照導航台基建工地秦漢墓葬清理簡報〉,《考古與文物》,1992 年第 2 期,頁 15～25 轉 45。

29. 程學華,〈西安市東郊漢墓中發現的帶字陶倉〉,《考古》,1963 年 4 期,頁 227。

30. 廣州市文物管理處、中山大學考古專業 75 屆工農兵學員,〈廣州秦漢造船工場遺址試掘〉,《文物》,1977 年第 4 期,頁 1～16＋6。

31. 寶雞市考古隊、隴縣博物館,〈陝西隴縣韋家莊秦墓發掘簡報〉,《考古與文物》,2001 年第 4 期,頁 9～19。

32. 寶雞市博物館、寶雞市渭濱區文化館,〈陝西寶雞市茹家莊東周墓葬〉,《考古》,1979 年第 9 期,頁 408～411。

33. 寶雞市博物館、寶雞縣圖博館,〈寶雞縣西高泉村春秋秦墓發掘記〉,《文物》,1980 年第 9 期,頁 1～9。

34. 負安志,〈陝西長武上孟村秦國墓葬發掘簡報〉,《考古與文物》,1984 年第 3 期,頁 8～17。

貳、專書

1. 《中華秦文化辭典》編委會編,《中華秦文化辭典》,西安:西北大學出版社,2000 年 1 月第 1 版,725 頁。

2. 于佑虞,《中國倉儲制度考》,北平:正中書局,民國 37 年 4 月初版,116 頁。

3. 于振波,《秦漢法律與社會》,長沙:湖南人民出版社,2000 年 3 月第 1 版,263 頁。

4. 于豪亮,《于豪亮學術文存》,北京:中華書局,1985 年 1 月第 1 版,276 頁。

5. 中國社會科學院考古研究所編著,《新中國的考古發現和研究》,北京:文物出版社,1984 年 5 月第 1 版,661＋24＋216 頁。

6. 中國社會科學院簡帛研究中心主編,《簡帛研究二○○一》,桂林:廣西師範大學出版社,2001 年 9 月第 1 版,876 頁。

7. 中華書局編輯部編,《雲夢秦簡研究》,北京:中華書局,1981 年 7 月第 1 版,363 頁。

8. 王輝,《秦出土文獻編年》,臺北:新文豐出版公司,民國 89 年 9 月台 1 版,338 頁。

9. 王子今,《秦漢交通史稿》,北京:中共中央黨校出版社,1994 年 7 月第 1 版,582 頁。

10. 王子今,《郵傳萬里:驛站與郵遞》,長春:長春出版社,2004 年 1 月第 1 版,275 頁。

11. 王子今等編,《紀念林劍鳴教授史學論文集》,北京:中國社會科學出版社,2002 年 1 月第 1 版,360 頁。

12. 王國維《觀堂集林》,上、下冊,石家莊:河北教育出版社,2001 年 11 月第 1 版,957 頁。

13. 王開主編,《陝西古代道路交通史》,北京:人民交通出版社,1989 年 8 月第 1 版,493 頁。

14. 王雲度,《秦史編年》,西安:陝西人民出版社,1986 年 7 月第 1 版,195 頁。

15. 王雲度、張文立主編,《秦帝國史》,西安:陝西人民教育出版社,1997 年 12 月第 1 版,374 頁。

16. 王學理,《咸陽帝都記》,西安:三秦出版社,1999 年 8 月第 1 版,614 頁。

17. 王學理,《秦始皇陵研究》,上海:上海人民出版社,1994 年 12 月第 1 版,274 頁。

18. 王學理、梁雲,《秦文化》,北京:文物出版社,2001 年 4 月第 1 版,283 頁。

19. 王關成、郭淑珍,《秦刑罪概述》,陝西人民教育出版社,1993 年 11 月第 1 版,156 頁。

20. 王獻堂,《五燈精舍印話》,濟南:齊魯書社,1985 年 4 月第 1 版,459 頁。

21. 布瑞(Francesca Bray)著、李學勇譯,《中國農業史》,臺北:臺灣商務印書館股份有限公司,1994 年 1 月初版,1040 頁。

22. 甘肅省文物考古研究所編，《秦漢簡牘論文集》，蘭州：甘肅人民出版社，1989 年 12 月第 1 版，330 頁。

23. 田昌五、臧知非，《周秦社會結構研究》，西安：西北大學出版社，1996 年 10 月第 1 版，387 頁。

24. 印群，《黃河下游地區的東周墓葬制度》，北京：社會科學文獻出版社，2001 年 10 月第 1 版，305 頁。

25. 安作璋、陳乃華，《秦漢官吏法研究》，濟南：齊魯書社，1993 年 12 月第 1 版，347 頁。

26. 安作璋、熊鐵基，《秦漢官制史稿（上）（下）》，濟南：齊魯書社，1985 年 6 月第 1 版，995 頁。

27. 曲直生，《中國糧倉制度概論》，臺北：中央文物供應社，民國 43 年 2 月出版，108 頁。

28. 余宗發，《雲夢秦簡中思想與制度鉤摭》，臺北：文津出版社，民國 81 年 5 月初版，222 頁。

29. 余宗發《先秦諸子學說在秦地之發展》，臺北：文津出版社，民國 87 年 9 月初版，307 頁。

30. 吳小強，《秦簡日書集釋》，長沙：岳麓書社，2000 年 7 月 1 版，369 頁。

31. 吳榮曾，《先秦兩漢史研究》，北京：中華書局，1995 年 6 月第 1 版，379 頁。

32. 吳福助，《睡虎地秦簡論考》，臺北：文津出版社，民國 83 年 7 月初版，350 頁。

33. 宋杰，《先秦戰略地理研究》，北京：首都師範大學出版社，1999 年 7 月第 1 版，224 頁。

34. 巫寶山，《先秦經濟思想史》，北京：中國社會科學出版社，1996 年 8 月第 1 版，657 頁。

35. 李力，《出土文物與先秦法制》，鄭州：大象出版社，1997 年 12 月第 1 版，188 頁。

36. 李均明，《初學錄》，臺北：蘭臺出版社，民國 88 年 12 月初版，413 頁。

37. 李均明、劉軍，《簡牘文書學》，南寧：廣西教育出版社，1999 年 6 月第 1 版，442 頁。

38. 李孝林等著，《中外會計史比較研究》，北京：科學技術文獻出版社，1996 年 9 第 1 版，339 頁。

39. 李劍農，《先秦兩漢經濟史稿》，臺北，華世出版社，民國 70 年 12 月台初版，306 頁。

40. 杜正勝，《編戶齊民》，臺北：聯經出版事業公司，民國 81 年 5 月初版第 2 次印行，490 頁。

41. 沈長雲等,《趙國史稿》,北京:中華書局,2000 年 11 月第 1 版,629 頁。

42. 肖克之、張合旺、曹建強著,《漢代陶器與古代文明》,北京:中國農業出版社,2000 年 7 月 1 版,184 頁。

43. 辛德勇,《古代交通與地理文獻研究》,北京:中華書局,1996 年 7 月第 1 版,354 頁。

44. 周密,《商鞅刑法思想及變法實踐》,北京:北京大學出版社,2002 年 6 月第 1 版,204 頁。

45. 房仲甫、李二和,《中國水運史》,北京:新華出版社,2003 年 1 月第 1 版,334 頁。

46. 林劍鳴,《秦史》,臺北:五南圖書出版公司,民國 81 年 11 月初版,716 頁。

47. 金春峯,《周官之成書及其反映的文化與時代新考》,臺北:東大圖書公司,民國 82 年 11 月初版,315 頁。

48. 侯外廬,《中國古代社會史論》,石家莊:河北教育出版社,2000 年 12 月第 1 版,393 頁。

49. 俞偉超主編,《考古類型學的理論與實踐》,北京:文物出版社,1989 年 5 月第 1 版,306 頁。

50. 孫機,《漢代物質文化資料圖說》,北京:文物出版社,1990 年 7 月第 1 版,514 頁。

51. 孫毓棠,《孫毓棠學術論文集》,北京:中華書局,1995 年 3 月第 1 版,585 頁。

52. 徐日輝,《秦早期發展史》,北京:中國科學文化出版社,2003 年 8 月第 1 版,302 頁。

53. 徐富昌,《睡虎地秦簡研究》,臺北:文史哲出版社,民國 82 年 5 月初版,721 頁。

54. 晁福林,《先秦民俗史》,上海:上海人民出版社,2000 年 1 月第 1 版,499 頁。

55. 栗勁,《秦律通論》,濟南:山東人民出版社,1985 年 5 月第 1 版,515 頁。

56. 秦始皇兵馬俑博物館編,《秦俑秦文化研究——秦俑學第五屆學術討論會論文集》,西安:陝西人民出版社,2000 年 8 月第 1 版,767 頁。

57. 陝西省考古研究所秦漢研究室編,《秦物質文化史》,西安:三秦出版社,1994 年 6 月第 1 版,429 頁。

58. 馬非百,《秦始皇帝傳》,南京:江蘇古籍出版社,1985 年 6 月第 1 版,648 頁。

59. 馬非百,《秦集史》,北京:中華書局,1982 年 8 月第 1 版,1043 頁。

60. 高敏,《秦漢史論稿》,臺北:五南圖書出版公司,民國 91 年 8 月初版, 427 頁。

61. 高敏,《秦漢史探討》,鄭州:中州古籍出版社,1998 年 9 月第 1 版,364 頁。

62. 高敏,《睡虎地秦簡初探》,臺北:萬卷樓圖書公司,民國 89 年 4 月初版, 315 頁。

63. 崔永東,《金文簡帛中的刑法思想》,北京:清華大學出版社,2000 年 3 月第 1 版,169 頁。

64. 張弓,《唐朝倉廩制度初探》,北京:中華書局,1985 年 1 月第 1 版,175 頁。

65. 張文儒,《中國兵學文化》,北京:北京大學出版社,1997 年 3 月第 1 版, 337 頁。

66. 曹旅寧,《秦律新探》,北京:中國社會科學出版社,2002 年 12 月第 1 版,346 頁。

67. 曹錦炎,《古璽通論》,上海:上海書畫出版社,1996 年 3 月第 1 版,204 頁。

68. 梁家勉主編,《中國農業科學技術史稿》,北京:農業出版社,1989 年 10 月 1 版,628 頁。

69. 陳啓天,《商鞅評傳》,臺北:台灣商務印書館,民國 75 年 2 月臺 6 版, 135 頁。

70. 堀毅,《秦漢法制史論攷》,北京:法律出版社,1988 年 8 月第 1 版,495 頁。

71. 傅榮珂,《睡虎地秦簡刑律研究》,臺北:商鼎文化出版社,民國 81 年 4 月初版,256 頁。

72. 勞榦,《勞榦學術論文集》,甲編下冊,臺北:印文印書館,民國 65 年 10 月初版,1595 頁。

73. 彭安玉《殊途同歸:春秋戰國改革的歷史走向》,南京:南京大學出版社, 2000 年 10 月第 1 版,269 頁。

74. 彭邦炯,《甲骨文農業資料考辨與研究》,長春:吉林文史出版社,1987 年 12 月第 1 版,691 頁。

75. 華松年,《糧食管理論》,臺北:中央文物供應社,民國 42 年 5 月出版, 238 頁。

76. 華松年,《台灣海峽兩岸之糧政》,臺北:世界書局印行,民國 76 年 4 月初版,149 頁。

77. 馮柳堂，《中國歷代民食政策史》，北京：商務印書館，1993 年影印第 1 版，300 頁。

78. 黃中業，《秦國法制建設》，瀋陽：遼瀋書社，1991 年 5 月第 1 版，286 頁。

79. 黃今言，《秦漢賦役制度研究》，南昌：江西教育出版社，1988 年 4 月第 1 版，442 頁。

80. 黃留珠，《秦漢仕進制度》，西安：西北大學出版社，1998 年 5 月第 1 版第 2 次印刷，269 頁。

81. 黃留珠，《秦漢歷史文化論稿》，西安：三秦出版社，2002 年 8 月第 1 版，451 頁。

82. 黃盛璋，《歷史地理與考古論叢》，濟南：齊魯書社，1982 年 6 月第 1 版，423 頁。

83. 黃盛璋，《歷史地理論集》，北京：人民出版社，1982 年 6 月第 1 版，586 頁。

84. 楊寬，《楊寬古史論文選集》，上海：上海人民出版社，2003 年 7 月第 1 版，793 頁。

85. 楊寬，《戰國史料編年輯證》，上海：上海人民出版社，2001 年 11 月第 1 版，1195 頁。

86. 裘錫圭，《古代文史研究新探》，南京：江蘇古籍出版社，2000 年 1 月第 1 版第 2 次印刷，611 頁。

87. 路兆豐，《中國古代農書的經濟思想》，北京：新華出版社，1991 年 12 月第 1 版，142 頁。

88. 靳祖訓，《中國古代糧食貯藏的設施與技術》，北京：農業出版社，1984 年 2 月第 1 版，107 頁。

89. 蒙文通，《古史甄微》，臺北：台灣商務印書館，1999 年 8 月第 1 版，486 頁。

90. 蓋瑞忠，《秦漢工藝史》，臺北：台灣省立博物館出版部，民國 78 年 1 月出版，283 頁。

91. 齊思和，《中國史探研》，石家莊：河北教育出版社，2002 年 1 月 1 版，693 頁。

92. 樊志民，《秦農業歷史研究》，西安：三秦出版社，1997 年 9 月第 1 版，243 頁。

93. 滕銘子，《秦文化：從封國到帝國的考古學觀察》，北京：學苑出版社，2002 年 12 月第 1 版，216 頁。

94. 蔡萬進，《秦國糧食經濟研究》，呼和浩特：內蒙古人民出版社，1996 年 12 月出版，165 頁。

95. 鄭有國，《中國簡牘學綜論》，上海：華東師範大學出版社，1989 年 9 月第 1 版，258 頁。

96. 鄭壽彭，《中國古代的治道》，臺北：臺灣商務印書館，民國 73 年 2 月 3 版，122 頁。

97. 鄧雲特，《中國救荒史》，臺北：臺灣商務印書館，民國 76 年 6 月臺 4 版，509 頁。

98. 錢穆，《史記地名考》，上、下冊，北京：商務印書館，2001 年 7 月第 1 版，1480＋93 頁。

99. 閻步克，《樂師與史官：傳統政治文化與政治制史論集》，北京：三聯書店，2001 年 7 月第 1 版，520 頁。

100. 霍印章，《秦代軍事史》（《中國軍事通史》第四卷），：軍事科學出版社，1998 年 10 月初版，201 頁。

101. 繆文遠，《戰國制度通考》，成都：巴蜀書社，1998 年 9 月第 1 版，293 頁。

102. 瞿兌之，《秦漢史纂》，臺北：鼎文書局，民國 68 年 2 月初版，327 頁。

103. 羅二虎，《秦漢時代的中國西南》，成都：天地出版社，2000 年 6 月第 1 版，176 頁。

104. 羅哲文主編，《中國古代建築》，上海：上海古籍出版社，2001 年 12 月 1 版，640 頁。

105. 嚴耕望，《中國地方行政制度史甲部——秦漢地方行政制度》，臺北市：中央研究院歷史語言研究所，民國 86 年 6 月景印 4 版，440 頁。

106. 樂豐實、方輝、靳桂雲，《考古學理論・方法・技術》，北京：文物出版社，2002 年 10 月第 1 版，322 頁。

參、期刊論文

中文部份

1. 卜憲群，〈周代職官制度與秦漢官僚制度的形成〉，《南都學壇》，2000 年第 1 期，頁 1～6。

2. 上海交通大學“造船史話”組，〈秦漢時期的船舶〉，《文物》，1977 年第 4 期，頁 18～22。

3. 工藤元男著、徐世虹譯，〈秦內史〉，《日本中青年學者論中國史——上古秦漢卷》，1995 年 12 月，頁 296～327。

4. 王輝，〈“都官”顏注申論〉，《人文雜誌》，1993 年第 6 期，頁 88～93。

5. 王輝，〈秦史三題〉，《陝西歷史博物館館刊》第六輯，1999 年 6 月，頁 15～19。

6. 王人聰，〈秦官印考述〉，《秦漢魏晉南北朝官印研究》，香港中文大學文物館專刊之四，1990 年 1 月，頁 1～11。

7. 王子今，〈秦漢農田道路與農田運輸〉，《中國農史》，1991 年第 3 期，頁 16～22。

8. 王闢成，〈秦國水師〉，《秦陵秦俑研究動態》，2001 年第 1 期，頁 34 轉 37。

9. 丘光明，〈試論戰國容量制度〉，《文物》，1981 年第 10 期，頁 63～72。田宜超、劉釗，〈秦田律考釋〉，《考古》，1983 年第 6 期，頁 545～548。

10. 石隙生，〈“霸上”在何處〉，《文博》，1999 年第 2 期，頁 32～34。

11. 仝晰綱，〈秦漢郡國農官考實〉，《史林》，1996 年第 4 期，頁 23～26。

12. 安作璋，〈從睡虎地秦墓竹簡看秦代的農業經濟〉，《秦漢史論叢》第一輯，1981 年 9 月，頁 27～40。

13. 朱和平，〈關於秦時農業的幾個問題〉，《史學月刊》，1990 年第 3 期，頁 12～18。

14. 朱德熙、裘錫圭，〈戰國時的“半斗”和秦漢時代的“半”〉，《文史》第八輯，1980 年 3 月，頁 1～4。

15. 江立新，〈先秦武庫試探〉，《江西師範大學學報》，1987 年第 1 期，頁 54～60。

16. 江洪，張永春〈簡述嬴秦的上計與考課制度〉，《綏化師專學報》，1995 年第 2 期，頁 47～49。

17. 余扶危、葉萬松，〈我國古代地下儲糧之研究（上）〉，《農業考古》，1982 年 1 期，136～143。

18. 余扶危、葉萬松，〈我國古代地下儲糧之研究（中）〉，《農業考古》，1983 年 1 期，頁 263～269。

19. 余扶危、葉萬松，〈我國古代地下儲糧之研究（下）〉，《農業考古》，1983 年 2 期，頁 213～227。

20. 吳琦，〈“漕運”辨義〉，《中國農史》，1996 年第 4 期，頁 65～66。

21. 吳小強，〈從《日書》看秦人的生與死〉，《簡牘學報》第十五期，民國 82 年 12 月，頁 115～124。

22. 吳小強，〈試論秦人婚姻家庭生育觀念〉，《中國史研究》，1989 年第 3 期，102～113。

23. 吳永章，〈從雲夢秦簡看秦的民族政策〉，《江漢考古》，1983 年第 2 期，68～73。

24. 吳忠起，〈秦漢倉儲思想綜述〉，《物流技術》，1994 年第 2 期，頁 25～27。

25. 吳振武，〈戰國“廩”字考察〉，《考古與文物》，1984 年第 4 期，頁 84

～87。

26. 吳榮曾，〈稷粟辨疑〉，《北大史學》第 2 輯，1994 年 11 月，頁 1～10。

27. 吳福助，〈秦律「重刑主義」下的彈性法規探討〉，《東海中文學報》第十三期，民國 90 年 7 月，頁 1～17。

28. 宋杰，〈敖倉在秦漢時代的興衰〉，《北京師範學院學報》，1989 年第 3 期，頁 92～101。

29. 宋少華，〈湖南秦墓初論〉，《中國考古學會第七次年會論文集》，1992 年 9 月出版，頁 189～212。

30. 李孔懷，〈秦代的糧食管理制度〉，《上海師範大學學報》，1990 年第 1 期，頁 63～64。

31. 李孔懷，〈秦律中反映的秦代糧食管理制度〉，《復旦學報》，1997 年第 4 期，頁 56～60。

32. 李孝林，〈從雲夢秦簡看秦朝的會計管理〉，《江漢考古》，1984 年第 3 期，頁 85～94。

33. 李孝林，〈從雲夢秦簡看戰國糧食經濟〉，《糧食經濟研究》，1989 年第 5 期，頁 59～62。

34. 李孝林，〈從雲夢睡虎地十一號墓竹簡研究戰國晚期會計史（上）〉，《北京商學院學報》，1997 第 2 期，頁 31～34。

35. 李孝林，〈從雲夢睡虎地十一號墓竹簡研究戰國晚期會計史（下）〉，《北京商學院學報》，1997 年第 3 期，頁 30～34。

36. 李根蟠，〈從《管子》看小農經濟與市場〉，《中國經濟史研究》，1995 年第 3 期，頁 1～20。

37. 李進增，〈關中東周秦墓與秦國禮制興衰〉，《考古與文物》，1991 年第 1 期，頁 82～90。

38. 李殿福，〈吉林省西南部的燕秦漢文化〉，《社會科學戰線》，1978 年第 3 期，頁 227～234。

39. 李滌陳，〈西周特大容器"三足倉"〉，《考古與文物》，1994 年第 4 期，頁 101～102。

40. 杜紹順，〈戰國至漢初一般畝產量探析〉，《秦漢史論叢》第七輯，1998 年 6 月，頁 208～220。

41. 杜葆仁，〈京師倉當與西漢的京師倉〉，《考古與文物》，1981 年第 3 期，頁 104～107。

42. 杜葆仁，〈我國糧倉的起源和發展〉，《農業考古》，1984 年第 2 期，頁 299～305。

43. 杜葆仁，〈我國糧倉的起源和發展（續）〉，《農業考古》，1985 年第 1 期，頁 336～343。

44. 沈頌金,〈秦代漕運初探〉,《中國經濟史研究》,2000 年第 4 期,頁 114
～119 轉 155。

45. 沈頌金,〈漢簡所見西北地區的交通運輸及其相關問題〉,《簡牘學研究》
第三輯,2002 年 4 月,頁 221～228。

46. 呼林貴,〈西漢京師倉儲糧技術淺探〉,《農業考古》,1984 年第 2 期,頁
308～309。

47. 呼林貴,〈古代倉名考〉,《農業考古》,1985 年第 1 期,頁 344～345。

48. 呼林貴,〈秦的養牛業〉,《農業考古》,1986 年第 2 期,頁 274～275。

49. 周傳麗,〈論秦朝的會計管理制度〉,《河南大學學報》,1996 年第 4 期,
頁 73～76。

50. 尚志儒,〈秦封宗邑瓦書的幾個問題〉,《文博》,1986 年第 6 期,頁 43
～49。

51. 房紹坤,〈倉單若干問題探〉,《求是學刊》,2002 年第 1 期,頁 75～78。

52. 尚志儒,〈秦封宗邑瓦書的幾個問題〉,《文博》,1986 年第 6 期,頁 43
～49。

53. 林素清,〈居延漢簡所見用印制度雜考〉,《中國文字（藝文）》新 24 期,
1998 年 12 月,頁 147～171。

54. 松崎常子,〈從湖北秦墓看秦的統一和戰國傳統文化的融合〉,《中國史研
究》,1989 年第 1 期,頁 120～124。

55. 邵正坤,〈論漢代國家的倉儲管理制度〉,《史學集刊》,2003 年第 4 期,
頁 1～5。

56. 邵鴻,〈西漢武庫制度考〉,《大陸雜誌》,90 卷 4 期,1995 年 4 弓月,頁
23～30。

57. 邵鴻,〈西漢倉制考〉,《秦漢史論叢》第七輯,1998 年 6 月,頁 194～207。

58. 胡平生,〈木簡券書破別形式述略〉,《簡牘學研究》第二輯,1998 年 3
月,頁 42～50。

59. 胡志祥,〈先秦主食加工方法探析〉,《中原文物》,1990 年第 2 期,頁 75～80。

60. 胡曉建,〈中國傳統糧食加工工具的沿革及特點〉,《中國歷史博物館館
刊》,1994 年第 1 期,頁 10～15。

61. 宮長爲,〈秦代的糧食管理——讀「睡虎地秦墓竹簡」札記〉,《東北師大
學報》,1986 年第 2 期,頁 38～42。

62. 宮長爲,〈淺談秦代經濟管理中對官吏的幾種規定——讀《睡虎地秦墓竹
簡》的一點看法〉,《東北師大學報》,1982 年第 6 期,頁 29～34。

63. 徐進,〈秦律中的獎勵與行政處罰〉,《吉林大學學報》,1989 年第 3 期,
頁 49～55。

64. 徐壽群，〈倉、囷與“筒腹罐”之界說〉，《江漢考古》，1995 年第 1 期，頁 66～72 轉 65。

65. 徐蘋芳，〈考古學上所見秦帝國的形成與統一〉，《台大歷史學報》第 23 期，1999 年 6 月，301～336。

66. 晏昌貴、梅莉，〈楚秦《日書》所見的居住習俗〉，《民俗研究》，2002 年第 2 期，122～131。

67. 荊三林等，〈敖倉故址考〉，《中原文物》，1984 年第 1 期，頁 22～26。

68. 袁林，〈“爰田（轅田）”新解〉，《中國農史》，1998 年第 3 期，頁 15～24 轉 31。

69. 袁仲一，〈讀秦惠文王四年瓦書〉，《中國考古學研究論集：紀念夏鼐先生考古五十周年》，1987 年 12 月，頁 336～342。

70. 袁仲一，〈從考古資料看秦文化的發展和主要成就〉，《文博》，1990 年第 5 期，頁 7～18 轉 111。

71. 陝西省臨潼縣文化館，〈文博簡訊・秦始皇陵附近新發現的文物〉，《文物》，1973 年第 5 期，頁 66。

72. 馬先醒，〈秦簡雜考〉，《簡牘學報》第十期，民國 70 年 7 月，頁 149～153。

73. 康大鵬，〈雲夢簡中所見的秦國倉廩制度〉，《北大史學》，1994 年第 2 期，頁 28～44。

74. 張勇，〈明器起源及相關問題探討〉，《華夏考古》，2002 年第 3 期，頁 24～30。

75. 張天恩，〈禮縣等地所見早期秦文化遺存有關問題芻論〉，《文博》，2001 年第 3 期，頁 67～74。

76. 張世超，〈容量「石」的產生及相關問題〉，《古文字研究》第二一輯，2001 年 10 月，頁 314～329。

77. 張弘、宋慧，〈試論戰國時期的工商管理思想與工商管理政策〉，《濟南大學學報》，2002 年第 6 期，頁 27～30。

78. 張明安、王學文，〈試論《管子》經濟倫理思想的特點〉，《管子學刊》，1995 年第 1 期，頁 9～10。

79. 張金光，〈論秦漢的學吏制度〉，《文史哲》，1984 年第 1 期，頁 30～39。

80. 張金光，〈秦簡牘所見內史非郡辨〉，《史學集刊》，1992 年第 4 期，頁 10～12。

81. 張金光，〈秦戶籍制度考〉，《漢學研究》，1994 年第 1 期，頁 75～99。

82. 張建鋒，〈兩漢時期陶囷的類型學分析〉，《江漢考古》，1995 年第 4 期，頁 69～77。

83. 張創新，〈秦朝人事行政論要〉，《長白學刊》，1994 年第 2 期，頁 94～97。

84. 張聚元，〈河南省地下糧倉初探〉，《農業考古》，1992 年第 1 期，頁 251 ～255 轉 245。

85. 張穎嵐，〈秦墓出土陶囷模型及相關問題研究〉，《秦文化論叢》第七輯，1999 年 6 期，頁 363～389。

86. 張鍇生，〈漢代糧倉初探〉，《中原文物》，1986 年第 1 期，頁 93～101。

87. 曹建強，〈中國農業博物館藏漢代的陶糧倉〉，《農業考古》，2001 年第 1 期，頁 243～245。

88. 曹爾琴，〈論秦郡及其分佈〉，《秦文化論叢》第四輯，1996 年 6 月，頁 448～462。

89. 曹學群，〈《地形圖》與秦代新道〉，《考古耕耘錄——湖南中青年考古學者論文選集》，1999 年 10 月，頁 322～326。

90. 梁中效，〈試論我國古代糧食加工業的形成〉，《中國農史》，1992 年第 1 期，頁 75～83。

91. 莊春波，〈秦漢武庫制度〉，《史學月刊》，1991 年第 6 期，頁 6～11。

92. 郭子直，〈戰國秦封宗邑瓦書銘文新釋〉，《古文字研究》第十四輯，1986 年 7 月，頁 177～196。

93. 郭書春，〈《算數書》校勘〉，《中國科技史料》，2001 年第 3 期，頁 202 ～218。

94. 陳力，〈試論秦國「屬邦」與「臣邦」〉，《民族研究》。1997 年第 4 期，頁 81～88。

95. 陳平，〈略論關中秦墓青銅容器的分期問題（上）〉，《考古與文物》，1984 年 3 期，頁 58～73。

96. 陳平，〈略論關中秦墓青銅容器的分期問題（下）〉，《考古與文物》，1984 年 5 期，頁 63～71。

97. 陳直，〈洛陽漢墓群陶器文字通釋〉，《考古》，1961 年第 11 期，頁 628～630。

98. 陳直，〈考古論叢·秦陶券與秦陵文物·秦右庶長歇封邑陶券〉，《西北大學學報》，1957 年第 1 期，頁 68。

99. 陳采勤、朱曉紅，〈論先秦諸子的抗災賑濟措施〉，《史學月刊》，2000 年第 3 期，頁 90～94。

100. 陳茂進，〈齊地食貨志〉，《簡牘學報》第一四期，1982 年 3 月，頁 313 ～348。

101. 陳振裕，〈從雲夢秦簡看秦代的農業生產〉，《農業考古》，1985 年第 1 期，頁 127～136。

102. 陳紹棣，〈秦國重農政策簡論——商鞅秦律與雲夢出土秦律的比較研究之一〉，《秦漢史論叢》第三輯，頁 15～20。

103. 陸曉東，〈先秦時期的救荒防災思想及其現實意義〉，《浙江經濟高等專科學校學報》，2000 年第 4 期，頁 71～75。

104. 陶天翼，〈考績源起初探——東周迄秦〉，《中央研究院歷史語言研究所集刊》，54 卷 2 期，民國 72 年 6 月，頁 113～127。

105. 富谷至著、楊振紅譯，〈從額濟納河流域的食糧配給論漢代穀倉制度〉，《簡帛研究譯叢》第二輯，1998 年 8 月，頁 193～246。

106. 彭邦炯，〈從出土秦簡再探秦內史與大內、少內和少府的關係與職掌〉，《考古與文物》，1987 年第 5 期，頁 68～74。

107. 程濤平，〈楚國及宋、秦、齊、魏口糧標準比較研究〉，《長江文化論集》，第 1 集，頁 299～302。

108. 程寶林，〈先秦農業生產保護法初探〉，《求是月刊》，1989 年第 2 期，頁 47～51。

109. 賀潤坤，〈從雲夢秦簡《日書》看秦國的六畜飼養業〉，《文博》，1989 年第 6 期，頁 63～67。

110. 賀潤坤，〈雲夢秦簡所反映的秦國漁獵活動〉，《文博》，1989 年第 3 期，頁 49～50 轉 27。

111. 賀潤坤，〈從雲夢秦簡《日書》看秦民間的災變與救濟〉，《江漢考古》，1994 年第 2 期，頁 50～53 轉 49。

112. 賀潤坤，〈雲夢秦簡〔日書·門〕圖初探〉，《簡牘學報》第一五期，1993 年 12 月，頁 97～102。

113. 黃展岳，〈關於秦漢人的食糧計量問題〉，《考古與文物》，1980 年第 4 期，頁 91～95。

114. 黃盛璋，〈青川新出秦田律木牘及其相關問題〉，《文物》，1982 年第 9 期，頁 71～75。

115. 黃盛璋，〈秦封宗邑瓦書及其相關問題考辨〉，《考古與文物》，1991 年第 3 期，頁 81～90。

116. 黃雪琴，〈糧食銀行：重構中國糧食流通體制新框架〉，《江海學刊》，2001 年第 6 期，頁 21～25。

117. 黃樸民，〈兵要地理與戰國七雄的戰略形勢〉，《慶祝楊向奎先生教研六十年論文集》，1998 年 12 月，頁 173～181。

118. 楊釗，〈先秦食物的貯存〉，《農業考古》，1997 年第 3 期，頁 256～258。

119. 楊釗，〈先秦食物的貯藏〉，《農業考古》，2001 年第 3 期，頁 187～189。

120. 楊亞長，〈陝西東周與秦代農業考古概述〉，《農業考古》，1992 年第 1 期，

頁 116～121。

121. 楊哲峰，〈兩漢之際的"十斗"與"石"、"斛"〉，《文物》，2001 年第 3 期，頁 77～79。

122. 楊師群，〈從雲夢秦簡看秦的國有制經濟〉，《史學月刊》，1995 年第 4 期，頁 42～47。

123. 葉小燕，〈秦墓初探〉，《考古》，1982 年第 1 期，頁 65～73。

124. 葉惠美，〈公糧倉儲管理之檢討與改進〉，《農政與農情》，民國 84 年 11 月號，頁 29～32。

125. 葛劍雄，〈秦代人口的新估計〉，《慶祝楊向奎先生教研六十年論文集》，石家莊：河北教育出版社，1998 年 12 月，頁 200～205。

126. 董希如，〈我國古代貯藏技術管窺〉，《農業考古》，1992 年第 1 期，頁 246～250。

127. 臧知非，〈"相地而衰征"新探——兼談春秋戰國田稅的征收方式〉，《人文雜誌》，1996 年第 1 期，頁 84～90。

128. 趙超，〈試談幾方秦代的田字格印及有關問題〉，1982 年第 6 期，頁 92～94。

129. 趙雲旗，〈秦國由弱變強與財政改革的關係〉，《齊魯學刊》，1999 年第 3 期，頁 91～96。

130. 劉偉，〈中國古代糧食倉儲管理制度與農業發展銀行庫存監管制度之比較〉，《中國農村經濟》，2002 年第 9 期，頁 60～64。

131. 劉森，〈秦都官考〉，《人文雜誌》，1991 年第 5 期，頁 92～94。

132. 劉漢，〈試論秦的國有制經濟〉，《四川三峽學院學報》，1998 年第 3 期，頁 59～64。

133. 劉太樣，〈秦漢時期的農業和農村經濟管理措施〉，《史學月刊》，2000 年第 5 期，頁 19～25。

134. 潘策，〈秦代農業生產芻議〉，《西北師大學報》，1992 年第 1 期，頁 59～64。

135. 蔡萬進，〈秦國"是縣入之"糧倉社會功用述論〉，《秦文化論叢》第七輯，1999 年 5 月，頁 277～283。

136. 蔡萬進，〈秦國廥籍制度探略〉，《中州學刊》，1993 年第 4 期，頁 101～103。

137. 蔡萬進，〈秦國糧食運輸政策探略〉，《鄭州大學學報》，2001 年第 1 期，頁 65～70。

138. 蔡萬進，〈從雲夢秦簡看秦國糧倉的建築與設置〉，《中州學刊》，1996 年第 2 期，頁 113～116。

139. 蔡萬進，〈試論春秋戰國時期秦國的賑災〉，《中州學刊》，1997 年第 9 期，頁 125～128 轉 140。

140. 禚振西、杜葆仁，〈論秦漢時期的倉〉，《考古與文物》，1982 年第 6 期，頁 84～93 轉 103。

141. 盧鷹，〈秦倉政研究〉，《人文雜誌》，1989 年第 2 期，頁 79～84。

142. 蕭正洪，〈秦農業經濟立法探析〉，《陝西師大學報》，1992 年第 4 期，頁 56～62。

143. 蕭克之，〈發達的農業是秦統一中原的基礎〉，《農業考古》，1997 年第 1 期，頁 96～99 轉 111。

144. 蕭高洪，〈倉印與古代糧倉之管理〉，《農業考古》，1992 年第 1 期，頁 262～267。

145. 閻孝玉，〈我國最早的儲糧技術〉，《農業考古》，1998 年第 3 期，頁 246～248。

146. 閻國文，〈從秦代建築工藝看秦文化的基本精神〉，《文博》，1990 年第 5 期，頁 312～316 轉 322。

147. 薛瑞澤，〈先秦至北朝河洛地區的漕運與倉儲〉，《洛陽工學院學報》，2000 年第 3 期，頁 26～33。

148. 韓偉，《秦國的貯糧設施淺議》，陝西省考古學會第一屆年會論文集（考古與文物叢刊第三號），1983 年 11 月，頁 74～77。

149. 韓偉、曹明檀，〈陝西鳳翔高王寺戰國銅器窖藏〉，《文物》，1991 年第 1 期，頁 15～17。

150. 韓國河，〈秦代墓研究的幾個問題〉，《文博》，2002 年第 3 期，頁 21～26。

151. 韓德民，〈荀子的秦政得失觀及其影響〉，《中國文化研究》，2001 年冬之卷，頁 15～20。

152. 魏京武、張穎嵐，〈秦始皇陵園考古發現中的農業信息——論秦代關中農業社會經濟〉，《農業考古》，1998 年第 1 期，頁 372～377。

153. 羅開玉，〈秦國“少內”考〉，《西北大學學報》，1981 年第 3 期，頁 83～84。

日文部份

1. 工藤元男，〈秦の內史——主と睡虎地秦墓竹簡による〉，《史學雜誌》，90 卷 3 期，1981 年 3 月，頁 1～33。

2. 大櫛敦弘，〈雲夢秦簡「日書」にみえる「囷」について〉，《中國——社會と文化》，1987 年第 2 號，頁 117～127。

3. 大櫛敦弘，〈秦代國家の穀倉制度〉，《海南史學》，1990 年 28 輯，頁 1～19。

4. 大櫛敦弘,〈雲夢秦簡倉律より見た戰國秦——穀倉制度——「秦代國家の穀倉制度」補論〉,《海南史學》,1992 年 30 輯,頁 47～67。

5. 太田幸男,〈湖北睡虎地出土秦律の倉律をめぐつて・その一〉,《東京學藝大學紀要（第三部門)》第 31 集,1980 年 1 月,頁 143～155。

6. 太田幸男,〈湖北睡虎地出土秦律の倉律をめぐつて・その二〉,《東京學藝大學紀要（第三部門)》第 32 集,1980 年 12 月,頁 165～182。

7. 太田幸男,〈湖北睡虎地出土秦律の倉律をめぐつて・追補——大櫛敦弘氏の批判に答えて〉,《東京學藝大學紀要（第三部門)》第 43 集,1992 年 1 月,頁 205～214。

8. 秋山进午,〈漢代の倉庫について〉,《東方學報》(京都),1974 年 46 期,頁 1～31。

9. 重近啓樹,〈秦の内史——めぐる諸問題〉,《堀敏一先生古稀紀念——中國古代の國家と民眾》,汲古書院,1995 年 3 月,頁 71～92。